张兆安 著

全景中国

十六堂经济

通识课

SIXTEEN LECTURES
ON CHINA'S
MACROECONOMY

上海人民出版社

序言

    本书被我冠名为"通识课",事出有因。这是因为,这十六堂"通识课"最终得以面世,确实经历了一个比较有意思的过程。我作为本书的作者,想了好久,还是觉得应该把该"通识课"的来龙去脉在此作一个简述,并且还要把这个简述当作序言的主要内容来写。当然,如果选择这种比较独特写法的序言,能够得到认可和接受,我会感到特别的欣慰。

    时间回到 2017 年,在那个时候,我还担任着上海社会科学院副院长,因而分管一些工作,其中比较吃重的是研究生院工作。在很长的一段时期以来,研究生院工作一直存在着一个让人比较困扰的问题,那就是,尽管经过了种种努力,但每年博士研究生招生名额始终没有增加,一直为 40 个名额。与此同时,世界中国学研究所也因为没有博士研究生的招生名额,而影响到本来应该具有特色的研究生培养工作。于是,这项工作不免就陷入了"两难"的境地,确实也左右为难。

    怎么办呢?在那个时候,我与上海社会科学院时任院长王战教授都是全国人大代表,于是,我们在全国人代会开会期间,把这个情况向国务院领导和教育部领导进行了充分的反映。在全国人代会闭幕之后,我带着研究生院领导再赴北京,向教育部的部领导和相关司局领导作了一次专题汇报。接着在上海,向分管副市长、市教委领导也作了研究生教育工作汇报。最终,在教育部和上海市教育主管部门的大力支持下,当年就给予上海社会科学院增加 5 个博士研究生的招生名额，用于专门招收世界中国学研究方向的博士研究生。与此同时，教育主管部门还增加了每年硕士研究生的招生名额，批准每年可以有 30 名金融专业硕士研究生的招生资格。后来，博士研究生招生名额又从 45 名逐年增加到 48 名。

应该说，上海社会科学院开始招录和培养专门的世界中国学研究方向博士研究生，在全国可以称得上是一个积极的探索。当然，只能成功，不能失败。

世界中国学研究方向博士研究生招生名额解决了，接下来新的挑战又来了。至今为止，由于世界中国学还不是一个独立的学科，至于博士研究生培养更是一个新生事物。在这种情况下，只能集中资源、汇集力量，于是，一些院所领导和优秀学者纷纷加入博士研究生的带教工作团队。这样，我也自然成为这个带教工作团队中的一员，承担起世界中国学相应的教学任务及世界中国学研究方向的博士生导师任务，甚至还放弃了经济学专业博士研究生导师的带教工作。

2018 年 9 月，第一届世界中国学研究方向的博士研究生开学了，根据上海社会科学院研究生院和世界中国学研究所的培养规划和教学要求，由我来给他们讲授《中国宏观经济分析》的课程，真是"强赶鸭子上架了"。我自己是经济学背景，研究了数十年的经济问题，做了大量的决策咨询工作，带教了经济学专业的博士研究生，如今，面对的是一群几乎没有经济学的学科背景，又是世界中国学研究方向的博士研究生，如果仔细地想一想，就不难理解，这个教学任务确实有不小的难度。

那么，怎么去讲呢？如果给这些博士研究生纯粹去讲宏观经济学理论，不仅他们听不明白，而且也没有这个必要，毕竟他们不是经济学专业的博士研究生。为此，也就特别需要好好地动动脑子，耗费一些心思了。

最后，我还是根据世界中国学研究方向的基本特点和知识体系，对这门《中国宏观经济分析》课程进行了必要的定位，设计了基本的框架，并且准备按照这个思路去展开教学任务。

如何定位？归纳起来，就是这么一串话：讲讲过去，讲讲现在，讲讲未来；讲讲理论，讲讲知识，讲讲现实；讲讲大道理，讲讲小道理；讲讲宏观，讲讲微观；讲讲共性，讲讲个案；当然，要讲一些理性的，也要讲一些感性的。通过这么一些的"讲"，让世界中国学研究方向的博士研究生在中国宏观经济问题方面，能够了解昨天，把握今天，遐想明天；能够增加一些理性认识，增强一些实践感知。我想，如能达到这个效果，也算可以了。

于是，我选择了在中国宏观经济发展方面的十六个重要命题开讲啦。时间过得真快，至今为止，我已经给连续四届世界中国学研究方向的博士研究生以及一些旁听生讲授了这门课程。

还有一件事，不得不在此作一个说明，我这个人不是不认真，只是有一个长期以来已经形成的风格，改也难，讲出来也许有些不好意思。这是因为，除了在一些非常特殊的场合，我历来在各类会议和论坛上的发言，做任何形式的专题报告，甚至不太多的教学式讲课，一般都是没有提纲、没有稿件、没有 PPT 的，也就是，在一般的情况下，在我前面的桌上是不会有一张纸的。怎么办？想来想去，还是坚持自己个人风格吧，于是，我还是按照这种风格和套路一路讲了下来。还好，来自博士研究生的反映还算不错。

如果你读到这里，可能会感到十分纳闷。为什么？既然我从来没有讲课的稿件，那么，何来今天的这本"通识课"呢？

真可谓无巧不成书。在 2018 年我给第一届世界中国学研究方向的博士研究生讲课的时候，我的另一位博士研究生邵晓翀也过来一起旁听课程，他是我在经济研究所带教的政治经济学专业的博士研究生。他在每一次的听课过程中，把我讲课的内容全部用电脑记录了下来，并且在整个课程结束之后把这些文字记录交给我。当时，我也确实吓了一大跳，足足记录了二十余万字。

这样，原来没有课程讲稿，现在变成有了，想想也是非常高兴。为此，我要特别感谢邵晓翀同学给我带来的这本原始的课程讲稿。

之后，我自己有想法，也有很多人经常鼓励我，希望能够把这份课程讲稿变成一本书。可惜的是，尽管有想法，但我一直没有付诸行动。想想也是，我这些年来，讲了这么多，作了不计其数的经济专题报告，可是，讲完了也就没了，留下来的文字太少了。但实际上，我公开发表的论文和文章也不少，数一数，应该超过四百多篇了，只是由于受到我的工作经历、工作特点以及个人风格的影响，短文章居多，长篇大论确实留下的不多。因此，我终于下定决心，把课程讲稿变成著作。

说干就干。我花了不少的时间和精力，对 2018 年记录下来的、已经搁置了四个年头的文字记录稿进行了必要、系统的梳理，删除了一些特别口语化的表述，完善了一些内容，修改了一些文字，还增加了一些新的数据。为此，我的学生邵晓翀再一次帮助我查找了一些数据，制作了一些图表，在此，还得再一次对他表示衷心的感谢。

当然，由于不是撰写经济学专业的教科书，我在这本已经成书的"通识课"中，对中国宏观经济问题的一些表述和分析，不可能纵向到底、横向到边，还有很多不足之处，也难免挂一漏万，很多观点和建议，只是一家之言，仅作参考而已。

最后，这本"通识课"的出版，是为了记录本人对中国宏观经济运行领域相关命题的一些思考，也是为了记录本人对世界中国学研究方向博士研究生教学任务所作出的微薄贡献。

是为序！

张兆安

2022 年 7 月于上海

目 录

第一讲　新中国建设，在探索中前行

这么些年来，很多人都问过我一个比较重要的问题，中国为什么要实行改革开放？我一定会这么说，只有你们真正地了解、理解了新中国是怎么一路走过来的，才能更好地找到这个问题的答案。

1949 年 10 月 1 日，新中国诞生了。从此之后，中国开创了社会主义建设的新纪元。从新中国成立起，一直到开始实施改革开放的 1978 年，中国经济社会发展分别经历了国民经济恢复时期、实施过渡时期总路线时期、三年经济困难时期、国民经济调整时期，以及"文化大革命"时期。在这个历史发展过程中，中国社会主义建设取得了一些成绩，但也经历了一些曲折，遇到了一些困难，面临了一些挑战。

一、百废待兴，首要任务是恢复国民经济

新中国成立之初，面对当时"一穷二白"的现实状况以及战争留下的各种创伤，首要任务必然是迅速地恢复国民经济，让整个国民经济能够正常地运转起来。国民经济恢复时期，从 1949 年新中国成立起，一直到 1952 年底基本结束。在这一历史时期，新中国面临着两大中心任务，也就是，不仅要巩固新生的人民政权，而且更要迅速地恢复国民经济。其主要举措，可以归纳为"三个恢复、一个调整、两个统一"。

"三个恢复"：就是要恢复农业、工业、交通运输业。

具体来看，第一，恢复农业生产。1950年6月，中央人民政府颁布了《中华人民共和国土地改革法》，通过废除地主阶级封建剥削的土地所有制，实行农民的土地所有制，加上兴修水利，改善农业生产条件，解放农村生产力，推动农业生产，在此基础上又开始积极引导农民在自愿互利的基础上组织起来，走互助合作道路。第二，恢复工业生产。帮助各类工业企业克服各种困难尽快复工复产，还有一些通过没收官僚资本建立起的国营工业企业开始投入生产，同时，在工矿企业内部建立社会主义民主管理制度，发动生产改革活动，开展增产节约和劳动竞赛运动等。第三，恢复交通运输业。在比较短的时间内，尽快修复了铁路、桥梁等交通基础设施，到1950年，原有的铁路已经基本畅通，紧接着，公路、水运和航空等交通运输业也得到了基本恢复。

"一个调整"：就是要调整私营工商业。

怎么调整？总体上来说，主要是根据公私兼顾的原则，在经营范围、原料供应、销售市场、财政金融政策等方面，对私营工商业进行必要的照顾，并且采用加工订货、统购包销、经销代销等方式，使私营工商业基本上摆脱了销路呆滞、生产萎缩的困境。随后，又在全国开展城乡物资交流运动，扩大农副产品购销，为城市工商业开辟了广阔的市场，使私营工商业能够迅速地恢复发展起来。

"两个统一"：就是要统一全国财政收支和统一全国物资调度。

1950年3月3日，当时的政务院颁布了《关于统一国家财政经济工作的决定》。其核心就是开始实行"两个统一"：第一，统一全国财政收入，使国家收入的主要部分集中到中央，用于国家的必要开支，以保证财政收支平衡；第二，统一全国物资调度，使国家掌握的重要物资从分散状态集中起来，合理使用，以调剂余缺。与此同时，还统一了全国现金管理，一切军政机关和公营企业的现金，除留若干近期使用者外，一律存入国家银行，资金的往来使用转账支票经人民银行结算。这些做法，实际上已经成为以集中统一为基础的财经管理体制的雏形。

经过全国上下的共同努力，在短短三年时间内，新中国完成了恢复国民经济的任务，改善了人民生活，并且为之后有计划的社会主义建设和社会主义改造准备了基础性条件。

二、过渡时期总路线：推动"一化三改造"

在国民经济得到基本恢复之后，下一步怎么走？由于新中国经济建设毫无经验可循，也没有现成模式可以借鉴，在这种情况下，也就自然而然地选择了模仿当时苏联"老大哥"的经济发展模式，简而言之，也就是公有制加上计划经济体制。

1953 年 6 月，中共中央提出了过渡时期总路线。其核心内容：在一个相当长的时期内，逐步实现社会主义工业化，并逐步实现国家对农业、手工业和资本主义工商业的社会主义改造。逐步实现社会主义工业化，即要使中国由落后的农业国逐步变为先进的工业国。

这便是历史上通常所说的"一化三改"。

可以看出，除了要推动工业化之外，过渡时期总路线的实质是要解决所有制问题，即把生产资料的私有制逐步改变为社会主义公有制。具体来讲，是要把农民以及手工业者的个体私有制改造为社会主义的集体所有制，把资本主义的私有制改造为社会主义的全民所有制。

过渡时期总路线确定了，接下来，就开始付诸行动了。

第一，对农业实行社会主义改造，主要任务是走合作化道路，把中国农业的个体经济改造成为合作经济，或集体经济。

农业合作化道路，从互助组开始，到初级合作社，再发展成为高级合作社，进而完成农业社会主义改造。最早出现的互助组，由几户或十几户农民自愿组成，土地耕畜和其他生产资料仍属农民个人所有，但在生产方面组织起来、互帮互助，因此，互助组是农业合作化的最初过渡形式，只能说具有了社会主义萌芽性质。1953 年 12 月，中共中央通过

《关于发展农业生产合作社的决议》，提出党在农村中工作的最根本的任务，就是要善于用明白易懂而为农民所能够接受的道理和办法去教育和促进农民群众逐步联合组织起来，迅步实行农业的社会主义改造，使农业能够由落后的小规模生产的个体经济变为先进的大规模生产的合作经济。从 1954 年开始，全国兴起大办初级农业合作社的高潮。初级合作社以土地入股和统一经营为特点，实行集体劳动，产品分配采取按劳分配和土地入股分红相结合，耕畜和大农具也付给一定的报酬，因此，初级合作社具有了半社会主义性质。从 1955 年下半年起，农业合作化步伐开始加快，将初级合作社转为高级合作社，有些由互助组直接转为高级合作社。与初级合作社相比，一个最为核心的变化是，高级合作社实行了生产资料的集体所有，因此，也就具有了完全的社会主义性质。

第二，对手工业实行社会主义改造，走的也是合作化道路，把中国手工业改造成为合作经济，也可以称之为集体经济。

1953 年 6 月，全国手工业生产合作会议提出对手工业进行社会主义改造的方针政策，确定了"积极引导，稳步前进"的指导原则。在改造步骤上，从供销入手，从小到大，由低到高，以点带面，逐步实行合作化。与农业社会主义改造一样，手工业社会主义改造也经历了由低级到高级的发展过程。最初，是办了手工业供销小组，小组成员由国营商业或供销合作社供给原料和包销产品，把个体手工业者组织起来，但不改变生产资料的私有制，因此，这种合作只是具有了社会主义萌芽性质。接着，由供销小组合并起来设立了手工业供销合作社。这种合作社，开始时是统一供销业务，分别核算，生产活动仍由各户分散独立完成；后来逐步有部分生产资料是公有的，合作社对各户的生产也有一定的干预，因而具有半社会主义性质。最后，是建立手工业生产合作社，手工业者的生产资料全部归集体所有，统一经营，入社人员参加集体劳动，采取按劳分配原则，从而成为具有社会主义性质的集体经济组织。

第三，对民族资本主义工商业实行社会主义改造，是要把以往的私有制经济改造成为公有制经济，主要采取的是公私合营的方式。

新中国成立初期，国家对私营资本主义工商业的基本政策是以利用和限制为主。从 1953 年开始，逐步扩大到对其他行业私营资本主义工商业的社会主义改造，主要采取排挤私营批发和有计划扩展加工订货的方针。之后，经历了个别企业的公私合营和全行业公私合营两个阶段。1954 年 2 月，政务院通过《公私合营工业企业暂行条例》规定：对资本主义企业实行公私合营，应当根据国家的需要、企业改造的可能和资本家的自愿。合营企业中，社会主义成分居领导地位，私人股份的合法权益受到保护。合营企业应当遵守国家计划，企业盈余在依法缴纳所得税后的余额，应当就企业公积金、企业奖励金和股东股息红利三个方面，加以合理分配。股东的股息红利，加上董事、经理和厂长等人的酬劳金，可占全年盈余总额的 25% 左右。1956 年初，全国范围出现社会主义改造高潮，资本主义工商业实现了全行业公私合营。国家对资本主义私股的赎买改行"定息制度"，统一规定年息五厘。生产资料由国家统一调配使用，资本家除定息外，不再以资本家身份行使职权，并在劳动中逐步改造为自食其力的劳动者。1966 年 9 月，定息年限期满，公私合营企业最后转变为社会主义全民所有制。

新中国成立之后，在工业化推进的同时，对农业、手工业、资本主义工商业社会主义改造的基本完成，标志着社会主义制度在中国的最终确立。也可以说，"一化三改"实现了中国历史上最本质、最深刻、最伟大的社会变革，并且为中国的社会主义现代化建设奠定了重要基础。

三、过"急"过"快"叠加自然灾害：经济出现困难

中国社会主义建设，不是一帆风顺的，而是充满了艰辛，经历了曲折。

"一化三改"之后，由于对社会主义经济发展规律和中国经济的基本情况认识不够，进行社会主义建设经验不足，主观上过"急"，行动上过"快"，再加上"左"倾错误，于是，从 1958 年至 1960 年，在全

国轻率地发动了"大跃进"运动和人民公社化运动。在这两个运动推进过程中，高指标、瞎指挥、虚报风、浮夸风、"共产风"盛行，全国各地纷纷提出工业大跃进和农业大跃进不切实际的目标，片面追求工农业生产和建设的高速度，大幅度地提高和修改计划指标。

在工业上，提出了"以钢为纲"的口号和举措，制定了钢铁工业发展的跃进规划和措施，号召一切部门都必须为钢铁生产"停车让路"，支援大炼钢铁，进而在全国掀起了轰轰烈烈的"全民大炼钢铁运动"，其结果是造成国民经济比例的严重失调，成为之后国民经济遭受严重困难的直接诱因。与此同时，全民大炼钢还带动了其他行业的"大跃进"，交通、邮电、教育、文化、卫生等事业也都陆续跟进，进而把工业乃至很多领域的"大跃进"运动不断地推向了高潮。

在农业上，提出了"以粮为纲"的口号和政策，不断宣传"高产卫星""人有多大胆，地有多大产"，使得粮食亩产量被层层拔高，引发了十分严重的浮夸风。1958年7月，全国第一个人民公社正式成立，也就是当时坐落在河南省驻马店市遂平县的嵖岈山卫星人民公社，接着，农村掀起了人民公社化运动高潮。应该说，这次农村生产关系的重大变革，明显地超越了农业生产力发展水平和农民思想觉悟的水平，严重地脱离了实际，搞平均主义，吃大锅饭，最终造成农业生产混乱、生产力水平下降。

由于"大跃进"运动和人民公社化运动都违背了客观经济规律，拔苗助长，结果造成资源浪费，冲击了正常的工农业生产。与此同时，1959年至1961年期间，新中国遭遇了成立以来第一场连续多年的严重干旱灾害，史称"三年自然灾害"，叠加了经济困难。粮、油、蔬菜、副食品等的极度缺乏，严重危害了人民群众的健康和生命安全。由于国民经济正常运转遭到严重破坏，国民经济比例严重失调，人民生活受到极大的影响，整个国民经济出现严重困难。

因此，这三年也被称为"三年经济困难"时期。可想而知，"自然灾害"和"经济困难"的相互叠加，犹如雪上加霜。种种景象已经表明，新中国成立之后，全国经济社会发展面临着十分严峻的挑战。

四、面对经济困境：实行国民经济调整

面临如此的困难局面，中国不得不进行国民经济调整。1961 年 1 月 14 日至 18 日，中国共产党八届九中全会召开，决定对国民经济实行"调整、巩固、充实、提高"的八字方针。其含义是：要调整国民经济各部门之间的比例和有关政策，使国家建设和人民生活得到统筹兼顾，全面安排；要巩固国民经济发展中的成果，使其向纵深发展；要以少量的投资来充实一些部门的生产能力，使其配套成龙，以便取得更大的经济效益；要提高产品产量，增加产品品种，提高经营管理水平和劳动生产率。

可以这么说，从 1961 年 1 月开始到 1965 年底基本完成的国民经济调整，是新中国社会主义建设史上极为重要的一页。通过调整国民经济的比例关系和产业结构，大力加强对农业的支援，尽可能地充实农业生产第一线的劳动力，增加农村社队所需的贷款和物资；大力缩短基本建设战线，压缩重工业生产，对工业企业坚决实行关停并转，精简职工和城市人口。由于措施果断有力，国民经济调整工作比较迅速地取得了明显的效果，在 1963 年初，我国的国民经济开始出现了全面好转的局面。

到 1965 年，我国基本完成了国民经济调整的任务，农业生产得到发展，原油、原煤、钢铁等主要工业产品的产量与 1956 年相比，都有了大幅度的提高。1965 年与 1957 年相比，全国原油产量从 146 万吨增加到 1 131 万吨，原煤产量从 1.31 亿吨增加到 2.32 亿吨，生铁产量从 594 万吨增加到 1 077 万吨，钢产量从 535 万吨增加到 1 223 万吨，成品钢材产量从 415 万吨增加到 881 万吨，发电量从 193 亿千瓦小时增加到 676 亿千瓦小时。[1] 与此同时，市场供应比较充足，物价也比较稳定。

这充分表明，通过全国上下坚持不懈的艰苦努力，我国的国民经济困难状况不仅得到了根本性的扭转，而且在很多方面、许多领域都取得了令人惊叹的成就。例如，中国自行制造的第一颗原子弹于 1964 年

---

[1]　国家统计局编：《中国统计年鉴 1999》，中国统计出版社 1999 年版。

10 月 16 日在新疆罗布泊爆炸成功，震惊世界。

五、"文化大革命"：国民经济再次出现起伏

到 1966 年，正当我国的国民经济调整基本完成，国家开始执行第三个五年计划的时候，一场持续十年，使党、国家和各族人民遭到新中国成立以来时间最长、范围最广、损失最大的"文化大革命"发生了。在这个历史时期，我国国民经济再次出现了较大起伏。

与此同时，自 20 世纪 70 年代开始，全球正迎来了国际局势逐渐趋向缓和，许多国家经济出现起飞或开始持续发展的重要时期，但是，由于"文化大革命"造成的严重影响，中国不仅没有能够缩小与发达国家之间已有的一些差距，反而进一步拉大了互相之间的距离，最终失去了一次十分重要的历史性发展机遇。

六、在不断探索中前行的新中国

从新中国成立到"文化大革命"结束，是以毛泽东同志为主要代表的中国共产党领导人民确立社会主义基本制度，推进社会主义建设，完成中华民族有史以来最为广泛而深刻的社会变革，并且艰辛探索社会主义革命和建设道路的历史时期。

在这个历史时期，尽管新中国建设经历了一些曲折，但仍然取得了独创性理论成果和巨大成就。在过去旧中国一穷二白的前提下，党领导人民在不长的时间内使得中国社会发生了翻天覆地的变化，建立起独立的比较完整的工业体系和国民经济体系，独立研制出"两弹一星"，有效维护了国家主权和安全，并且为新的历史时期开创中国特色社会主义建设积累了重要经验。

第二讲 改革开放，创造了中国奇迹

如果没有改革开放，中国一定走不到已经创造了奇迹的今天，也可能走不到更加辉煌灿烂的明天。

1978年12月，中国共产党十一届三中全会召开，拉开了中国改革开放的大幕。以改革开放总设计师邓小平同志为主要代表的中国共产党人，团结带领全党全国各族人民深刻总结新中国成立以来正反两方面经验，借鉴世界社会主义历史经验，创立了邓小平理论，解放思想，实事求是，作出把党和国家工作中心转移到经济建设上来、实行改革开放的历史性决策，明确提出走自己的路、建设中国特色社会主义，深刻揭示社会主义本质，确立社会主义初级阶段基本路线，科学回答了建设中国特色社会主义的一系列基本问题，制定了到21世纪中叶分三步走、基本实现社会主义现代化的发展战略，成功开创了中国特色社会主义。[1]

经过四十多年的深化改革和扩大开放，中国经济社会发生了翻天覆地的变化，取得了举世瞩目的伟大成就。从纵向比，每一个中国人都切身地经历了这个令人荡气回肠的历史进程，分享着改革开放带来的好处；从横向比，每一个中国人都看到了整个国家在全球政治经济格局中不断提升的地位，同样切身地体验到了作为一个中国人的欣慰和骄傲。

今天，回顾与总结中国改革开放从拉开大幕到不断深化的波澜壮阔

---

1 本书编写组：《中国共产党简史》，人民出版社、中共党史出版社2021年版。

的历史发展进程，不仅是为了更好地了解过去、把握现在，而且也是为了更好地拥抱未来。

事实证明，经过"文化大革命"时期，中国需要开创社会主义现代化建设新局面，同时，新中国成立以后模仿苏联建立起来的、高度集中的计划经济体制，也已经严重阻碍了中国生产力的发展。如果这种局面不改变，中国就不可能继续前行，因此，中国需要进行第二次革命，更需要解放生产力、发展生产力、提高生产力。

一、改革开放：十个"主题"的追述

从中国改革开放的历史发展进程来看，四十多年来发生了一系列重大事件，全国经济社会发展取得的成就可圈可点；四十多年来可以并且值得记载和叙述的内容和事情数不胜数。尽管如此，如果按照时间顺序来逐渐推进，还是可以通过以下十个方面的"主题"来进行追叙。

1. 第一个主题：全面拨乱反正

改革开放，谈何容易，关键在于能否拨乱反正。

1976 年 10 月，持续十年的"文化大革命"宣告结束。举国欢腾，人心思变，百业待举，百废待兴，但中国共产党也面临着思想、政治、组织等各个领域全面拨乱反正的艰巨任务。其中，有三件具有标志性的大事，至关重要。

第一件标志性大事：1978 年《实践是检验真理的唯一标准》大讨论。

1978 年 5 月 11 日，《光明日报》发表本报特约评论员文章《实践是检验真理的唯一标准》，由此引发了一场关于真理标准问题的大讨论。文章指出，检验真理的标准只能是社会实践，理论与实践的统一是马克思主义的一个最基本的原则，任何理论都要不断地接受实践的检验。

这场大讨论，推动了全国性的马克思主义思想解放运动。这次思想解放运动是党的历史上具有深远意义的伟大转折的思想运动，为中国共产党重新确立马克思主义思想路线、政治路线和组织路线，作出了十分重要的理论准备。

第二件标志性大事：1978 年召开中国共产党十一届三中全会。

1978 年 12 月 18 日至 22 日，中国共产党第十一届中央委员会第三次全体会议在北京举行。全会的中心议题，是讨论把全党工作重点转移到社会主义现代化建设上来，进而实现了思想路线、政治路线、组织路线的拨乱反正。同时，全会开始系统地进行重大历史是非的拨乱反正，恢复了党的民主集中制的传统，作出了实行改革开放的新决策，启动了农村改革的新进程。

党的十一届三中全会的召开，标志着中国共产党从根本上冲破了长期"左"倾错误的严重束缚，在思想上、政治上、组织上全面恢复和重新确立了马克思主义的正确路线，结束了 1976 年 10 月以来党和国家的工作在徘徊中前进的局面，将党领导的社会主义事业引向健康发展的道路。总而言之，十一届三中全会揭开了党和国家历史的新篇章，实现了新中国成立以来中国共产党历史上具有深远意义的伟大转折，并且开启了中国改革开放和社会主义现代化建设的新时期。

第三件标志性大事：1981 年总结新中国成立以来若干历史问题。

1981 年 6 月，中国共产党十一届六中全会审议和通过了《关于建国以来党的若干历史问题的决议》(以下简称《决议》)。《决议》全面地评价了党的历史，对一些重大历史事件和重要历史人物作出了实事求是的评价，科学总结了新中国成立以来中国共产党领导社会主义革命和建设的历史经验及新时期创造的新鲜经验。《决议》正确解决了既科学评价毛泽东的历史地位和毛泽东思想的科学体系，又根据新的实际和发展要求实行改革开放、确立社会主义现代化建设正确道路这两个相互联系的重大历史课题。《决议》还概括了党的十一届三中全会以来，党已经逐步确立的一条适合中国情况的社会主义建设的正确道路的十个主要点，初步提出了在中国建设什么样的社会主义和怎样建设社会主义的重大问题。《决议》的通过，也标志着中国共产党在指导思想上的拨乱反正胜利完成。

2. 第二个主题：改革开放起步

在一系列思想上、政治上、组织上拨乱反正取得重大成效的前提下，中国改革开放从农村开始，不断地迈出了一系列的重要步伐。

第一步，1978 年农村燃起改革之火开启中国改革大幕。

中国改革，发端于农村；农村改革，开始于安徽省凤阳县小溪河镇小岗村。1978 年，十八位小岗村农民以"托孤"的方式，冒着极大的风险，立下大包干"生死状"，在土地承包责任书上按下了红手印，让小岗村尝到了久违的丰收味道，创造了"小岗精神"，并且开启了中国农村改革的时代大幕。

第二步，1979 年决定设立经济特区拉开城市改革序幕。

1979 年 7 月 15 日，中共中央、国务院批转广东省委、福建省委关于对外经济活动实行特殊政策和灵活措施的报告，决定在深圳、珠海、汕头和厦门试办特区。同年 8 月 13 日，国务院颁发《关于大力发展对外贸易增加外汇收入若干问题的规定》，主要内容是扩大地方和企业的外贸权限，鼓励增加出口，办好出口特区。到 1980 年 5 月 16 日，中共中央、国务院批转《广东、福建两省会议纪要》，正式将"特区"定名为"经济特区"，并且拉开了城市改革的序幕。

改革开放之初，在我国缺少对外经济交往经验、国内相关法律体系不健全的情况下，设立经济特区为进一步改革开放、扩大对外经济交流起到重要的示范作用。为什么选择这四个地方首先试办经济特区呢？答案也许有很多，其中，有三个因素应该是最为贴切的。一是地域相邻。这四个地方都地处东南沿海，又邻近中国的香港和澳门，无疑具有地理位置上的独特优势。二是人员相亲。这四个地方的人员与很多港澳人士，以及东南亚国家的华人华侨沾亲带故，联系密切，有利于开展对外交流。三是权重较小。当时，这四个地方的经济总量不大，在广东、福建，乃至全国的权重都比较小，因此，如果试办不成功，都不会对两个省，乃至全国造成很大影响，有利于风险防范。

第三步，1982 年确立农村家庭联产承包责任制。

1982 年 1 月 1 日，中共中央批转的《全国农村工作会议纪要》指出，农村实行的各种责任制，包括小段包工定额计酬，专业承包联产计酬，联产到劳，包产到户、到组，包干到户、到组等，都是社会主义集体经济的生产责任制，反映了亿万农民要求按照中国农村实际状况来发展社会主义农业的强烈愿望。不论采取什么形式，只要群众不要求改变，就不要变动。各级党的领导应向干部和群众说明，我国农业必须坚持社会主义集体化的道路，土地等基本生产资料公有制是长期不变的，集体经济要建立生产责任制也是长期不变的。

中国农村全面推行家庭联产承包责任制，大大释放了农业生产力，提高了农业生产效率和效益。同时，由于解放了农业劳动力，不仅直接推动了农村工业化的蓬勃发展，而且也为之后各类城市经济社会发展提供了充沛的农业转移劳动力。

中国农村的家庭联产承包责任制，一直延续至今。

第四步，1984 年推出 14 个沿海开放城市。

1984 年 4 月，为进一步吸收外资，引进国外先进的科学技术，加快对外开放的步伐，中央又决定扩大开放沿海十四个港口城市。从北往南，这些城市分别是：大连、秦皇岛、天津、烟台、青岛、连云港、南通、上海、宁波、温州、福州、广州、湛江、北海，同时决定开放的还有海南岛。这一重大措施，促进了我国沿海地区的进一步对外开放和经济繁荣，而且进一步证明了中国对外开放的政策是正确有效的。

第五步，1990 年开发开放浦东带来全国新区崛起。

在邓小平同志的积极推动下，1990 年 4 月 18 日，国务院正式宣布开发开放浦东，在上海市浦东实行经济技术开发区和某些经济特区的政策。由此，浦东成为中国改革开放的前沿阵地，浦东开发开放也成为改革开放之后上海经济社会发展的重要历史转折点。

1992年10月，国务院批复设立上海市浦东新区，使得浦东新区成为全国第一个设立的新区。2005年6月，国务院办公会议批准浦东新区为中国大陆第一个综合配套改革试验区。2009年批准撤销上海市南汇区，整体并入浦东新区，使浦东新区面积增加一倍。用历史发展的视角来考察，自浦东新区成立之后，全国各地的新区开始纷纷崛起，并且已经成为推动当地经济社会发展的一个重要抓手。截至2021年12月，全国已经有19个国家级新区。

3. 第三个主题：经济体制改革

随着中国改革开放的启动，农村改革的逐渐展开，以城市为重点的经济体制改革开始提上议事日程。应该说，整个改革历史演变进程的主线，是从原来传统的计划经济体制，逐步向着社会主义市场经济体制转变。

1982年9月，明确"计划经济为主、市场调节为辅"的经济管理原则。

1982年9月，党的十二大报告进一步明确了"计划经济为主、市场调节为辅"的经济管理原则，要"正确贯彻计划经济为主、市场调节为辅的原则，是经济体制改革中的一个根本性的问题。我们要正确划分指令性计划、指导性计划和市场调节各自的范围和界限"。

可见，在中国改革开放之后，由于经济管理原则出现了转变，再加上市场主体开始形成，市场机制逐渐发生作用，使得市场开始成为配置资源的重要补充手段。

1984年10月，提出"有计划的商品经济"的命题。

1984年10月20日，中国共产党十二届三中全会一致通过的《中共中央关于经济体制改革的决定》明确提出：进一步贯彻执行对内搞活经济、对外实行开放的方针，加快以城市为重点的整个经济体制改革的步伐，是当前我国形势发展的迫切需要。

改革的基本任务是建立起具有中国特色的、充满生机和活力的社会主义经济体制，促进社会生产力的发展。改革计划体制，首先要突破把计划经济同商品经济对立起来的传统观念，明确认识社会主义计划经济必须自觉依据和运用价值规律，是在公有制基础上的有计划的商品经济。商品经济的充分发展，是社会经济发展不可逾越的阶段，是实现我国经济现代化的必要条件。

可以看出，"有计划的商品经济"的提出，实际上是在 1982 年中央提出"计划经济为主、市场调节为辅"的基础上，又往前走了一大步，进而在理论和实践两个层面，为进一步打破计划经济体制创造了十分重要的条件。

1987 年 10 月，提出"一个中心、两个基本点"基本路线。

1987 年 10 月 25 日至 11 月 1 日，中国共产党第十三次全国代表大会举行。会议报告《沿着有中国特色的社会主义道路前进》阐述了社会主义初级阶段理论，提出党在社会主义初级阶段"一个中心、两个基本点"的基本路线，制定了到下世纪中叶分三步走、实现现代化的发展战略，并提出了政治体制改革的任务。

一个中心是指：以经济建设为中心。两个基本点是指：坚持四项基本原则，坚持改革开放。四项基本原则是指：必须坚持社会主义道路，必须坚持无产阶级专政，必须坚持共产党的领导，必须坚持马克思主义、毛泽东思想。

应该说，党的十三大是党的十一届三中全会以来路线的继续、丰富和发展，实现了马克思主义中国化的新飞跃，开辟了具有中国特色社会主义建设之路。

1989 年 6 月，中国共产党十三届四中全会召开。

1989 年 6 月 23 日至 24 日，中国共产党十三届四中全会在北京召开。全会选举江泽民为中央委员会总书记，形成新的党中央领导集体。全会强调，要继续坚决执行十一届三中全会以来的路线、方针、政策，继续坚决执行党的十三大确定的"一个中心，两个基本点"的基本路线。四项基本原则是立国之本，必须毫不动摇、始终一贯地加以坚持；改革开放是强国之路，必须一如既往地贯彻执行，绝不回到闭关锁国的老路上去。

党的十三届四中全会以后，以江泽民同志为主要代表的中国共产党人，团结带领全党全国各族人民坚持党的基本理论、基本路线，加深了对什么是社会主义、怎样建设社会主义和建设什么样的党、怎样建设党的认识，形成了"三个代表"重要思想，在国内外形势十分复杂、世界社会主义出现严重曲折的严峻考验面前捍卫了中国特色社会主义，确立了社会主义市场经济体制的改革目标和基本框架，确立了社会主义初级阶段的基本经济制度和分配制度，开创全面改革开放新局面，推进党的建设的伟大工程，成功把中国特色社会主义推向 21 世纪。[1]

1992 年 1 月至 2 月，邓小平南方谈话。

邓小平南方谈话，发生在 1992 年 1 月 18 日至 2 月 21 日。当时已正式告别中央领导岗位的邓小平，以普通党员的身份，凭着对党和人民伟大事业的深切期待，先后赴武昌、深圳、珠海和上海视察，沿途发表了重要谈话，也被称为"南方谈话"。3 月 26 日，《深圳特区报》率先发表了题为《东方风来满眼春——邓小平同志在深圳纪实》的重大社论报道，并集中阐述了邓小平南方谈话的要点内容。

邓小平在南方谈话中指出，革命是解放生产力，改革也是解放生产力；要加快改革开放的步伐，大胆地试，大胆地闯；要抓住有利时机，集中精力把经济建设搞上去，发展才是硬道理；要坚持两手抓，两手都要硬；要靠正确的组织路线来保证正确的政治路线；要坚定社会主义信念。

邓小平南方谈话在国内外产生了巨大的影响，具有深远的意义。总之，邓小平在中国面临向何处去的重大历史关头，高举改革开放旗帜，坚持解放思想，抓住历史机遇，大大加快了中国的历史发展进程，也为当时即将召开党的十四大最重要的思想、理论准备和推进改革开放步入

1　本书编写组：《中国共产党简史》，人民出版社、中共党史出版社 2021 年版。

新阶段、跨上新台阶提供了强大动力。

1992 年 10 月，中国共产党十四大确立社会主义市场经济体制改革目标。

1992 年 10 月 12 日至 18 日，中国共产党第十四次全国代表大会在北京举行。全会总结了党的十一届三中全会以来 14 年的实践经验，决定抓住机遇，加快发展。此次全会确定了我国经济体制改革的目标是建立社会主义市场经济体制，并且提出用邓小平建设有中国特色社会主义理论武装全党。

可以说，这是在中国共产党历史上第一次明确提出建立社会主义市场经济体制的目标模式，同时，把社会主义基本制度和市场经济结合起来，建立社会主义市场经济体制。这是中国共产党的一个伟大创举，是改革开放十多年来中国共产党进行理论探索得出的最重要的结论之一，也是在社会主义认识史上一次历史性的飞跃。

自此以后，中国正式开启了中国特色社会主义市场经济体制建设的大幕，并且在实践进程中不断对其进行完善和创新。

4. 第四个主题：各项改革全面铺开

在中国经济体制不断改革和完善的同时，在全国上下，各个条线、各个领域、各个层面的各项改革，开始逐渐地铺了开来，并且都取得了一系列的改革成效。

1985 年 3 月，作出《关于科学技术体制改革的决定》。

1985 年 3 月 13 日，中共中央在《关于科学技术体制改革的决定》中指出，现代科学技术是新的社会生产力中最活跃和决定性的因素，全党必须高度重视并充分发挥科学技术的巨大作用；同时，还规定了当时的科学技术体制改革的主要任务。

到 1988 年 9 月 5 日，邓小平同志在会见捷克斯洛伐克总统胡萨克时，提出"科学技术是第一生产力"的著名论断。在中国经济社会发展进程中，科学技术开始得到不断的重视。

1985 年 5 月，裁军百万推进军队体制改革。

1985 年 5 月 23 日至 6 月 6 日，中央军委扩大会议在北京举行。会议主要讨论贯彻我国政府关于军队减少员额一百万的战略决策，研究制定落实这一决策的措施和步骤。会议还确定，搞好体制改革，精简整编，是当时军队今后两年的中心任务。

1986 年 12 月，全民所有制企业改革启动。

1986 年 12 月 5 日，国务院作出的《关于深化企业改革增强企业活力的若干规定》提出，全民所有制小型企业可积极试行租赁、承包经营，全民所有制大中型企业要实行多种形式的经营责任制，各地可以选择少数有条件的全民所有制大中型企业进行股份制试点。这个《规定》的出台，是全国开始推动城市经济体制改革的重大步骤，对于进一步简政放权，改善企业外部条件，扩大企业经营自主权，促进企业内部机制改革，具有十分重要的现实意义。

1990 年 11 月和 12 月，上海证券交易所和深圳证券交易所分别成立。

1990 年 11 月 26 日，上海证券交易所正式成立，并于同年 12 月 19 日开业；同年 12 月 1 日，深圳证券交易所也宣布成立。这两大证券交易所的成立开业，标志着中国资本市场开始初步形成，并且成为中国金融体制市场化改革中的一个重要里程碑。

1993 年 12 月，进行分税制改革。

1993 年 12 月 15 日，国务院作出关于实行分税制财政管理体制的决定。1994 年，开始进行分税制财政体制改革；1995 年，开始对政府间财政转移支付制度进行改革，逐步建立了较为规范的政府间财政转移支付体系；2002 年，又进行了所得税收入分享改革。这一系列改革，是新中国成立以来政府间财政关系方面涉及范围最广、调整力度最强、影响最为深远的重大制度改革和创新，并且基本上建立起了适应社会主义市场经济体制要求的财政体制框架。

1993 年 12 月，提出金融改革目标。

1993 年 12 月 25 日，国务院作出《关于金融体制改革的决定》。提出金融体制改革目标主要是：建立在国务院领导下，独立执行货币政策的中央银行宏观调控体系；建立政策性金融与商业性金融分离，以国有商业银行为主体、多种金融机构并存的金融组织体系；建立统一开放、有序竞争、严格管理的金融市场体系。因此，通过金融体制改革，中国开始确立了中国人民银行作为独立执行货币政策的中央银行的宏观调控体系，实行了政策性银行与商业银行分离的金融组织体系。

1994 年 7 月，住房市场化改革施行。

1994 年 7 月 18 日，国务院作出《关于深化城镇住房制度改革的决定》，明确城镇住房制度改革的基本内容，其中包括把住房实物福利分配方式改变为以按劳分配为主的货币工资分配方式、建立住房公积金制度等。该《决定》的出台，开启了城镇住房商品化的大门，标志着我国全面推进住房市场化改革的确立。在改革进程中，我国稳步推进了公有住房的出售，通过向城镇职工出售原公有住房，逐步完成了住房私有化的进程。

1995 年 5 月，制定科教兴国战略。

1995 年 5 月，中共中央、国务院发布《关于加速科学技术进步的决定》，提出要动员全党和全社会实施科教兴国战略，加速全社会科技进步，全面落实科学技术是第一生产力。应该充分认识到，这是党中央和国务院总结历史经验，根据世界发展形势和中国现实情况所作出的重大部署，也标志着中国正式提出了科教兴国战略。实施这一重大国家战略，就是要全面落实科学技术是第一生产力的思想，把科技和教育摆在经济社会发展的重要位置，增强国家的科技实力和科技转化为现实生产力的能力，提高全民族的科技文化素质，把经济建设转移到依靠科技进步和提高劳动者素质轨道上来，加速实现富强、民主、文明的目标。

1996 年 12 月，推进外汇管理体制改革。

1996 年 12 月 1 日，中国开始接受国际货币基金组织协定第八条款，实行人民币经常项目下的可兑换，这标志着中国外汇管理体制改革取得了重大进展。这次外汇管理体制改革，是中国社会主义市场经济体制的必然要求，为恢复中国关贸总协定缔约国地位创造了有利条件，同时也是促进外汇体制改革和金融体制改革的必要准备。

1998 年 3 月，国务院机构改革推动政府"瘦身"。

1998 年 3 月，第九届全国人民代表大会第一次会议通过了国务院机构改革方案，这是改革开放以来国务院继 1982—1983 年改革、1987—1988 年改革、1993—1996 年改革之后进行的第四次机构改革。这次改革，是要逐步建立起适应社会主义市场经济体制的有中国特色的政府行政管理体制，改革重点是要调整和撤销那些直接管理经济的专业部门，加强宏观调控和执法监管部门。改革后，除国务院办公厅外，国务院组成部门由原有的 40 个减少到 29 个。与此同时，国务院直属机构和办事机构也进行相应的调整与改革，而中央各部门和其他国家机关及群众团体的机构改革也陆续展开。

之后，国务院还分别在 2003 年、2008 年、2013 年、2018 年又分别进行了四次政府机构改革。

5. 第五个主题：重大区划调整

在中国改革开放的推进过程中，随着经济社会的不断发展，全国的行政区划也开始进行了一些重大的调整。其中最为重要的是，海南建省、重庆直辖，以及设立了地级三沙市。

1988 年 4 月，海南建省。

1988 年 4 月 13 日，第七届全国人民代表大会第一次会议审议通过了国务院设立海南省的议案，批准设立海南省，撤销原属于广东的海南行政区，海南省人民政府驻海口市。海南建省之后，除了香港、澳门、台湾之外，全国共有 30 个省、直辖市、自治区。

1997 年 3 月，重庆直辖。

1997 年 3 月 14 日，第八届全国人民代表大会第五次会议表决通过《关于批准设立重庆直辖市的决定》，决定将原属四川省的重庆市、万县市、涪陵市、黔江地区合并设立中央直辖市，共 43 个区市县，面积 82 402.95 平方千米，人口 3 002 万人。重庆直辖之后，正式成为继北京、上海、天津之后的第四个直辖市，除了香港、澳门、台湾之外，全国共有 31 个省、直辖市、自治区。

2012 年 12 月，设立地级三沙市。

2012 年 6 月 21 日，民政部发布国务院批准三沙设市的公告，撤销海南省西沙群岛、南沙群岛、中沙群岛办事处，设立地级三沙市，管辖西沙群岛、中沙群岛、南沙群岛的岛礁及其海域。三沙市总面积 200 多万平方公里（含海域面积），陆地面积约 13 平方公里（不含吹填新增陆地），其中西沙群岛约 10 平方公里，南沙群岛约 3 平方公里，中沙群岛没有陆地。

6. 第六个主题，重大国际赛事

随着改革开放的深入发展和经济实力的不断提升，中国开始承办一些十分重大的国际赛事，不仅很好地彰显了国家的整体实力，而且大大地提升了中国的国际形象和全球影响力。

1990 年 9 月至 10 月，第十一届亚运会在北京举行。

1990 年 9 月 22 日至 10 月 7 日，第十一届亚洲运动会在北京举行。这是中国第一次承办亚运会，也是中国第一次承办综合性的国际体育大赛。这届运动会遵照"团结、友谊、进步"的宗旨，来自亚奥理事会成员的 37 个国家和地区的体育代表团的 6 578 人参加了这届亚运会，代表团数和运动员数都超过了前十届。中国台北在时隔 12 年后，作为中国一个地区的代表队重返亚运大家庭。

在这之后，2010 年 11 月 12 日至 27 日，第十六届亚洲运动会在广州成功举行。第十九届亚洲运动会将于 2023 年 9 月 23 日至 10 月 8 日在杭州举行。

2008 年 8 月，北京举办第 29 届夏季奥林匹克运动会。

2008 年 8 月 8 日至 24 日，北京成功举办了第 29 届夏季奥林匹克运动会。这是一届惊艳全世界的奥运会，更是中国改革开放最隆重的"成人礼"。204个参赛国家及地区的60 000多名运动员、教练员和官员参加；设302项（28种）运动，共创造43项新世界纪录及132项新奥运纪录，有87个国家和地区在赛事中取得奖牌。中国以51枚金牌居金牌榜首位，成为奥运历史上首个登上金牌榜首的亚洲国家。

接下来，2014年8月16日至28日，南京成功举办了第二届夏季青年奥林匹克运动会；2019年10月18日至27日，第七届世界军人运动会在武汉成功举行。

2022年2月，第24届冬奥会和第13届冬残奥会在北京和张家口举办。

2022年2月4日至20日，第24届冬季奥林匹克运动会在北京市和河北省张家口联合举行，也是中国继2008年北京奥运会和2014年南京青奥会之后举办的第三届奥运会。第24届冬季奥林匹克运动会共设7个大项、15个分项、109个小项，来自91个国家和地区的近3 000名运动员参加比赛，刷新了2项世界纪录和17项冬奥会纪录。应该说，北京冬奥会创造了历史，为奥运留下了一套全新的标准，开启了全球冰雪运动的新篇章。

2022年3月4日至13日，第13届冬季残疾人奥林匹克运动会在北京和河北省张家口联合举行，简称2022年北京冬季残奥会，共设6个大项、78个小项，48个国家和地区的736名运动员参加比赛，北京赛区承办所有冰上项目，延庆赛区和张家口赛区承办所有的雪上项目。

7. 第七个主题：香港和澳门回归祖国

香港和澳门是中国的领土，为了完成祖国统一大业，中国收回了香港和澳门的主权。香港和澳门的主权收回之后，开始实行"一个国家，两种制度"。应该说，这种以和平方式实现国家统一的伟大战略构想，也是中外历史上史无前例的伟大创举。

1997 年 7 月 1 日，香港回归祖国。

1997 年 6 月 30 日午夜至 7 月 1 日凌晨，中华人民共和国和英国两国政府香港政权交接仪式在香港隆重举行。至此，中华人民共和国对香港恢复行使主权，中华人民共和国香港特别行政区正式成立，香港回归祖国。

1999 年 12 月 20 日，澳门回归祖国。

1999 年 12 月 20 日零时，中华人民共和国和葡萄牙共和国两国政府在澳门文化中心举行澳门政权交接仪式。至此，中葡两国政府完成了澳门政权的交接，中华人民共和国对澳门恢复行使主权，中华人民共和国澳门特别行政区正式成立，澳门回归祖国。

8. 第八个主题：重大区域战略

改革开放以来，中国的东部沿海地区得到了率先发展。在之后的发展进程中，我国陆续推出各个重大区域发展战略，进而在全国逐步形成了"东部率先、西部开发、东北振兴、中部崛起"的区域发展大格局。

1999 年 3 月，提出西部大开发战略。

1999 年 3 月 22 日，《国务院关于进一步推进西部大开发的若干意见》提出进一步推进西部大开发的十条意见。西部大开发战略的提出和实施，对于推动经济结构的战略性调整，促进区域经济协调发展，改善全国的生态状况，以及进一步扩大我国的对外开放，拓宽我国经济增长空间等，都具有重大的经济、社会和政治意义。

西部地区涵盖陕西省、四川省、云南省、贵州省、广西壮族自治区、甘肃省、青海省、宁夏回族自治区、西藏自治区、新疆维吾尔自治区、内蒙古自治区（乌兰察布、呼和浩特、包头、鄂尔多斯、锡林郭勒、阿拉善盟、鄂尔多斯）、重庆市 12 个省、自治区和直辖市。截至 2018 年底，西部地区土地面积为 678.158 9 万平方公里，占全国总面积的 70.6%；人口为 3.795 587 亿，占全国总人口的 27.2%。西部地区疆域辽阔，除四川盆地和关中平原外，绝大部分地区是我国经济欠发达、需要进一步加强开发的地区。

2003 年 10 月，推出东北振兴战略。

2003 年 10 月，中共中央、国务院出台《关于实施东北地区等老工业基地振兴战略的若干意见》，标志着实施振兴东北地区等老工业基地战略正式启动。同年 12 月 2 日，国务院作出成立振兴东北地区等老工业基地领导小组的决定，并确定下设办公室，具体承担领导小组的日常工作。2004 年 4 月 2 日，国务院下发国务院振兴东北办的"三定"方案，国务院振兴东北办正式成立。

东北地区包括辽宁省、吉林省、黑龙江省和内蒙古自治区东部的"东四盟市"（呼伦贝尔市、兴安盟、通辽市、赤峰市）。新中国成立之后，东北三省一直被称为"共和国的长子"，对推动我国经济发展和工业化进程曾经发挥着至关重要的作用。根据《中国统计年鉴 2021》数据显示，至 2020 年底，辽宁省常住人口有 4 259.14 万人，吉林省常住人口有 2 407.35 万人，黑龙江省常住人口有 3 185.01 万人，三省常住人口接近 1 亿人。

2006 年 4 月，实施中部崛起战略。

2006 年 4 月，中共中央、国务院出台了《关于促进中部地区崛起的若干意见》，其中包括 36 条政策措施，提出要把中部建成全国重要的粮食生产基地、能源原材料基地、现代装备制造及高技术产业基地以及综合交通运输枢纽。这样，中部崛起成为继东部沿海开放、西部大开发和振兴东北等老工业基地之后的又一项重要的国家经济发展战略。

中部地区包括山西、安徽、江西、河南、湖北、湖南中部六省。截至 2017 年底，中部地区国土面积约 102.8 万平方公里，占全国比重 10.7%，常住人口约 3.68 亿人，生产总值约 17.94 万亿元。中部地区地处中国内陆腹地，起着承东启西、接南进北、吸引四面、辐射八方的作用。从这个角度来看，加快中部地区崛起是东西融合、南北对接，推动全国区域经济协调发展的客观需要，也是提高中国国家竞争力的重大战略举措。

9. 第九个主题：跨入新世纪

2000 年，当人类社会开始跨入 21 世纪的时候，中国进入了全面建设小康社会、加快推进社会主义现代化的新的历史发展阶段。

2000 年，提出"三个代表"重要思想。

2000 年 2 月 25 日，江泽民总书记在广东考察党建工作，提出了"三个代表"重要思想。5 月 14 日，江泽民在江苏、浙江、上海党建工作座谈会上讲话进一步指出：始终做到"三个代表"，是我们党的立党之本、执政之基、力量之源，必须把"三个代表"的要求贯彻落实到党的全部工作中去。2001 年 7 月 1 日，在庆祝中国共产党成立八十周年大会上的重要讲话中，江泽民系统阐述了"三个代表"重要思想，即"代表中国先进生产力的发展要求，代表中国先进文化的前进方向，代表中国最广大人民的根本利益"。

2001 年 12 月，中国正式成为世界贸易组织成员。

2001 年 9 月 13 日，中国全部完成了与世界贸易组织（WTO，以下简称"世贸组织"）138 个成员中向中国提出谈判要求的 36 个成员的双边市场准入谈判。11 月 10 日，在卡塔尔多哈举行的世贸组织第四届部长级会议通过了中国加入世贸组织一揽子法律文件。12 月 11 日起，中国成为世贸组织正式成员。中国加入世贸组织，对中国国际经济合作和经济社会发展带来了深刻的变化和影响，也标志着中国对外开放由此进入一个新的发展阶段。

2002 年 11 月，中国共产党第十六次全国代表大会举行。

2002 年 11 月 8 日至 14 日，中国共产党第十六次全国代表大会召开，胡锦涛当选中共中央总书记。党的十六大立足于我国已经解决温饱、人民生活总体达到小康水平的基础，进一步提出了全面建设小康社会的构想，即在本世纪头 20 年，集中力量，全面建设惠及十几亿人口的更高水平的小康社会，使经济更加发展、民主更加健全、科教更加进步、文化更加繁荣、社会更加和谐、人民生活更加殷实。经过这一阶段的建设，再继续奋斗几十年，到本世纪中叶基本实现现代化，把我国建设成为富强、民主、文明的社会主义现代化国家。全面建设小康社会的阶段，是实现现代化建设第三步战略目标必经的承上启下的发展阶段，提出这一奋斗目标完全符合我国国情和现代化建设的实际。为这一目标而奋斗，也就是为实现共产主义远大理想准备物质和精神条件。

党的十六大把"三个代表"重要思想同马克思列宁主义、毛泽东思想、邓小平理论一道，确立为中国共产党要长期坚持的指导思想，写入中国共产党章程，这为跨入新世纪的中国共产党指明了前进的方向。

党的十六大以后，以胡锦涛同志为主要代表的中国共产党人，团结带领全党全国各族人民在全面建设小康社会进程中推进实践创新、理论创新、制度创新，深刻认识和回答了新形势下实现什么样的发展、怎样发展等重大问题，形成了科学发展观，抓住重要战略机遇期，聚精会神搞建设，一心一意谋发展，强调坚持以人为本、全面协调可持续发展，提出构建社会主义和谐社会，着力保障和改善民生，促进社会公平正义，推动建设和谐世界，推进党的执政能力建设和先进性建设，成功在新的形势下坚持和发展了中国特色社会主义。[1]

2003 年 3 月，抗击非典。

严重呼吸道综合征（SARS）又称传染性非典型肺炎（以下简称"非典"），是一种病原不清、极易被集体传染的病症。2003 年初，广东省发现此类症状的患者。3 月初，非典疫情扩散到北京，北京成为重灾区。为此，中共中央和国务院多次召开会议研究部署防治措施，包括设立防治基金、支持非典防治科技攻关、建设各地预防控制中心、免费治疗患者等。4 月 20 日，国务院明确提出及时发现、报告和公布非典疫情，卫生部决定每天公布一次非典疫情情况，将非典列入中国法定传染病。4 月 20 日之后，国务院公布《突发公共卫生事件应急条例》。5 月 1 日，北京市第一家专门治疗非典的临时性传染病医院小汤山医院开始接收病

1　本书编写组：《中国共产党简史》，人民出版社、中共党史出版社 2021 年版。

人。6月24日，世界卫生组织解除对北京的旅行警告，同时将北京从非典疫区名单中排除。至此，中国人民抗击非典的工作基本取得胜利。

2003年，提出科学发展观。

2003年4月10日至15日，胡锦涛总书记在广东考察时提出要坚持全面的发展观；7月28日，胡锦涛在全国防治非典工作会议上的讲话中指出，要更好地坚持协调发展、全面发展、可持续发展的发展观；8月底至9月初，胡锦涛在江西考察时明确提出"科学发展观"的概念；10月11日至14日，胡锦涛总书记在中共十六届三中全会的讲话中明确阐述了科学发展观，会议通过的《关于完善社会主义市场经济体制若干问题的决定》第一次在党的正式文件中完整地提出了科学发展观，要求"坚持以人为本，树立全面、协调、可持续的发展观"。至此，科学发展观作为一个重大战略思想已经形成，并且在2007年10月举行的中国共产党第十七次全国代表大会上写入党章，在2012年11月举行的中国共产党第十八次全国代表大会上列入党的指导思想。

2004年1月，推进资本市场发展的"国九条"颁布。

2004年1月31日，《国务院关于推进资本市场改革开放和稳定发展的若干意见》（简称"国九条"）颁布，这是自1992年12月17日国务院68号文件下发以来，作为中国最高行政机构的国务院首次就发展资本市场的作用、指导思想和任务进行全面明确的阐述。在这之后，相关部门出台的一系列政策，都以此为核心和出发点，因此，"国九条"成为名副其实的证券市场的纲领性文件。

2005年10月，提出建设社会主义新农村重大历史任务。

2005年10月11日，党的十六届五中全会通过《中共中央关于制定国民经济和社会发展第十一个五年规划的建议》，明确了今后五年我国经济社会发展的奋斗目标和行动纲领，提出了建设社会主义新农村的重大历史任务，为做好当前和今后一个时期的"三农"工作指明了方向。这是党中央统揽全局、着眼长远、与时俱进作出的重大决策，是一项不但惠及亿万农民，而且关系国家长治久安的战略举措，是在社会主义现代化建设的关键时期必须担负和完成的一项重要使命。

2006年1月，全面取消农业税。

2005年12月29日，第十届全国人民代表大会常务委员会第十九次会议决定：第一届全国人民代表大会常务委员会第九十六次会议于1958年6月3日通过的《中华人民共和国农业税条例》自2006年1月1日起废止。农业税的取消，终结了中国历史上存在了两千多年的"皇粮国税"，给亿万农民带来了看得见的物质利益，极大地调动了农民积极性，又一次解放了农村生产力，推动了农村经济的快速发展和农村社会的和谐进步。农业税的取消，标志着中国农村改革进入了一个新的阶段，这就是以乡镇机构、农村义务教育和县乡财政管理体制改革为主要内容的综合改革阶段。

2007年10月，《中华人民共和国物权法》施行。

《中华人民共和国物权法》于2007年3月16日由第十届全国人民代表大会第五次会议通过，自2007年10月1日起施行。物权法分5编19章247条，内容非常丰富。它是我国社会主义法律体系中的一部基本法律，关系着坚持和完善国家基本经济制度、完善社会主义市场经济体制、实现和维护最广大人民的根本利益。物权法的制定和实施具有重大的现实意义和深远的历史意义。

2009年3月，第十一届全国人大二次会议召开。

2009年3月5日至13日，第十一届全国人民代表大会第二次会议召开。在《政府工作报告》中，提出2009年政府工作的主要任务是以应对国际金融危机、促进经济平稳较快发展为主线，统筹兼顾，突出重点，全面实施促进经济平稳较快发展的一揽子计划。由于2008年爆发了全球金融危机，对中国经济发展产生了很大的影响，因此，2009年开始实施了一系列的经济刺激方案，以应对全球金融危机带来的经济下行压力。

2010年5月，中国上海世界博览会举行。

2010年5月1日至10月31日，中国2010年上海世界博览会举行。

上海世博会的主题是"城市，让生活更美好"，这是中国首次举办的综合性世界博览会，也是第一次在发展中国家举行的注册类世界博览会。246 个国家和国际组织参展。中外参观者达 7 308 万人次，创造了世博会历史上的新纪录。

2011 年 7 月，庆祝中国共产党成立 90 周年大会。

2011 年 7 月 1 日，庆祝中国共产党成立 90 周年大会在北京人民大会堂隆重举行。胡锦涛总书记在会上发表重要讲话，回顾中国共产党 90 年的光辉历程和取得的伟大成就，总结党和人民创造的宝贵经验，提出新的历史条件下提高党的建设科学化水平的目标任务，阐述在新的历史起点上把中国特色社会主义伟大事业全面推向前进的大政方针。

10. 第十个主题：进入新时代

在 2012 年 11 月中国共产党举行了第十八次全国代表大会之后，中国特色社会主义建设事业进入了一个新时代，改革开放不断向着纵深发展，经济社会发展不断向前推进。

2012 年 11 月，中国共产党第十八次全国代表大会举行。

2012 年 11 月 8 日至 14 日，中国共产党第十八次全国代表大会举行。胡锦涛同志作《坚定不移沿着中国特色社会主义道路前进　为全面建成小康社会而奋斗》的报告。大会总结过去 5 年的工作和过去 10 年的基本经验，确立科学发展观的历史地位，提出夺取中国特色社会主义新胜利的基本要求，确定全面建成小康社会和全面深化改革开放的目标，对新的时代条件下推进中国特色社会主义事业作出全面部署，对全面提高党的建设科学化水平提出明确要求。大会通过关于《中国共产党章程（修正案）》的决议，将科学发展观同马克思列宁主义、毛泽东思想、邓小平理论、"三个代表"重要思想一道确立为党的指导思想。

在中国共产党第十八次全国代表大会上，习近平同志当选为中共中央总书记。

党的十八大以来，以习近平同志为主要代表的中国共产党人，团结带领全党全国各族人民统揽伟大斗争、伟大工程、伟大事业、伟大梦想，从理论和实践结合上系统回答了新时代坚持和发展中国特色社会主义、怎样坚持和发展中国特色社会主义这个重大时代课题，创立了习近平新时代中国特色社会主义思想，统筹推进"五位一体"总体布局，协调推进"四个全面"战略布局，加强党的全面领导，坚持和完善中国特色社会主义制度，推进国家治理体系和治理能力现代化，着力提升人民群众获得感、幸福感、安全感，解决了许多长期想解决而没有解决的难题，办成了许多过去想办而没有办成的大事，推动党和国家事业发生历史性变革、取得历史性成就，党的面貌、国家的面貌、人民的面貌、军队的面貌、中华民族的面貌发生了前所未有的变化，近代以来久经磨难的中华民族迎来了从站起来、富起来到强起来的伟大飞跃，迎来了实现中华民族伟大复兴的光明前景。[1]

2013 年 9 月，中国（上海）自由贸易试验区挂牌成立。

2013 年 8 月 22 日，国务院正式批准设立中国（上海）自由贸易试验区，其于 2013 年 9 月 29 日正式挂牌成立，实施面积 28.78 平方公里；2015 年 4 月 20 日，国务院批准扩展中国（上海）自由贸易试验区，实施范围为 120.72 平方公里；2019 年 8 月 6 日，国务院批准设立中国（上海）自由贸易试验区临港新片区，其由核心承载区、战略协同区两部分组成，核心承载区面积为 386 平方公里（包含先行启动区），战略协同区面积约为 456 平方公里，按照"整体规划、分步实施"原则，先行启动面积为 119.5 平方公里。

自中国（上海）自由贸易试验区设立之后，全国各地的自由贸易试验区和自由贸易港开始纷纷破土而出，成为中国持续地深化改革和扩大开放的重要样板。

2015 年 4 月 20 日，国务院批复成立广东、天津、福建 3 个自贸区；2017 年 3 月 31 日，国务院批复成立辽宁、浙江、河南、湖北、重庆、

1　本书编写组：《中国共产党简史》，人民出版社、中共党史出版社 2021 年版。

四川、陕西 7 个自贸区；2018 年 10 月 16 日，国务院批复同意设立海南自贸区；2019 年 8 月 2 日，国务院批复同意设立山东、江苏、广西、河北、云南、黑龙江 6 个自贸区；2020 年 6 月 1 日，中共中央、国务院印发《海南自由贸易港建设总体方案》；2020 年 9 月 21 日，国务院批复同意设立北京、湖南、安徽 3 个自贸区，并扩展浙江自贸区。

2013 年，提出"一带一路"合作倡议。

"一带一路"是"新丝绸之路经济带"和"21 世纪海上丝绸之路"的简称。2013 年 9 月 7 日，习近平主席在哈萨克斯坦的纳扎尔巴耶夫大学发表演讲时表示，为了使各国经济联系更加紧密、相互合作更加深入、发展空间更加广阔，我们可以用创新的合作模式，共同建设"丝绸之路经济带"，以点带面，从线到片，逐步形成区域大合作。同年 10 月 3 日，习近平主席在印度尼西亚国会发表题为《携手建设中国—东盟命运共同体》的重要演讲时表示，中国致力于加强同东盟国家互联互通建设，愿同东盟国家加强海上合作，发展好海洋合作伙伴关系，共同建设"21 世纪海上丝绸之路"。

"一带一路"旨在借用古代"丝绸之路"的历史符号，依靠中国与有关国家既有的双多边机制，借助既有的、行之有效的区域合作平台，高举和平发展的旗帜，积极发展与沿线国家的经济合作伙伴关系，共同打造政治互信、经济融合、文化包容的利益共同体、命运共同体和责任共同体。

2013 年 11 月，党的十八届三中全会召开。

2013 年 11 月 9 日至 12 日，党的十八届三中全会在北京召开，全会审议通过了《中共中央关于全面深化改革若干重大问题的决定》，明确了经济、政治、文化、社会、生态文明等全面深化改革的五大体制改革要点。

党的十八届三中全会是对我国全面深化改革的一次总动员、总部署，对在新的历史起点上全面深化改革作出了一系列重要战略部署，在理论上有一系列重大创新，在实践上有一系列重大突破，并且为实现中华民族伟大复兴的中国梦勾勒出改革路线图和时间表。

2013 年 11 月，习近平总书记作出"精准扶贫"重要指示。

2013 年 11 月 3 日，习近平总书记到湖南省湘西土家族苗族自治州花垣县十八洞村考察时首次作出了"实事求是、因地制宜、分类指导、精准扶贫"的重要指示。2014 年 1 月，开始推动"精准扶贫"思想落地；同年 3 月，习近平总书记进一步阐释精准扶贫理念，强调要实施精准扶贫，瞄准扶贫对象，进行重点施策。2015 年 1 月，习近平总书记在云南调研时强调要坚决打好扶贫开发攻坚战，加快民族地区经济社会发展；同年 6 月，习近平总书记在贵州强调要科学谋划好"十三五"时期扶贫开发工作，确保贫困人口到 2020 年如期脱贫，并提出扶贫开发"贵在精准，重在精准，成败之举在于精准"的重要指示；同年 11 月，习近平总书记在中央扶贫开发工作会议上强调，消除贫困、改善民生、逐步实现共同富裕，是社会主义的本质要求，是中国共产党的重要使命。全面建成小康社会，是中国共产党对中国人民的庄严承诺。由此，全国脱贫攻坚战的冲锋号开始吹响，并且要确保到 2020 年所有贫困地区和贫困人口一道迈入全面小康社会。2015 年 11 月，《中共中央国务院关于打赢脱贫攻坚战的决定》发布。2017 年 10 月，习近平总书记在党的十九大报告中指出，要动员全党全国全社会力量，坚持精准扶贫、精准脱贫。坚持大扶贫格局，注重扶贫同扶志、扶智相结合，深入实施东西部扶贫协作，重点攻克深度贫困地区脱贫任务，确保到 2020 年我国现行标准下农村贫困人口实现脱贫，贫困县全部摘帽，解决区域性整体贫困，做到脱真贫、真脱贫。2019 年 10 月，为加强对国家脱贫攻坚普查工作的组织领导和统筹协调，根据《中共中央国务院关于打赢脱贫攻坚战三年行动的指导意见》，国务院决定成立国家脱贫攻坚普查小组；2020 年 7 月，国务院扶贫开发领导小组开展 2020 脱贫攻坚督查工作。

2021 年 2 月 25 日，全国脱贫攻坚总结表彰大会在北京人民大会堂隆重举行。习近平总书记庄严宣告：我国脱贫攻坚战取得了全面胜利。经过全党全国各族人民共同努力，在迎来中国共产党成立一百周年的重要时刻，我国脱贫攻坚战取得了全面胜利，现行标准下 9 899 万农村贫困人口全部脱贫，832 个贫困县全部摘帽，12.8 万个贫困村全部出列，区域性整体贫困得到解决，完成了消除绝对贫困的艰巨任务，创造了又一个彪炳史册的人间奇迹。

2013 年 12 月，中央首次召开城镇化工作会议。

2013 年 12 月 12 日至 13 日，中央城镇化工作会议在北京召开，这是新中国成立以来首个城镇化工作会议。这次会议明确了推进城镇化的指导思想、主要目标、基本原则，提出了城镇化发展中推进农业转移人口市民化、提高城镇建设用地利用效率、建立多元可持续的资金保障机制、优化城镇化布局和形态、提高城镇建设水平、加强对城镇化管理的六大重点任务。

2014 年 10 月，全面推进依法治国。

2014 年 10 月 20 日至 23 日，中国共产党第十八届中央委员会第四次全体会议在北京召开。会议通过了《中共中央关于全面推进依法治国若干重大问题的决定》，对建设法治中国提出了明确的目标任务，进而成为我国全面推进依法治国的指南针和路线图。

2014 年 11 月，"沪港通"正式启动。

2014 年 11 月 17 日，上海与香港股票市场交易互联互通机制"沪港通"正式启动。"沪港通"丰富了交易品种，优化了市场结构，为境内外投资者投资 A 股和港股提供了便利和机会，有利于投资者共享两地经济发展成果，促进两地资本市场的共同繁荣发展；有利于拓展市场的广度和深度，巩固香港国际金融中心地位，加快建设上海国际金融中心，增强我国资本市场的整体实力；有利于推进人民币国际化，提高跨境资本和金融交易可兑换程度。

2016 年 12 月 5 日，深圳与香港股票市场交易互联互通机制"深港通"也正式启动。

2015 年 10 月，谋划"十三五"规划。

2015 年 10 月 26 日至 29 日，中国共产党第十八届中央委员会第五

次全体会在北京召开。全会审议通过了《中共中央关于制定国民经济和
社会发展第十三个五年规划的建议》。

2015 年 12 月，中央城市工作会议召开。

2015 年 12 月 20 日至 21 日，中央城市工作会议在北京举行。习近
平总书记在会上发表重要讲话，分析城市发展面临的形势，明确做好城
市工作的指导思想、总体思路、重点任务。这是时隔 37 年中国再次召
开的中央城市工作会议，会议在"建设"与"管理"两端着力，要求转
变城市发展方式，完善城市治理体系，提高城市治理能力，解决城市病
等突出问题。

2016 年 10 月，人民币正式加入 SDR。

2016 年 10 月 1 日起，人民币正式纳入特别提款权（SDR）货币篮
子。此时，人民币在 SDR 货币篮子的占比将达到 10.92%，仅次于美元和
欧元。应该充分认识到，在加入 SDR 之后，人民币将更加稳健，在全世
界的信用将更高。同时，"入篮"后，人民币将成为一种被广泛接受的货
币，在全世界各地旅游、上学、购物等将更加方便，跨境投资也会更加
便利。

2016 年 10 月，党的十八届六中全会研究全面从严治党重大问题。

2016 年 10 月 24 日至 27 日，中国共产党第十八届中央委员会第六
次全体会议在北京举行。全会审议通过了《关于新形势下党内政治生活
的若干准则》和《中国共产党党内监督条例》，审议通过了《关于召开
党的第十九次全国代表大会的决议》。

2017 年 10 月，中国共产党第十九次全国代表大会举行。

2017 年 10 月 18 日至 10 月 24 日，中国共产党第十九次全国代表大
会在北京召开，会议确立了习近平新时代中国特色社会主义思想的历史
地位，吹响了决胜全面建成小康社会、夺取新时代中国特色社会主义伟
大胜利的号角，制定了适应时代要求、顺应人民意愿的行动纲领和大政
方针。大会选举产生新一届中央委员会和中央纪律检查委员会，通过关
于十八届中央委员会报告的决议、关于十八届中央纪律检查委员会工作

报告的决议、关于《中国共产党章程（修正案）》的决议，将习近平新时代中国特色社会主义思想写入党章。

2018 年 2 月，深化党和国家机构改革。

2018 年 2 月 26 日至 28 日，党的十九届三中全会在北京举行，习近平总书记发表重要讲话。全会审议通过了《中共中央关于深化党和国家机构改革的决定》和《深化党和国家机构改革方案》，同意把《深化党和国家机构改革方案》的部分内容按照法定程序提交第十三届全国人大一次会议审议。

2018 年 3 月，第十三届全国人大一次会议召开。

2018 年 3 月 5 日上午 9 时，第十三届全国人民代表大会第一次会议在北京人民大会堂开幕。大会审议批准了政府工作报告和其他重要报告；审议通过了宪法修正案，把习近平新时代中国特色社会主义思想载入国家根本法，体现了党和国家事业发展的新成就新经验新要求；审议批准了国务院机构改革方案，着力推进重点领域和关键环节的机构职能优化和调整，使国务院机构设置更加符合实际、科学合理、更有效率；选举和决定了新一届国家机构领导人员，使结构更加优化、活力更为增强；审议通过了监察法，为构建集中统一、权威高效的中国特色国家监察体制提供了有力法治保障。

2018 年 11 月，第一届中国国际进口博览会在上海举办。

2018 年 11 月 5 日至 10 日，第一届中国国际进口博览会在上海举办，习近平主席出席开幕式并发表主旨演讲。中国国际进口博览会，由中华人民共和国商务部、上海市人民政府主办，在全球博览会中是以进口为主题的唯一的国家级博览会，是国际贸易史上的一大创举，也是中国主动对世界开放市场的一个重要举措。举办中国国际进口博览会，是中国着眼于推进新一轮高水平对外开放作出的重大决策，是中国主动向世界开放市场的重大举措，有助于促进中国经济高质量发展，更好满足人民美好生活需要。截至 2022 年，已有五届中国国际进口博览会在上海成功举办。

2019 年 10 月，推进国家治理体系和治理能力现代化。

2019 年 10 月 28 日至 31 日，中国共产党十九届四中全会在北京召开，全会审议通过了《中共中央关于坚持和完善中国特色社会主义制度、推进国家治理体系和治理能力现代化若干重大问题的决定》。该《决定》从党和国家事业发展的全局和长远出发，深刻回答了在国家制度和国家治理体系上应该"坚持和巩固什么、完善和发展什么"这个重大问题，既阐明了必须牢牢坚持的重大制度和原则，又部署了推进制度建设的重大任务和举措，必将对推进国家治理体系和治理能力现代化产生重大而深远的影响。

2020 年，打赢新冠肺炎疫情防控阻击战。

2020 年伊始，一场突如其来的新冠肺炎疫情袭击了湖北大地并蔓延波及全国，人民生命安全和身体健康面临严重威胁。应该说，这次疫情是百年来全球发生的最严重的传染病大流行，是新中国成立以来中国遭遇的传播速度最快、感染范围最广、防控难度最大的重大突发公共卫生事件。

在以习近平同志为核心的党中央坚强领导下，14 亿中国人民众志成城、团结一心，打响疫情防控的人民战争、总体战、阻击战。用 1 个多月时间初步遏制疫情蔓延势头，用 2 个月左右时间将本土每日新增病例控制在个位数以内，用 3 个月左右时间取得武汉保卫战、湖北保卫战的决定性成果，又接连打了几场局部地区聚集性疫情歼灭战，夺取了全国抗疫斗争重大战略成果。在此基础上，统筹推进疫情防控和经济社会发展工作，抓紧恢复生产生活秩序，取得显著成效。2020 年 9 月 8 日，全国抗击新冠肺炎疫情表彰大会在北京举行，习近平总书记向国家勋章和国家荣誉称号获得者颁授勋章奖章并发表重要讲话。

2020 年 5 月，表决通过《中华人民共和国民法典》。

2020 年 5 月 28 日，第十三届全国人民代表大会第三次会议表决通过了《中华人民共和国民法典》，民法典自 2021 年 1 月 1 日起施行。现行婚姻法、继承法、民法通则、收养法、担保法、合同法、物权法、侵权责任法、民法总则同时废止。

　　《中华人民共和国民法典》被称为"社会生活的百科全书"，是新中国第一部以法典命名的法律，在中国法律体系中居于基础性地位，也是市场经济的基本法。《中华人民共和国民法典》共 7 编、1 260 条，各编依次为总则、物权、合同、人格权、婚姻家庭、继承、侵权责任，以及附则。该法典通篇贯穿以人民为中心的发展思想，着眼于满足人民对美好生活的需要，对公民的人身权、财产权、人格权等作出明确翔实的规定，并规定侵权责任，明确权利受到削弱、减损、侵害时的请求权和救济权等，体现了对人民权利的充分保障，因此，该法典被誉为"新时代人民权利的宣言书"。

　　2020 年 10 月，谋划"十四五"规划及远景目标。

　　2020 年 10 月 26 日至 29 日，中国共产党十九届五中全会在北京召开，习近平总书记作重要讲话，全会审议通过了《中共中央关于制定国民经济和社会发展第十四个五年规划和二〇三五年远景目标的建议》。

　　2021 年 7 月 1 日，庆祝中国共产党成立 100 周年大会隆重举行。

　　2021 年 7 月 1 日上午，庆祝中国共产党成立 100 周年大会在北京天安门广场隆重举行，各界代表 7 万余人以盛大仪式欢庆中国共产党百年华诞。习近平总书记代表党和人民庄严宣告，经过全党全国各族人民持续奋斗，我们实现了第一个百年奋斗目标，在中华大地上全面建成了小康社会，历史性地解决了绝对贫困问题，正在意气风发向着全面建成社会主义现代化强国的第二个百年奋斗目标迈进。回首过去，展望未来，有中国共产党的坚强领导，有全国各族人民的紧密团结，全面建成社会主义现代化强国的目标一定能够实现，中华民族伟大复兴的中国梦一定能够实现。

　　2021 年 11 月，总结中国共产党一百年来重大成就和历史经验。

　　2021 年 11 月 8 日至 11 日，中国共产党十九届六中全会在北京召开，全会审议通过了《中共中央关于党的百年奋斗重大成就和历史经验的决议》《关于召开党的第二十次全国代表大会的决议》，习近平总书记就《中共中央关于党的百年奋斗重大成就和历史经验的决议（讨论稿）》向全会作了说明。

中国共产党成立一百年以来，先后在 1945 年制定了《关于若干历史问题的决议》，在 1981 年制定了《关于建国以来党的若干历史问题的决议》。在中国共产党历史上，这两份重要决议都曾经对推进党的事业发展起到了十分重要的作用。

二、改革开放：成就、经验、展望

自 1978 年实施改革开放以来，在四十多年的历史发展进程中，中国经济社会已经发生了翻天覆地的变化，取得了举世瞩目的成就，确实让每一个中国人感到骄傲，也令全世界刮目相看。

1. 成就，需要展示

在这里，我们不妨通过一组实实在在的具体数字，来展示中国改革开放四十多年以来所发生的巨大变化和经济社会发展所取得的丰硕成绩，这确实令人震撼、令人鼓舞。

从 1978 年到 2020 年，全国国内生产总值（以下简称 GDP）从 3 678.7 亿元增加到 1 015 986.2 亿元，增长 275.18 倍；人均 GDP 从 384.7 元增加到 71 999.6 元，增长 186.16 倍；全国居民人均可支配收入从 171 元增加到 32 189 元，增长 187.24 倍；城镇居民人均可支配收入从 343 元增加到 43 834 元，增长 126.79 倍；农村居民人均可支配收入从 134 元增加到 17 131 元，增长 126.84 倍；一般公共预算收入从 1 132.3 亿元增加到 182 913.9 亿元，增长 160.54 倍；货物进出口从 355.0 亿元增加到 322 215.2 亿元，增长 906.65 倍；社会消费品零售总额从 1 558.6 亿元增加到 391 980.6 亿元，增长 250.49 倍。[1]

1　根据《中国统计年鉴 2021》数据计算。

当然，还可以列出很多成绩。

总体上来看，可以将中国改革开放的伟大成就归纳为七个方面：一是经济发展成就举世瞩目，中国经济规模已经一跃成为全球第二大经济体；二是生产生活资料日益丰富，昔日因物资匮乏而实施的购物"票证"时代已经一去不复返；三是基础设施建设突飞猛进，今天的高铁、高速公路、大桥、隧道、地铁、摩天大楼、信息化基础设施等都处于世界前列；四是人民生活水平极大改善，城乡居民收入提高，社会保障水平加强，全面脱贫攻坚，建成小康社会；五是科技水平不断发展提高，卫星上天，蛟龙潜海，大飞机腾空，可以说是"上天入地"，林林总总，举不胜举；六是国防力量日趋强大进步，三艘航空母舰服役，在国庆70周年阅兵仪式上新型"镇国重器"集中亮相，足以说明中国军事力量的发展令世界瞩目；七是国际政治经济地位日益提高，中国经济总量已经占全世界的18%左右，经济增长对世界经济增长贡献超过30%；设立金砖银行和亚投行、上海合作组织、中国与中东欧（17+1）合作、中非合作论坛，提出"一带一路"倡议，以及构建人类命运共同体等，得到越来越多的国家和地区的响应。

2. 经验，需要总结

关于中国改革开放取得的主要经验，在全国上下，各个条线和各个层面，这么多年来已经有了很多、很好的归纳和总结，其中，有来自党和政府的、来自专家学者的、来自企业家的，以及来自人民群众的，当然，有来自国内的，也有来自国外的。

我对中国改革开放感触特别深的主要来自七个方面，也可以把改革开放主要经验归纳为七个方面的"坚持"。具体表现在：一是坚持党的领导，贯彻党的基本路线，不走封闭僵化的老路，不走改旗易帜的邪路，坚定走中国特色社会主义道路；二是坚持解放思想、实事求是、求真务实，走出一条特别适合国情的中国特色社会主义道路；三是坚持以人为本，抓住人民群众日益增长的物质文化需求与落后的生产力的主要矛盾，通过改革开放，解放和发展了生产力，富了民，也强了国；四是坚持与时俱进，改革开放从易到难，由点到面，逐步展开，不断深化；五是坚持改革开放的紧密结合，随着改革开放的不断推进，通过改革促进开放，通过开放倒逼改革；六是坚持改革发展稳定关系，胆子要大、步子要稳，加强顶层设计和摸着石头过河相结合；七是坚持群众路线，坚持人民群众是改革的主体，是推动改革开放的决定性力量。

3. 展望，需要描绘

从 1978 年开始起步，中国改革开放已经过了一个相当长的时期。当下，改革开放已经过去了四十多个年头，其时间跨度，几乎接近中华人民共和国发展历史的五分之三，但是，改革开放不仅仍然在继续前行，而且已经进入一个新时代。

当然，对中国改革开放的未来展望可以体现在很多方面、很多层面、很多领域、很多内涵上，但是，我认为主要还是应该充分地体现在以下两个方面。

一是要继续深化改革。重点在于科学把握新发展阶段，深入贯彻新发展理念，加快构建新发展格局，推动经济社会高质量发展，加快构建现代经济体系，完善供给侧结构性改革，推进国家治理体系和治理能力现代化。其结果应该体现在：国家更富强、社会更进步、人民更幸福。

二是要继续扩大开放。重点在于构建开放型经济新体制，推动进出口协同发展和国际双向投资，进一步推进制度型开放，大幅度放宽市场准入，创造更有吸引力的投资环境，加强知识产权保护等。其结果应该体现在：更广的国际交流，更强的国际合作，更高的国际地位，更大的全球话语权。

第三讲　世界经济：扑朔迷离，复杂多变

对新中国发展历程的梳理和回顾，是为了让大家能够了解过去，更好地把握当下、畅想未来。但是，仅仅用中国视角来认识中国宏观经济，显然，也是远远不够的。我想，在开讲中国宏观经济专题之前，首先还是应该对整个世界经济有一些必要的了解。这是因为，中国经济已经融入世界，而世界经济同样也已离不开中国。

世界这么大，这么多的国家和地区，全球经济又这么庞杂，有时候，确实会令人眼花缭乱、目不暇接，弄不好还有可能会"看走眼"。与此同时，世界上的每一个国家、每一个地区，又是全球经济的"一分子"，既会相互促进，也会相互影响，在经济全球化的大背景下，不免也会陷入"一荣俱荣，一损俱损"的境地。

世界经济或全球经济是怎么发展起来的？说起来很复杂，但也可以阐述得比较简单。世界经济增长，主要取决于各个国家和地区的经济发展规模和经济增长速度。每一个国家和地区的经济发展，都是推动世界经济增长的动力源头，但是，由于每一个国家和地区的经济体量不同，在全球经济体量中的占比不同，再加上经济增长速度不同，因此，每一个国家和地区的经济增长，对全球经济增长贡献的"权重"必然也不尽相同。

接下来，我们再来看一下，每一个国家和地区的经济又是怎么发展起来的呢？最为关键的在于两个途径：一是通过国内市场推动经济

增长，也就是通过扩大国内的投资和消费，利用内需市场，促进经济增长；二是通过国际市场推动经济增长，也就是通过发展对外贸易，加上跨国投资，利用外需市场，促进经济增长。这就是我们通常所说的国际国内"两种资源，两个市场"，也是现代经济的重要特征之一。

当今世界，一个国家和地区的经济发展，如果纯粹依赖国内市场，既没有对外贸易，也没有跨国投资，这种情况其实是很少的，绝对地说，也许是没有的。更多的情况是，各个国家和地区之间已经通过对外贸易和跨国投资越来越紧密地联系起来，大量存在的是"你中有我，我中有你"的经济景象。也就是说，全球性的国际贸易和跨国投资的加速发展，深化了经济全球化的进程；而经济全球化的加速推进，又加大了各个国家和地区之间的贸易和投资，并且在此基础上推动了全球产业布局的重塑，构建形成新的全球产业链和供应链。

当今中国，正是处于如此的经济全球化快速发展的历史大背景下，再加上国内改革开放的不断深入推进，因而，造就了中国经济的腾飞，造就了中国经济融入经济全球化进程，也造就了中国经济发展的现实态势。如此，我们就可以充分认识到，中国经济的增长有助于推动世界经济发展，世界经济发展形势也会对中国经济带来深刻的影响。

如今，怎么认识世界经济低迷状态、怎么判断国际政治经济的走向，也许是两个最为重要的问题。

一、世界经济低迷状态是短期的，还是长期的

自 2008 年全球金融危机爆发之后，世界经济明显出现了低迷态势。这种低迷状态是短期的，还是长期的？这个命题已经争论了相当长的时期，各家看法不尽一致，也各有各的道理。这是因为，在这个比较漫长的过程中，全球经济也曾经出现过复苏迹象，有时曙光乍现，但由于种种原因，有时只是昙花一现。

如何来看这个问题？十几年以来，我一直持有这样一个观点："**长期性低迷，全球化共振**。"也就是，世界经济低迷状态不是短期的，而是长期的，从 2008 年全球金融危机开始持续至今，并且可能还要持续下去。与此同时，世界经济在一定程度上呈现出"一荣俱荣，一损俱损"的整体态势。

1. 为什么"长期性低迷"

原因何在？我们可以选择一个全新的角度来对其进行追溯，通过对世界经济增长动力源头变化情况的分析和研判，也许可以找到答案。我的一个基本观点是：如果世界经济增长有动力源头，世界经济就会得到持续发展；如果全球经济增长失去了动力源头，世界经济发展就会陷入低迷状态。这个道理，只要大家想一想，就比较容易明白。

因而，从历史发展的角度出发，寻找世界经济增长动力源头的发展变化，就成为一个十分重要的关键问题。

从第二次世界大战之后世界经济发展变化的历程来考察，长期以来，世界经济主要是依靠三个"火车头"来拉动的，或者说，世界经济的主要推动力来自三个"火车头"：第一个是美国，第二个是日本，第三个是西欧，主要就是以英国、德国、法国等为代表的西欧国家。

为什么说美国、日本、西欧是拉动世界经济增长的三个"火车头"？主要是因为，这三个"火车头"的经济规模在世界经济总量中的比重很高，也就是"权重"比较大，三者的经济总量加起来曾经超过世界经济总量的 50%—60%，甚至更高。[1] 因此，只要这三个"火车头"的经济增长指标能够比较靓丽，那么，就有助于世界经济得到比较快的增长。

但是，就像"人无完人"一样，这三个拉动世界经济增长的"火车头"，不可能一直都表现得很好，难免会出现时"好"时"坏"的情况，

---

[1] 根据国际货币基金组织（IMF）数据统计，1980—2006 年间美国、日本、西欧（英、法、德）GDP 总量占全球经济总量的 61.3%—51.1% 之间，其在 2006—2021 年间占比从 48.3% 逐年下滑至 40.4%。

或者，有的"好"、有的"坏"，甚至也可能一起都"坏"了。在这种情况下，这三个"火车头"的经济增长表现，就会对世界经济发展带来一定程度的影响，乃至带来一定程度的动荡不宁。

20世纪90年代，尤其是90年代中期之后，泡沫危机终结了第二次世界大战之后日本持续高增长的经济奇迹，日本经济增长逐渐陷入低迷状态，具体表现为长期以来的微增长、零增长，甚至负增长，再没有出现过高速增长的局面，似乎一直在原地徘徊。[1]但是，这种经济增长的基本状态并不等于说，二十几年以来日本经济发展完全是"一塌糊涂、一无是处"的，只是说明由于长期以来日本经济增长一直处在比较低迷的状态，意味着日本经济增长对整个世界经济增长的带动能力开始下降了。

也就是说，在三个"火车头"中，第二个"火车头"开始"熄火"了。

当日本经济增长陷入低迷之后，同样在20世纪90年代，尤其是90年代中期开始，作为第一个"火车头"的美国经济增长表现相对比较良好，一直呈现出持续稳定发展的态势，其经济增长速度名列西方发达国家前列。[2]这是什么原因呢？主要是因为，在20世纪90年代，科技创新的推进和信息技术的深入应用带动了新经济和互联网经济的发展。应该说，美国是最早进入新经济时代的国家，1996年12月30日，美国《商业周刊》首次提出"新经济"概念，而新经济的主要特征便是信息化和全球化。在那个时期，新经济、互联网经济这两个新名词，对中国人来讲还是比较陌生的，但在美国已经开始发展起来了，并且走在全球前列，因而推动了当时美国的经济增长，甚至推动其进入了比较巅峰的状态。[3]

应该说，中国人对互联网经济的普遍认识，实际上是进入21世纪之后的事情，因为我们发现，互联网经济的蓬勃发展颠覆了很多传统的

1　根据国际货币基金组织数据统计，日本1990—2021年间GDP平均增长率为0.79%。

2　根据国际货币基金组织数据统计，美国1995—2005年间GDP平均增长率为3.39%。

3　根据国际货币基金组织数据统计，美国1996—2000年GDP增长率分别为3.8%、4.4%、4.5%、4.8%、4.1%。

理念，以往传统的产业、行业、产品、服务，以及生产方式、流通方式和生活方式等，都因为互联网而发生了巨大的变化。中国如今成为互联网经济大国，可谓起得晚，赶得快。

尽管 20 世纪 90 年代美国经济增长表现良好，但是，1997 年亚洲金融危机爆发，一直延续到 1998 年，打破了亚洲经济急速发展的景象。这次金融危机影响极其深远，不仅暴露出一些亚洲国家经济高速发展背后的深层次问题，而且直接推动了一些亚洲发展中国家深化改革开放、调整产业结构、健全宏观管理。

接着，到了新世纪开局之后的 2001 年。

我一直认为，对于中国和世界来讲，这一年，可以被称为比较特别的年份，是特别需要每一个中国人记住的年份。这是因为，对中国和世界来说，整个世界政治经济格局发生的重大变化，实际上，主要还是从 2001 年以后开始的事情。

这是什么原因呢？在 2001 年，世界上有两个大国发生了两件十分重大的事情。第一件事情是美国遭遇"9·11"恐怖袭击；第二件事情是中国正式加入了世界贸易组织。之后，你可以看到一种相悖的现象。一方面，继改革开放之后，中国经济总量发生了一系列突飞猛进的跨越，2005 年到 2007 年，中国经济总量规模接连超过法国、英国和德国，在 2007 年成为世界第三大经济体，仅仅三年之后的 2010 年，中国经济总量规模便超越日本，成为世界第二大经济体，如果再加上中国的对外贸易全球第一、外汇储备全球第一，于是便成为全球的"211"。另一方面，由于"9·11"恐怖袭击造成的后续影响，美国经济进入阶段性调整的灰暗之隅，"世界第一"的美国经济增长出现了下降的迹象。[1]

与美国经济遭遇增长减缓相伴随，以英国、德国、法国为主要代表的西欧经济增长也开始进一步下降，并且进入持续低迷状态。这样，在拉动

---

[1] 根据国际货币基金组织数据统计，美国 2001—2010 年间 GDP 平均增长率为 1.79%，2001 年 GDP 增长率为 1%，2009 年 GDP 增长率为 –2.6%。

世界经济的三个"火车头"中，第一个、第三个"火车头"的经济增长也出现双双乏力的景象，进而，对世界经济增长的推动力进一步减弱了。

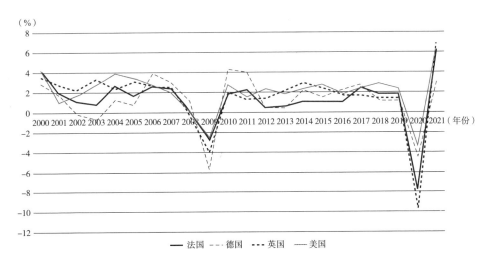

数据来源：国际货币基金组织。

图 3.1　美国、德国、英国、法国 2000—2021 年 GDP 增长率示意图

这样，在 2001 年美国发生"9·11"恐怖袭击之后，你就会发现，在整个世界经济发展的历史进程中，出现了一个比较特殊的现象，归纳起来是一句话：拉动世界经济增长的三个"火车头"同时出现了"熄火"现象。当然，这里讲的"熄火"，不是说美国、日本、西欧的经济就是"一塌糊涂"或"一无是处"了，也不是说这些国家的经济就一直停滞不前了，而是说，由于美国、日本、西欧经济增长的低迷或下降，这三个"火车头"对世界经济增长的推动力也就随之下降了。

在 2001 年之后的好几年，尽管三个火车头"熄火"了，但是世界经济增长速度仍然是比较快的。[1] 这是什么原因呢？这是因为，三个火车头"倒下"了，"四个英雄"起来了，也就是我们通常所称的"金砖四国"，即中国、俄罗斯、印度、巴西，当然，现在由于南非的加入而变

成"金砖五国"。大家知道，这四个国家都是发展中国家，不仅都是人口大国，而且国土面积也很大，那么，只要这四个大国经济能够快速地增长，就可以部分地替代原来的三个"火车头"来推动全球经济增长。实际上，这四个国家在那些年的经济增长速度都是比较快的，中国增长速度一直保持在两位数，印度和俄罗斯的经济增长速度保持了6%左右，甚至更高，巴西的经济增长速度也在3%以上，而且"金砖四国"的经济规模占世界经济的份额也在不断上升，因此，2001—2007年期间整个世界经济增长依旧保持着比较快的速度。

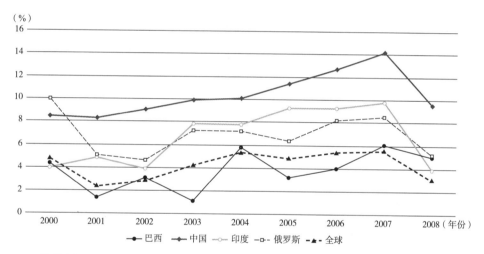

数据来源：国际货币基金组织。

图3.2　金砖四国2000—2008年GDP增长率示意图

说到这里，就可以作一个小小的总结了。今天，大家在很多媒体上经常可以看到两个专有名词，一个是"发达经济体"，也就是以美国、日本、西欧为主的经济体；另一个是"新兴经济体"，也就是以"金砖四国"或"金砖五国"为主的经济体。因此，如果说在2001年之前，全球经济增长的主要推动力在于发达经济体，那么，在2001年之后，全球经济增长则依赖于发达经济体和新兴经济体的共同推动。其中，更重要的是，以中国为代表的新兴经济体是往上走的，而以美国为代表的发达经济体是往下走的。例如，中国经济占世界经济的比重从 2000 年的 3% 上升到 2021 年的 18%，而美国经济占世界经济的比重从 2000 年的 29% 下降到 2021 年的 24%[1]；2021 年中国经济增长对世界经济增长贡献率达到 25% 左右。[2]

这种世界经济增长动力结构变化的整体状况和未来趋势，本来是一件很好的事情，但时间慢慢地来到 2008 年。

那一年，由美国次贷危机引发了全球金融危机，并且产生了一系列的连锁反应，给世界经济增长带来了巨大的压力。尤其在 2010 年之后，世界经济增长更是进入了持续低迷的状态。为什么？这是因为，除了发达经济体增长持续乏力之外，新兴经济体的一些国家经济增长也出现了下降，乃至低迷状况。例如，中国经济从昔日的两位数增长下降到个位数；印度的经济增长同样出现了起伏，乃至下降；俄罗斯和巴西在很多年份内经济出现负增长。

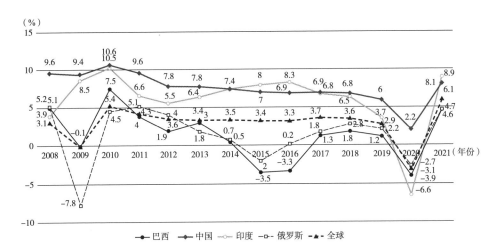

数据来源：国际货币基金组织。

图 3.3　金砖四国 2008—2021 年 GDP 增长率示意图

讲到这里，结论就比较清晰了。从今天来看，推动世界经济增长的动力源头越来越少，动力能级越来越小，再加上增长基数越来越大的因素，那么，世界经济增长陷入低迷状态，一定是必然的结果。这是因为，没有增长动力，经济怎么增长呢？因此，为什么2008年之后全球经济增长复苏困难，你就可以找到一些答案了。

这也是我一直认为世界经济处于"长期性低迷"的主要理由。

实际上，判断世界经济增长问题，说复杂，确实很复杂；说简单，其实也蛮简单的。为什么？在这里，告诉大家一个最简单的办法，只要看看发达经济体国家的经济增长情况，再看看新兴经济体国家的经济发展情况，基本上就可以把握世界经济增长的结果了。

2. 为什么"全球化共振"

说到"全球化共振"，其实道理也很简单。例如，在二十年、三十年之前，如果别人做得不好，我们仍然可以做得很好，但是，今天却行不通了。为什么？主要是因为，如今的世界经济已经全球化了。何为经济全球化？一句话，就是"你中有我，我中有你"。

在经济全球化发展进程中，出现了全球性的产业分工、产业体系、产业布局，全球化的产业链供应链，以及相对应的国际贸易和国际投资，于是，在这个世界上，任何一个已经参与到经济全球化进程中的国家和地区，其经济增长都会对全球经济增长作出或多或少的贡献，产生或大或小的影响，同时，任何一个国家和地区也会受到全球经济发展形势复杂变化带来的深刻影响。这种互为影响的经济现象就产生了"全球化共振"，也就是说，在经济全球化面前，没有一个国家和地区可以"独善其身""独惠其身"。

中国自2001年12月正式加入世界贸易组织之后，一方面，中国经济增长与全球经济发展开始变得越来越紧密，不仅推动了国内经济发展，得到了经济全球化带来的一些好处，而且也对全球经济增长起到了很大的推动作用，发挥了十分重要的作用，这已经在中国经济占全球经济的比重、对全球经济增长的贡献中充分地显现出来。另一方面，对任何一个国家和地区来讲，有的时候参与经济全球化也会付出一定的代价，若全球经济增长出现一系列问题和困难，也一定会深刻地影响中国经济的发展。

二、怎么研判当前及未来国际政治经济的走向

今天的国际政治经济形势，可谓扑朔迷离，复杂多变，有时候不免会令人雾里看花，难以把握。尽管我不是专门研究国际政治经济问题的，但由于研究中国经济问题离不开对国际环境的了解、认识和把握，因此，对于国际政治经济的一些新形势、新变化，还是需要并且可以看出一些端倪的。在这里，我也作了一些必要的梳理和归纳。

1. 逆全球化思潮泛起

在一般情况下，如果全球经济持续低迷，就比较容易产生逆全球化思潮的土壤。这是因为，每一个国家和地区参与经济全球化的程度不同、国际分工不同，以及国际贸易和国际投资的权重不同，因此，当全球经济出现低迷状态的时候，其对每一个国家和地区的影响程度也不尽相同。在这种情况下，一些国家和地区就会陷入经济全球化获益大小的争论，自认为获益小的国家就容易产生逆全球化思潮。

实际上，在经济全球化进程中，一直伴随着逆全球化的思潮。2008年全球金融危机之后，全球经济一直处于低迷状态，发达经济体国家的经济复苏困难，再加上狭隘的民族主义的影响，因此，国际上逆全球化思潮开始上升。到美国前总统特朗普上台之后，其进一步放大了逆全球化的思潮，并且开始推出一系列逆全球化的举措。2020年开始，全球新冠肺炎疫情暴发且不断地蔓延，在一定程度上加剧了民族主义倾向，助推了逆全球化的思潮。

应该清醒地认识到，需要对这一波逆全球化思潮产生的背景高度警惕，并且高度重视。进入 21 世纪之后，由于中国经济增长突飞猛进，一跃成为世界第二大经济体，说明中国经济发展取得了举世瞩目的成功，同时，也带动了新兴经济体的经济增长，对全球经济增长的贡献越来越大；反之，以美国为首的发达经济体由于增长乏力，对全球经济增长的贡献在逐年下降。在这种情况下，美国等发达国家从战略上进行了重大调整，包括美国制定"重返亚太"战略，挑起中美贸易摩擦等。

同时，美国认为，现有的一些国际组织不能满足美国的利益，因此，一方面，美国开始做出一系列的"退群"举动，例如，退出世界卫生组织、国际人权组织、《巴黎协定》等。另一方面，美国开始构建一些新的贸易格局，例如，环太平洋国家投资贸易协定（TPP）、环大西洋国家投资贸易协定（TTIP），后来在特朗普上台之后退出了。2022 年 5 月，以美国为首的 13 个国家启动"印太经济框架"（IPEF）。应该说，这些新的贸易格局形成之后，可能会对国际贸易产生一些比较大的影响，甚至可能会削弱 WTO 的功能，同时，也会对中国的对外贸易产生比较大的影响，甚至产生一定程度的冲击。

但是，经济全球化是不可逆的。在这种情况下，一方面，中国开始进行自由贸易试验区建设，2013 年 9 月底设立了中国（上海）自由贸易试验区，瞄准的是全球最高标准、全球最高水平，以应对全球贸易复杂变化的形势。另一方面，中国坚持推动经济全球化进程，通过"一带一路"倡议、中东欧 17+1 合作机制、上海合作组织、中非合作论坛、《区域全面经济伙伴关系协定》（RCEP）等，积极推动人类命运共同体建设。

2. 国际贸易保护主义抬头

逆全球化思潮掀起的直接结果，一定会带来国际贸易保护主义的抬头。也就是说，国际贸易摩擦会越来越多、范围会越来越广，并且给全球贸易乃至全球经济发展带来很多负面影响。除了中美贸易摩擦之外，美国与日本、西欧等国家也都产生了一定的贸易摩擦，同时，美国竭力推行单边主义，对全球经济带来了很大的影响。

如何看待这种现象呢？从本质上来讲，有贸易就会有摩擦，无论是国内贸易，还是国际贸易，只不过国内贸易不用"摩擦"这个名词，而是用生意"做不下去"来表述，国际贸易因为有一个"关税"夹在中间，因此用摩擦来表述更为合适。出现贸易摩擦怎么办？一般情况下，都是通过贸易谈判来解决摩擦问题，或者说通过双方的妥协来维持贸易的进行，国际贸易更是如此。因此，什么叫国际贸易？其中，核心就两个字，妥协。贸易过程或买卖过程，实际上就是一个妥协过程，或者说谈判过程。除非，贸易不准备进行下去了，那就另当别论。

应该清醒地看到，美国前总统特朗普在前几年提出的"美国优先"，不是一句泛泛而谈的口号，而是配之以两套"组合拳"。第一套是对内的。主要做了三件事情，一共是六个字：加息、减税、缩表。2018 年开始，美联储连续几次加息，还要把企业所得税从 25% 降到 10%，同时通过缩表，减少造成泡沫的流动性。这套"组合拳"所要起到的效果，就是美国正在营造国内招商引资的优惠政策和良好环境。第二套是对外的。其重点，一是挑起贸易摩擦，二是挑起地区动荡。这两套"组合拳"打下去的最后结果是要告诉全世界：美国仍然是最好的，进而促使资本回流美国、制造业回归美国。在短时期内，这确实起到了一定的作用，美国 2018 年第二季度 GDP 增长率达到 4.2%，2018 年全年 GDP 增长率达到 2.9%，2019 年全年 GDP 增长率达到 2.3%。

3. 欧盟分裂并且可能"向右转"

我们可以先来看一下，欧盟是如何整合发展的。

1957 年，比利时、法国、意大利、卢森堡、荷兰和联邦德国签订《罗马条约》，创立了欧洲经济共同体（EEC）。1967 年，欧洲经济共同体（EEC）、欧洲煤钢共同体（ECSE）和欧洲原子能共同体（EAEC）实现了合并，统称为欧洲共同体（EC，以下简称"欧共体"）；1968 年欧共体消除了内部关税，并加重了共同的外部关税。1973 年，丹麦、爱尔兰和英国加入欧共体，欧共体成员国扩大到 9 个。1979 年，欧洲议会第一次直接选举。1981 年，希腊加入欧共体，成为欧共体第 10 个成员国。1986 年，葡萄牙、西班牙加入欧共体，欧共体成员国增至 12 个。1987 年，单一欧洲法律通过，为了达成单一的市场，制定了大多数成员同意的 282 条措施。

1993 年，随着《马斯特里赫特条约》的签订，欧洲联盟（EU，以下简称"欧盟"）取代了欧共体，更进一步注重经济和货币联盟，以及政治统一体。1995 年，奥地利、芬兰和瑞典加入欧盟，欧盟扩展至 15 个成员国。同年 12 月 16 日，欧盟马德里首脑会议最终把未来欧洲统一货币的名称确定为"欧元"。1995 年，欧盟宣布德国、比利时、奥地利、荷兰、法国、意大利、西班牙、葡萄牙、卢森堡、爱尔兰和芬兰 11 国为欧元创始国。2002 年 1 月 1 日，欧元正式流通。2004 年，爱沙尼亚、拉脱维亚、立陶宛、波兰、捷克、斯洛伐克、匈牙利、斯洛文尼亚、马耳他和塞浦路斯 10 个国家加入欧盟，欧盟成员国增至 25 个。2007 年，罗马尼亚和保加利亚正式成为欧盟成员国，这是欧盟历史上第六次扩大，欧盟成员国增至 27 个。2013 年，克罗地亚正式成为欧盟第 28 个成员国。

可以看出，在这个发展演变过程中，欧盟的成员国不仅得到了成倍的扩大，而且经济一体化的内涵也得到了不断的深化，但是，欧盟还是出现了分裂，英国"脱欧"无疑成为一个标志性的重大事件。2016 年 6 月 23 日，英国就是否留在欧盟举行全民公投。投票结果显示，支持"脱欧"的票数以微弱优势战胜"留欧"票数，最终英国还是选择脱离欧盟。2020 年 1 月 30 日，欧盟正式批准了英国"脱欧"。同年 1 月 31 日，英国正式"脱欧"，结束了其 47 年的欧盟成员国身份。

这样，欧盟现有成员国又变成了 27 个。

欧盟为什么会分裂？尽管有着相当多的错综复杂的原因，但我个人一直认为，其中有一个重要因素，就是成员国之间差异性太大。应该说，最早的欧盟，几乎等同于西欧，之后，中东欧很多中小国家都成为了欧盟的成员国，于是，很多的差异性开始显现出来了。可以想象一下，如果在联盟内部存在着比较大的差异性，那么，其内部成员就有可能出现分裂的倾向。举个例子来说，在一个俱乐部内，如果各个成员之间的层次具有很大的差异，那么，这个俱乐部成员的稳定性就会相对比较弱。

那么，为什么英国先"脱欧"？尽管也有着很多错综复杂的因素，但是，我认为，其中两个因素是十分重要的。一是英国拥有独立的货币体系。当 2002 年欧元在欧盟流通时，西欧的大国都加入了欧元体系，但英国仍然使用英镑，保留着独立的货币体系，这对于退出欧盟是一个很大的帮助。二是英国没有加入《申根协定》。1985 年 6 月 14 日，德国、法国、荷兰、比利时和卢森堡五国在卢森堡边境小镇申根签署了《关于逐步取消共同边界检查》协定，又称《申根协定》，其宗旨意在取消各成员国之间边境，自由通行，无限期居住，而外国人一旦获准进入"申根领土"内，即可在协定签字国领土上自由通行。目前，《申根协定》成员国已经多达 26 个，可是，在这个协定中，恰恰缺席了作为西欧大国的英国。

至于欧盟国家可能"向右转"，也有很多原因，其中一个重要原因是欧盟国家出现了比较棘手的难民问题，以及其带来的一系列恐怖活动。一些欧盟国家先后发生了恐怖袭击事件。在这种情况下，频繁的恐怖活动很容易在一个国家掀起狭隘的民族主义的思潮和行动，使其采取"排外"的姿态，这样，一个国家就可能出现"向右转"的倾向。从这个角度来考察今天的欧盟，一些现象就很好理解了。

4. 中国周边形势总体稳定但也有起伏

从总体上来看，中国周边的整体形势相对比较稳定，但是，不确定性因素仍然很多，有时候还会出现一些起伏。中国有一句老话：远亲不如近邻。近邻关系涉及地缘政治经济的整体状态。

可以根据地理位置将与中国接壤以及相邻的地域划分成"四块"。

第一块在中国的正北面。在这一个区域，主要面对的是俄罗斯和蒙古两个国家。目前，中俄、中蒙关系还是相对比较稳定的，而且，在短期内，甚至在更长的时间内，中国与俄罗斯、蒙古的关系出现根本性变化的可能性，应该还是比较小的。

第二块在中国的东北面。除了俄罗斯之外，一般称之为东北亚，主要有三个国家：日本、韩国和朝鲜。近年来，中日关系、中韩关系略有起伏，存在着不确定性、不稳定性；而朝鲜半岛的形势同样一波三折。当然，朝鲜半岛局势的稳定，对中国来讲比较有利。

第三块在中国西南角。这个区域通常被称为东南亚，由于涉及国家数量比较多，不确定性因素也相对比较多，但是，最棘手的还是南海问题，以及中印关系等，其中，印度的总人口已经接近中国的人口规模。近年来，尽管东南亚整体形势呈现出缓和态势，但由于美国重返亚太，有可能存在着一定的变数。

第四块在中国的西北角。这就是中亚地区，主要有五个国家，分别是哈萨克斯坦、乌兹别克斯坦、吉尔吉斯斯坦、塔吉克斯坦、土库曼斯坦，因而也被称为"斯坦"国家，这些国家曾经是中国古代"丝绸之路"的重要通道和节点。在中国"一带一路"倡议的推进过程中，中亚地区处在一个十分重要的区域位置，目前显示出相对稳定的态势。

当然，在亚洲的中东地区，局部战争以及各种突发事件带来的震荡还是此起彼伏，这么多年来，也一直没有真正停息过，从而对整个亚洲乃至全球政治经济带来了很多的不确定性、不稳定性因素，也会对中国在处理国际政治经济关系中带来一系列的挑战。

总之，国际政治经济形势越来越复杂多变，不确定性、不稳定性因素也比较多。这充分表明，如今的世界，确实面临着"百年未有之大变局"，世界多极化格局在大国博弈中日渐显现，国际体系在各种制度、体制、机制的不断蜕变中正呈现出新的面貌。对中国来讲，这既是一个重大的战略机遇，也会带来重大的挑战。如今，中国的国际政治经济地位越来越高，话语权不断提升，这是由中国经济社会发展的成就来支撑的。这些年来，随着中国经济总量占全世界经济总量比重的逐年提升，中国经济增长对世界经济增长的贡献率不断提高。因此，世界已经离不开中国，当然，中国的发展也离不开世界。

第四讲　中国经济：基本面未变，但挑战严峻

对世界经济有了比较清晰的认识之后，我们可以把视野拉回中国经济上来。

首先，摆在我们面前一个十分现实的重大命题是：如何认识和研判今天的中国经济？近年来，由于受到国际环境变化影响和国内经济社会转型，中国经济增长面临着比较严峻的下行压力，而且经济增长率出现了逐年走低的迹象，于是乎，在国际国内就出现了两种截然不同的观点。第一种观点是"唱空"，也就是悲观论，甚至认为中国经济会崩溃。第二种观点是"唱多"，主要表现在轻视或忽视中国经济面临挑战的严峻性，认为中国经济能够比较轻易地迈过一些发展的障碍。

一、两个基本判断最重要

对今天中国经济发展现实的认识和研判，不仅是一个十分重要的理论问题，而且是一个非常要紧的实践问题。

如何看？自2008年全球金融危机爆发之后，这十多年以来，我一直认为，对于中国经济有两个"基本判断"最重要，而且在任何场合都表明了自己的观点。应该说，如果没有这两个基本判断，就难以对中国经济发展现实有比较清晰的认识和判断。

其一是中国经济发展的基本面没有改变，其二是中国经济下行的压力确实在逐年增大。

1. 第一个基本判断：中国经济发展的基本面没有改变

一个国家、一个地区、一个城市，经济增长是否会出现具有转折性的变化，就是要看经济发展的基本面改变了没有。如果基本面没有根本改变，即使碰到了一些困难和挫折，可能对发展信心会产生一定的影响，但也不要完全丧失信心，更不能惊慌失措。

当前来看，中国经济发展的基本面没有根本改变，这是最主要，也是最重要的判断。理由是什么？可能有很多，但其中有三条理由是最为核心、最为贴切的。

第一条理由：中国经济发展拥有强大的制度优势。

一句话，"集中力量办大事"，也就是具有强大的举国体制和社会动员能力。例如，改革开放以来中国经济社会发展之所以取得如此举世瞩目的成就，靠什么？制度优势一定是一个最为关键的因素。可以这么说，没有这种制度优势，中国不可能发展到今天，中国也不可能用几十年时间走完了一些发达国家走了几百年的路程。如今，中国已经成为世界上高速铁路运营里程最长、城市摩天大楼最多、手机用户规模最大、跨海大桥最长的国家，甚至上海已经成为目前世界各个城市中地铁运营里程最长的城市。由此可见，在比较短的一个时期内，中国经济社会已经发生了翻天覆地的变化，很多地方真可谓"一年一个样，三年大变样"。你想得到吗？以前，这也许确实是难以想象的，但恰恰都已经变成了现实。

当然，如果这种制度优势发挥得不好，恐怕也会出现一些负面效应。例如，以往由于片面地追求高速度增长，加上一味追求 GDP 的政绩，经济快速发展的同时，也造成了一定程度的环境污染和资源的过度消耗，最终影响可持续发展。接下来，也是依靠这种制度优势，才能够把生态环境改善过来，把生态建设加强起来，把资源节约型社会建立起来。

因此，党的十八大报告提出四个自信，其中一个就是制度自信，这是符合中国基本国情的，也是中国经济社会发展能够不断取得前进的重要保证。

第二条理由：中国经济发展具有很大的回旋空间。

中国是一个发展中的大国，再加上具有制度优势，这就给经济发展带来了很大的回旋空间。这里有三层递进的涵义或三个元素，分别是"发展中的、大国、制度优势"，使得中国经济发展具有很大的回旋空间。这是因为，在一些比较小的国家，由于地理空间太小，难以形成比较大的回旋空间；在一些发达国家，由于地区差异相对比较小，因此也很难回旋腾挪。

近年来，中国经济发展中的回旋效应开始显现。例如，比较典型的是出现了一种"西南现象"，也就是西南地区一些省份的经济增长速度超过了沿海发达地区，如重庆、四川、贵州等。近十年以来，西南地区各省（直辖市）的地区生产总值年均增长率高于沿海省（直辖市）近3个百分点。[1] 可以设想一下，西部地区的西北还需要长足发展，东北地区还需要继续振兴，中部地区还需要进一步崛起，这说明，未来的中国经济还有很长一段路可以走下去，还有很大的空间可以不断地延伸。

有人曾经问过我，印度也是发展中的大国，为什么回旋空间不大，或者很难回旋？印度确实是一个发展中大国，但是，印度缺乏制度优势，三个元素中缺少了一个十分重要的元素。例如，在印度，有没有全国性的发达地区帮扶欠发达地区？有没有全国性的精准脱贫工作？答案一定是否定的，而在中国，这已经成为一种制度性的安排。

第三条理由：未来全球最大的市场仍然还在中国。

市场规模是大国经济的重要优势，中国市场之大，令任何企业和各类资本趋之若鹜。如今，中国仍然还是一个发展中大国，具有"大国经

---

1 数据来源：各省市国民经济与社会发展统计公报。

济"的主要特征，而巨大的国内市场规模和潜力便是特征之一。大在哪里？中国拥有超过 14 亿人口的现实的、潜在的巨大市场，超过 4 亿人的中等收入群体的消费能力，以及广大城乡居民不断提高的收入水平和生活水平，这些都有助于进一步释放国内消费市场的潜力。例如，2020年全国居民人均消费支出 21 209.9 元，其中，城镇居民人均消费支出 27 007.4 元，农村居民人均消费支出 13 713.4 元。[1] 如果随着农村居民收入和生活水平提高，农村居民消费支出水平往城镇居民消费支出水平的方向靠一靠，那又是何等的增长景象。这不是天方夜谭，而是中国的国内市场可以预见的未来。

巨大的市场需求，需要与之相适应的、强大的供给体系。目前，中国经济发展中存在需求端的问题，也存在供给端的问题，但是，换一个角度来看，主要问题不在于需求端，而是在于供给体系出了问题。例如，通过各种的方式和途径，中国人每年从境外的购物规模一定是令人叹为观止的。仅 2021 年我国跨境电商进口规模就达到约 5 319 亿元人民币[2]，这也许就是一个明证。

实际上，所有这些海外的同类商品，国内企业都是有生产的，国内消费需求是客观存在着的，只是国内的供给不能适应各种升级的需求。从中就可以看出，供给体系出了问题。如果再引申一下，也就是迫切需要进行供给侧结构性改革。

讲到这里，就有理由相信，尽管现阶段中国经济处在十分重要的转型时期，中国经济发展确实也遇到了一些困难，碰到了一些难题，但是，中国经济发展的韧劲依然还在，潜力依然还在，空间依然还在。由此，我们可以得出这样一个基本的结论，那就是，中国经济发展的基本面没有根本改变。在这个大背景下，我们完全有理由对中国经济的未来发展充满信心。

1　国家统计局编：《中国统计年鉴 2021》，中国统计出版社 2021 年版。
2　数据来源：国家海关总署《2021 年跨境电商进出口情况》。

　2. 第二个基本判断：国内经济下行压力逐年增大

　　应该清醒地看到，虽然 2020 年新冠肺炎疫情对中国经济造成了很大的冲击和波动，但实质上，自 2008 年全球金融危机之后，中国经济增长速度是逐渐下降的，从 2007 年的 11.4%、2010 年的 10.3%、2015 年的 6.9% 下降到 2019 年的 6.1%（2020 年，由于受到突如其来的新冠肺炎疫情影响，经济增长率为 2.3%）。[1] 当然，其中有经济增长基数越来越大的因素，但也说明经济增长确实存在着比较大的下行压力，而且这种压力有持续增大的迹象。对此，必须保持高度的警惕，予以积极的应对。

　　为什么中国经济增长出现了下行压力？长话短说，主要来自外部和内部两个原因。

　　原因之一：从外部看，全球经济长期性低迷状态，对中国经济造成了很大的下行压力。在第三章中，我们已经对国际政治经济形势作了一些简要的分析，全球经济持续低迷、全球市场需求下降、全球产业链和供应链发生变化、世界政治经济格局出现改变、地缘政治冲突频频发生，再加上国际贸易保护主义盛行、单边主义抬头等种种因素，都对中国原来的出口导向型的经济增长模式造成一定的冲击，而输入型的通胀压力对中国传统产业发展也造成很大的影响。由于全球化受到阻碍，我国出口面临下降压力，使得对外贸易面临着很大的挑战，而且全球大宗商品价格猛涨且高位波动，使得很多企业尤其是中小微企业的生产经营发生了困难，最终对中国经济增长也产生了一定的影响。

　　原因之二：从内部看，国内经济的不断调整转型，对中国经济增长也造成了下行压力。近年来，我们经常可以在各类媒体上找到这么一连串的"词汇"：三期叠加、发展方式要转变、经济结构要调整、产业能级要提升、新旧动能要转换，再加上，当前又面临着需求收缩、供给冲

1　数据来源：2007 年、2010 年、2015 年、2019 年和 2021 年《中华人民共和国国民经济和社会发展统计公报》。

击、预期转弱的三重压力，等等。这些词汇，只是对今天的中国经济发展阶段、前进方向、面临困难进行了很好的论述，也确实很有道理。例如，旧动能减弱了，新动能没有形成，不能"一减一补"，经济增长出现下行，就成为必然结果。但是，这些词汇集中起来的一句潜台词是：中国经济正处在十分重要的转型时期。应该说，转型是必须的，转型也是艰难的。按照经济发展的一般规律，在转型时期，经济往往都会面临下行压力。

二、经济增长的动力在哪里

通常所说，一个国家经济增长主要依靠的是"三驾马车"，即出口、投资、消费。其中，出口是外需，投资和消费是内需。

在不同的历史时期，这"三驾马车"在推动经济增长时所起到的作用必然有强弱之分，也时有起伏。这是因为，导致"三驾马车"作用差异的因素是多方面的，例如，国内外经济形势、经济增长方式、宏观经济政策取向、不同的资源禀赋、不同的要素投入等，都会对出口、投资、消费的自身增长带来重大的影响，进而影响到它们对经济增长所起的作用。应该说，改革开放以后，在一段比较长的时期内，中国经济发展曾经走的是一条"出口导向型＋投资拉动型"的路子，尽管保持了经济高速增长，但也带来了一定的后遗症。例如，在一个时期内，中国经济增长出现了"高投入、高消耗、高污染"和"低回报、低效率、低效益"的"三高三低"的现象，而在"三驾马车"中，消费始终没有成为拉动经济增长的主导力量。

因此，在当前中国经济增长方式的转变中，由于这"三驾马车"的增长出现了分化，其对经济增长的拉动能力也发生了变化。总的态势是：出口增长面临严峻挑战，投资增长出现下降态势，而消费增长尽管存在着一些困难，但对整个经济增长的拉动力正在逐渐提升。

1. 出口：增速减缓，结构改善

在很短的时间内，中国的对外贸易已经发展成为全球第一，确实令人惊叹。其中，出口扮演了十分重要的角色。中国自 2001 年加入 WTO之后，进一步强化了出口导向型的经济发展模式，出口增长突飞猛进，差不多以每年平均 20%—25% 的速度增长，尤其是在加入 WTO 之后的前五年出口总额年均增长率达到 27.5%[1]，从而大大地助推了经济增长。但在这个过程中，中国出口也暴露出一系列的突出问题。在出口产品方面，中低端技术产品比较多，高新技术产品比较少；低附加值产品比较多，高附加值产品比较少，有的甚至变成了国外的"地摊货"。在出口市场方面，欧美市场比较多，拉美和非洲市场比较少；发达国家比较多，欠发达国家比较少。在贸易方式方面，货物贸易比较多，服务贸易比较少。

因此，中国对外贸易方式的转变，不仅是应对国际经济形势变化的必然选择，也是对外贸易转型发展和提升能级的必由之路。值得高兴的是，近年来中国的出口结构确实得到了逐渐改善。主要体现在，出口市场得到了不断扩展，高新技术产品出口比重得到了提高，出口产品附加值得到了提升，服务贸易得到了一定程度的增加。这就充分表明，中国出口正在逐渐朝着高质量发展的方向迈进。

2. 投资：增长下降，效益提升

长期以来，中国的固定资产投资一直保持快速增长的势头，其中两位数以上的增长延续了很多年，确实对中国经济增长起到了重要的推动作用。例如，1991 年至 2014 年，全国固定资产投资均保持了两位数以上增长。[2] 但是，随着经济增长方式的转变，以及国内外经济形势的发展

1　数据来源：国家海关总署。

2　数据来源：国家统计局。

变化，投资增长速度开始出现明显下降。在全国固定资产投资中，比较大的主要是两块，一块是基础设施建设投资，另一块是产业投资，包括企业更新改造投资。其中，基础设施建设投资主要是国有资本投资比较多，包括财政投入或地方融资平台投入，当然也有民间投资参与；而产业投资则是民间投资比较多，或者说是非公经济投资比较多，当然，国有资本投入也不少，还有外资投入。因此，民间投资是推动经济发展、稳定整体投资、扩大社会就业的重要力量。2021 年，民间投资占整体投资的比重为 56.5%。近年来，民间投资下降的幅度比较大，一方面说明产业发展饱和，投资空间狭窄；另一方面说明民间资本对经济发展前景有忧虑，不敢轻举妄动。例如，民间投资 2016 年上半年出现了负增长[1]，同年 7 月国务院出台关于进一步做好民间投资有关工作的通知，采取了必要的措施，使得同年 8 月起民间投资增速由负转正。2017 年，我国民间投资达到 381 510 亿元，同比增长 6%，增速比上年提高 2.8 个百分点。

　　当然，不一味强调投资，不等于不需要投资。今天的中国，仍然是一个发展中大国，保持一定的投资增长速度是必须的，关键是要积极促进有效投资，继续发挥好投资对经济增长的带动作用。在一定时期内，在全国范围内重大基础设施建设的投资、一系列解决民生问题的投资，不仅可以有针对性地解决一些经济社会发展中的短板问题，而且可以为经济稳定增长提供一定的动力支撑。同时，在投资增长下降的过程中，也要进一步改善投资结构，提高投资的效益和效率。

　　3. 消费：有所提升，任务艰巨

　　在出口和投资"两驾马车"增长速度逐渐下降的前提下，推动消费增长，提升消费能级，就成了推动全国经济持续增长的必然选择。实际情况确实也是如此，近年来消费对中国经济增长的推动作用已经越

1　国家统计局发布的数据显示 2016 年上半年，民间投资 158 797 亿元，其中 2016 年 6 月的投资额为 42 413 亿元，略低于 2015 年 6 月的 42 416 亿元，首次出现负增长。

来越显现出来。2019 年，最终消费对全国经济增长的贡献率已经达到
58.6%。[1] 这说明，消费在一定程度上已经发挥了比较好的替代作用，从
而与投资和出口一起共同推动着中国经济增长。

当然，消费要能够持续地发挥好对推动经济增长的主导作用，还有
很多事情要做。主要涉及三个问题：一是要"有钱"消费，这需要保持
人民群众收入水平稳定提高，还要调节和完善收入分配机制；二是要有
钱"敢于消费"，这需要不断地提升人民群众的社会保障水平，切实地
解决好老百姓的后顾之忧；三是要在有钱消费和敢于消费的前提下，使
得人民群众能够"乐于消费"，也就是供给能够匹配需求的发展变化，
进而把消费的动力和潜力释放出来。

三、重头戏：稳定中国经济运行的九个预期

近年来，面对复杂多变的国际政治经济环境的严峻挑战和国内经
济发展创新转型的不小压力，中国经济增长仍然保持着总体平稳、稳中
有进的基本态势，而结构调整优化和新旧动能转化也出现了一些新的气
象。这充分表明，中国经济稳中向好、长期向好的基本趋势没有改变，
推动中国经济持续增长的基本面没有根本改变。

2020 年，是我国全面建成小康社会和"十三五"规划的收官之年，
是要实现第一个百年奋斗目标，为"十四五"发展和实现第二个百年奋
斗目标打好基础的关键之年，也仍然是国际政治经济形势复杂多变和不
确定性因素增多的一年。因此，在 2019 年 12 月召开的中央经济工作会
议上，明确指出要全面做好"六稳"工作，统筹推进稳增长、促改革、
调结构、惠民生、防风险、保稳定，保持经济运行在合理区间，确保全
面建成小康社会和"十三五"规划圆满收官。要坚持稳字当头，坚持宏

---

1 国家统计局编：《中国统计年鉴 2021》，中国统计出版社 2021 年版。

观政策要稳、微观政策要活、社会政策要托底的政策框架，提高宏观调控的前瞻性、针对性、有效性。

应该说，在全国稳就业、稳金融、稳外贸、稳外资、稳投资、稳预期的"六稳"工作中，稳定"预期"在一定程度上成为稳定中国宏观经济运行的主要考量之一，同时，应该把稳定"预期"作为当前中国经济宏观审慎管理的"重头戏"之一。因此，早在很多年之前，我就已经提出预期管理重要性的问题，后来，还在 2020 年 1 月 7 日的《解放日报》上公开发表了《重头戏：稳定经济运行的八个预期》的文章。如今，稳定"预期"仍然特别需要聚焦在以下九个方面。

1. 稳定增长预期

中国经济增长率，不仅是国内经济发展，也是全球经济增长的一个重要"风向标"，因此，继续保持合理的经济增长区间不仅是必要的，也是可能的。如果这条合理的经济增长区间的底线被突破，就有可能逆转国内外对中国经济未来发展的整体预期，进而产生一系列的连锁反应。为此，一是要继续确保宏观经济运行在合理增长区间，不一味强调高增长率不等于不需要合理的增长速度。如果没有合理的增长，一切从何谈起？二是要继续采取综合性的政策和措施，确保中国经济增长能够进一步企稳向好，稳中有进，特别要应对好国际国内经济形势发展变化带来的经济下行压力。三是要继续采取必要的对应性措施，应对国际贸易保护主义和单边主义带来的深刻影响，加快构建新发展格局，在积极推动国内大循环的基础上，通过国际贸易市场结构调整等措施，继续推进外贸的稳定增长。

2. 稳定就业预期

从中国改革开放以后大规模吸纳就业的主渠道来看，20 世纪 80 年代农村工业化带来的乡镇企业发展以及随后城乡联营企业的纷纷兴起，吸纳了大量的农村剩余劳动力；20 世纪 90 年代开始，数量庞大的民营经济企业和外资企业创造了大量的就业机会；进入 21 世纪以来，新经济尤其是互联网经济的快速崛起，推动了一系列就业新岗位的增加，如全国的快递行业吸纳了巨量的年轻人就业。但是，在未来一段时期的中国经济转型过程中，就业的压力可能会进一步凸显出来。为此，一是要对中国未来大规模吸纳就业的主渠道在哪里等重大问题，尽早地进行研究、判断和谋划。与此同时，可以把失业率高低作为未来是否刺激经济增长的一项重要指标。二是要大力开拓城乡就业的新渠道、新载体、新模式。例如，针对很多城市中出现的一些灵活性就业，可以出台必要的扶持政策及相应的社会保障等配套政策予以鼓励。又如，结合近年来全国旅游业出现井喷式发展的态势，可以采取一些优惠政策，鼓励年轻人在广大农村发展民宿经济、自营经济等。

3. 稳定投资预期

当前，投资对稳定中国经济增长仍然是一个不可或缺的推动因素，其中民间投资的走势还直接影响着未来的经济发展预期。由于受到国际贸易保护主义抬头和国内出现产能过剩的影响，民间投资增长势头曾经出现过的上升趋势又开始显现下滑迹象。为此，一是要继续完善出台鼓励民间投资的政策措施，尤其在产业投资的融资、财政政策支持方面给予民间投资适当的倾斜，推动民间投资稳定增长。二是要继续保持一定的投资速度，在一定时期内，全国范围内一些重大的基础设施建设投资、一系列解决民生问题的投资，不仅可以解决一些总需求的短板问题，而且能为保持经济稳定增长提供动力支撑。三是要继续推动扩大开放，进一步吸引外资。目前，尽管外资有结构性调整迹象，但外资持续进入中国，不仅在于国际产业分工和中国的巨大市场，还在于全球资本依然看好中国。

4. 稳定实体经济预期

应该清醒地认识到，在中国经济运行中，目前存在着的最大隐忧仍然是实体经济面临着不少困难，企业尤其是中小微企业生产经营出现了困难，如果这种状况短期内不能有效化解，长期下去，一些实体经济企业的预期可能进一步恶化，进而影响到整个经济稳定运行以及就业面的稳定和扩大。为此，一是要继续推动营商环境的优化，创造更加完善的公开、公正、公平的市场环境，充分释放微观经济主体的动力、活力和潜力。二是可以对近年来陆续出台的一系列支持实体经济发展的减税降费等举措进行必要的评估，根据全国各地的实施情况，决定是否需要进行必要的调整完善。三是针对中国实体经济中民营企业占大多数的现状，国家金融主管部门可以联合出台一系列金融政策，进一步加强服务民营企业尤其是民营中小企业的措施，切实加强对民营企业的金融支持和服务。

5. 稳定资本市场预期

由于受到全球外部因素动荡的影响，2019年初以来出现的股市上升行情曾受到一定的抑制，投资者开始忐忑不安，到年底才稍显回升，但2019年仍然是中国资本市场改革的重要一年，包括设立科创板并试点注册制等多项重磅改革接续落地，既取得阶段性成果，也引发接下来"怎么改"的期待。2021年9月，北京证券交易所宣告设立，目的是支持中小企业创新发展，深化新三板改革，打造服务创新型中小企业主阵地。为此，一是要进一步加快金融体制改革，改革和完善资本市场基础制度，提高上市公司质量，健全退出机制，加强市场监管。二是要进一步凸显科创板建设的功能，不仅要为中国股市稳定发展增加可持续的新动力、新活力，也要推动更多的高新科技企业上市融资，助力科技创新。三是要进一步处理好金融创新和金融稳定的关系，既要继续促进金融业的改革开放，又要防范金融风险。

6. 稳定房地产市场预期

近年来，尽管中国房地产市场调控取得了初步的效果，但2021年开始房地产市场出现了趋冷迹象，各项指标都在回落。2022 年 1—3 月，全国房地产开发投资同比增长 0.7%，其中住宅投资增长 0.7%；房地产开发企业房屋施工面积同比增长 1.0%，其中住宅施工面积增长 1.1%；房屋新开工面积下降 17.5%，其中住宅新开工面积下降 20.3%；房屋竣工面积下降 11.5%，其中住宅竣工面积下降 11.3%；商品房销售面积同比下降 13.8%，其中住宅销售面积下降 18.6%；商品房销售额下降 22.7%，其中住宅销售额下降 25.6%；房地产开发企业到位资金同比下降 19.6%，而房地产开发景气指数同比从 101.32 下降为 96.66。[1] 为此，一是要坚持房子是用来住的、不是用来炒的明确定位，完善好稳地价、稳房价、稳预期的长效管理调控机制，促进房地产市场平稳健康发展。要在推动住房成交量上升的基础上，防止出现房价再次快速上升的情况。二是要积极引导房地产投资预期，既要防止房地产市场升温后再次对实体经济资金产生挤出效应，又要防止房地产迅速收缩产生系统性风险。三是要全面落实好因地施策、因城施策，特别要注意对不同城市的分类指导和因城施策，并且加强保障型住房建设。

7. 稳定企业成本预期

2021 年以来，国际大宗商品价格出现快速上涨态势，带动了国内工业生产者出厂价格（以下简称 PPI）加速上扬，2021 年全年居民消费价格（以下简称 CPI）比上年上涨 0.9%，PPI 上涨 8.1%，工业生产者购进价格上涨 11.0%，而当年 10 月份 PPI 与 CPI 剪刀差达到 12 个百分点，创历史新高；到 2022 年 1—3 月，PPI 同比涨幅分别为 9.1%、8.8% 和 8.3%，整体呈现逐月回落的态势。[2] 由于国内 PPI 上涨向 CPI 的传导能力较弱，钢材、有色金属等原材料价格大幅上涨将扩大上游行业利润空间，但进一步推高了中下游行业生产成本，再加上中小企业的原材料

1　根据国家统计局 2022 年 4 月 18 日发布数据，2022 年 1—3 月份全国房地产开发投资增长 0.7%。

2　数据来源：国家统计局。

购进价格指数超过出厂价格指数，使得大多数中小企业由于议价能力较弱，利润空间遭受更严重挤压，可能加速倒闭破产。为此，一是要跟踪研判国际大宗商品价格走势，争取在更多的全球大宗商品方面拥有定价权。二是要有效调控原材料供需矛盾，化解好因原材料价格上涨加剧行业之间、上下游之间效益"冰火两重天"的不平衡。三是要消除非市场化因素造成的涨价因素，尽快消除原材料价格可能进一步上涨的预期。四是要有效缓解中小企业经营风险，将宏观政策进一步聚焦在中小微企业的稳定发展上。

8. 稳定市场物价预期

近年来，尽管我国宏观经济面临下行压力，但市场物价仍然保持着比较稳定的态势。与此同时，一些生活资料价格也曾经出现过比较大的波动，例如，猪肉价格等。为此，一是要有效控制好物价上升速度，解除老百姓对日常生活、消费支出等短期前景产生的忧虑。二是要防止大宗生活资料价格"过山车"的重演，进而引起供需关系波动，必要时可以进一步增加生活资料的收储。三是要防止出现市场对生活资料价格持续上涨的预期，进而引起物价的进一步抬升。四是要防止生活资料的价格炒作，重现2010年"蒜你狠""豆你玩""姜你军""苹什么"的景象，尤其要注意商品被披上投资的金融属性。五是要加强市场价格监督管理，防止资本无序扩张，尤其是要防止恶意炒作商品市场价格。六是要密切关注和防止宏观经济运行出现滞涨现象，目前来看，任何对宏观经济运行可能出现"滞胀"迹象的忽视、轻视、蔑视，都有可能产生严重的后果。

9. 稳定居民消费预期

从短中期来看，推动形成国内大循环，壮大国内市场应该成为中国稳定经济运行的重要选择，而国内市场发展壮大与城乡居民的消费密切相关。目前来讲，对于传统消费和网络消费出现的任何增长变化情况，都需要引起高度关注，推出相应的对策。为此，一是要把握好公共支出中对于投资带动与消费带动的平衡，在保持一定投资增速的基础上，把消费对经济增长的作用放在更加突出的位置。二是要把关注民生问题放在更加重要的位置，解决好老百姓的后顾之忧，让老百姓敢于消费、乐于消费。三是要积极推动消费增长，通过传统、新型、线上和线下等各种方式，推出一系列刺激消费的政策，使得国内消费能够快速提升。四是要大力化解新冠肺炎疫情造成的影响，积极促进消费市场恢复发展，要采取相应的政策措施予以积极的引导和推动，充分释放消费潜力。

第五讲　促进供需匹配：供给侧结构性改革

　　供需失衡，是中国经济在持续快速增长之后累积起来的结构性问题之一。从需求侧来看，随着全国经济社会的不断发展和人们生活水平的逐渐提高，需求开始不断地呈现出了多元化、多样化、多档次，以及个性化等发展趋势。在这个变化过程中，在一定程度上供给跟不上需求的发展变化，有效需求得不到满足，使得大量的需求转移到了国外，进而对供给侧形成了很大的压力。从供给侧来看，由于全国的产业、技术、产品、管理、服务等方面存在的一些不合理因素，企业生产出来的一些产品不能适应现实的需求，造成了比较严重的产能过剩问题，进而对整个经济增长造成一定的隐患。因此，如何推动形成供需匹配的整体态势必然就成为中国经济高质量发展的一个重要选项。

　　到 2015 年底，中央开始明确提出要推进供给侧结构性改革，要在适度扩大总需求的同时，着力加强供给侧结构性改革，着力提高供给体系的质量和效率，增强经济持续增长动力，推动中国社会生产力水平实现整体跃升。与此同时，中央开始实行宏观政策要稳、产业政策要准、微观政策要活、改革政策要实、社会政策要托底的政策"组合拳"，明确了去产能、去库存、去杠杆、降成本、补短板"三去一降一补"的供给侧结构性改革五大重要战略任务，从生产领域加强优质供给，减少无效供给，扩大有效供给，提高供给结构的适应性和灵活性，提高全要素生产率，使得供给体系能够更好地适应需求结构的发展变化。

对于"三去一降一补"五大重要战略任务，怎么去认识，怎么去推进，值得我们去思考、去探讨。

一、去产能：四个关键问题需要求解

供大于求，就会造成产能过剩，或者说是产生了无效供给，而产能过剩确实会引发一系列的问题。从小处讲，由于产能过剩，一些企业的生产经营就会遇到困难，企业生存压力就会陡增，最严重的还会直接导致企业破产。从大处看，产能过剩不仅容易造成企业之间的恶性竞争，还会造成社会资源的大量浪费，以及市场信息的失真。因此，如果过剩产能不能出清，将会给企业、产业以及整个市场带来很大的伤害。

1. 产能过剩严重吗？

经过长时期的经济高速发展，中国不仅已经完全告别短缺经济，而且逐渐出现一些产能过剩的现象。在前几年的各类媒体上，你可以经常看到这么一些内容和名词，例如，钢铁多了、煤炭多了、水泥多了、电解铝多了，以及这些产品每年需要化解多少规模的过剩产能，等等。对于以往这类产品客观存在的一些产能过剩现象，从中央政府一直到各级地方政府，通过上上下下的共同努力，采取了一系列的政策措施，确实在一定程度上化解了这些产品的过剩产能。

那么，化解了这些产品的过剩产能是不是就已经完全解决了我国的产能过剩问题？实际上，更加深入的或深刻的问题是，我们面对的是局部过剩、全面过剩，还是结构性过剩？

我认为，产能过剩的"面"到底有多大，不妨通过三个角度来进行判断。第一，市场上是否存在着紧俏商品？从供求关系来看，目前似乎没有任何市场紧缺商品，更不存在着需要"开后门""打招呼"才能买到的商品，即使有，也一定是凤毛麟角。第二，企业竞争的程度如何？

一般情况下，如果供求平衡，那么，企业竞争程度相对比较低；如果供大于求，企业竞争便会比较激烈，例如，打"价格战"是一种常用的套路，更严重的甚至会走向不择手段的恶性竞争。第三，工业生产者出厂价格指数（PPI）和居民消费价格指数（CPI）走势如何？在比较正常的情况下，抛开一些特殊因素，如科技进步等，一般来讲 PPI 应该是平缓上升的，以应对刚性上升的生产经营成本。如果 PPI 没有上升甚至出现下降，也许说明市场上存在着一定的价格战因素，而同时企业生产经营成本是上升的，那么，企业的生产经营就一定是比较困难的。还有一种情况是，PPI 涨幅很大，但 CPI 涨幅很小，说明从生产到市场的成本传导机制比较弱，上游企业日子比较好过，而中下游企业，由于来自上游企业的成本不能传导到终端产品上，不仅日子难过，而且也在一定程度上反映了市场的价格战因素。

这样，就不是几个或几类产品的产能过剩这么简单的事情了，产能过剩的"面"还是比较大的，很多社会商品应该都存在着一定程度上的产能过剩现象，因此，一些商品价格战打得热火朝天，也就不难理解了。这种情况可以在近年来的工业生产者出厂价格指数的变化情况中得到一些佐证。例如，2014 年至 2020 年，我国的工业生产者出厂价格指数分别为 98.1、94.8、98.6、106.3、103.5、99.7 和 98.2。[1] 当然，由于能源、原材料价格上升的影响，2021 年工业生产者出厂价格指数上涨了8.1%，为 108.1[2]，再加上成本传导没有形成，使得上游企业增加了利润，而中下游企业生产经营增加了困难。

2. 如何去产能？

当一个国家和地区出现了比较严重的产能过剩的情况下，"去产能"是一个必然的选择，否则，就会对经济增长造成很大的隐患。那么，消

1　数据来自 2015—2021 年每一年的《中国统计年鉴》，中国统计出版社。
2　国家统计局：《中华人民共和国 2021 年国民经济和社会发展统计公报》，2022 年 2 月。

除产能过剩的主要方式是什么，或者说，消除产能过剩的力量在哪里？从理论上来讲，一般只存在着两种方式或两种力量：行政手段和市场方式，或者说，政府力量和市场力量。

第一种方式：依靠行政力量推动。

在实行市场经济体制的国家，一直存在着一只"看得见的手"和一只"看不见的手"，也就是政府力量和市场力量。如今，中国是一个推行市场经济体制的发展中国家，要让市场在资源配置中起到决定性的作用，同时要更好地发挥政府的作用，也就是说，"两只手"都要发挥好各自的作用，不可或缺，也不可替代。

在这一波的"去产能"过程中，对一些特定的产业和一些特定的产品，政府发挥了消除产能过剩的重要推动作用，前几年，全国钢铁、煤炭等产能的消化主要还是依靠行政力量的推动。例如，中央政府制定了化解产能过剩的目标和任务，推出了相应的政策和措施，各个地方政府也出台了相应的措施，通过产业政策坚决把产能降了下来。这几年，像钢铁、煤炭等大宗商品按照中央的统一部署，一些低端的小炼钢、小煤矿等都按照要求实行了关停并转，因此，"去产能"的效果还是比较明显的。

第二种方式：依靠市场力量化解。

化解产能过剩问题，还必须遵循市场经济规律，让市场在资源配置过程中起到决定性作用。按照市场经济规律，就是优胜劣汰。如果你有能力活下去，就会生存发展下去；如果你缺乏竞争能力，就必然会遭到残酷的淘汰。应该说，在更多的产业、行业、企业，以及更多的社会商品，"去产能"应该是依照市场经济规律进行的。

因此，有的人就认为，"去产能"只要发挥好市场力量的作用就可以了，不应该由政府干预。这种观点，听上去似乎很有道理，但不一定符合中国的国情、地情。大家知道，化解产能过剩，实际上是对存量经济的调整，而产能又直接连接着地方的 GDP 和地方官员的政绩，因此，化解产能过剩就会受到地方保护主义的影响。例如，如果有五个钢铁厂分布在五个省，现在需要淘汰其中的两家，如果完全按照市场优胜劣汰也比较好办，但实际上没有这么简单，五个地方谁也不愿意淘汰自己的，这就是重大的利益博弈。因此，在中国，化解产能过剩问题，当然需要让市场起到配置资源的决定性作用，但是，还需要更好地发挥政府的作用。

3. 去产能要一盘棋

经过各方努力，前几年中国的钢铁、煤炭等初级产品产能过剩问题得到了有效的化解，但产能出清之后，如果没有一盘棋解决问题，恐怕也会带来其他的问题。我们经常会说，这头压住了，另一头可能会翘起来，正如中国人有一句老话所说的，"按下葫芦浮起瓢"。

从一些现象来看，钢铁、煤炭、化工原料等产能得到了一部分消化之后，由于国际国内经济形势发生了变化，供给减少了，带来了一个结果是这些初级产品的价格开始上涨，甚至涨幅比较快，于是，这些行业不仅扭亏为盈而且日子开始好过了。但问题是，这些初级产品上涨的价格会传递到终端产品上去，增加终端产品的生产成本，在这种情况下，如果终端产品的价格不能得到相应的提高，那么，成本的传导机制就不能形成，而终端产品生产企业将会面临着严峻的成本压力。例如，造汽车需要钢板，如果钢板价格上升了，那么汽车的出厂价格也应该提上去，这就是成本或价格的传导机制。当然，这是一种理想的状态，但在现实经济生活中，往往事与愿违，如果汽车也存在着产能过剩情况，汽车价格不仅提不上去，反而由于打"价格战"而要下调价格，这样，汽车产业的成本压力就会增大。因此，产能过剩需要考虑到初级产品和终端产品的成本传导机制，或者说，应该充分考虑到上游产业和中下游产业、上游企业和中下游企业的"一盘棋"。

4. 去产能还要考虑社会承受力

去产能，意味着会有一些涉及产能过剩行业企业的关停并转；而一些企业的关停并转，也意味着可能会带来一系列的经济社会问题。有时候，是否要去产能，确实会成为一个比较难的选项，这是因为去产能还得要考虑社会的承受能力。

去产能对经济社会可能带来的一些突出问题。一是就业及社会保障问题。化解产能过剩，必然会带来一部分工作岗位的丧失，造成一定程度上的就业压力，而就业以及相应的社会保障问题又涉及社会稳定问题，因此，化解产能过剩需要与扩大就业紧密地结合起来。二是债权债务问题。企业关停并转，牵涉到很多的债权、债务关系，如何妥善处理也是一个重要问题，如果处理不当，可能会影响到一些相关企业以及金融机构的利益。三是"僵尸企业"出清问题。由于产能过剩，出现了很多的"僵尸企业"，这些企业已经退出生产经营，但企业工商登记没有注销，造成"退而不出"的现象，进而产生了市场信息失真，因此，如何让这些"僵尸企业"真正退出尤为重要，这涉及原有的法律法规修改等。

二、去库存：需要五个"跟着走"

在通常情况下，"去库存"一般是指企业减少原材料和成品的库存等，但这里讲的"去库存"主要是指要化解房地产市场的存量房，当然，对房地产开发商来说，存量房也是一种"库存"。

为什么要特别地针对房地产库存？这是因为进入 21 世纪之后，随着中国房地产一路高歌猛进，前些年在全国的一些地方出现了一种比较令人揪心的现象，大家一致把它称之为"空城"。即一个城市造了很多商品房，卖不出去，产生了比较严重的商品房积压。当然，还有另外一种情况是，有的城市把商品房都卖掉了，由于入住率比较低，尽管有时也会被冠以"空城"，但是，这个城市实际上是不存在商品房库存的。这样，不仅"去库存"的特殊涵义就比较清晰了，而且"去库存"还涉及中国房地产市场发展的方方面面。

在进入 21 世纪之后，或者说在中国房地产轰轰烈烈的发展进程中，我一直在观察和思考与房地产发展的一些相关问题，也在历年来很多的会议、论坛以及各种场合所作的经济形势报告中，都曾经作出过一些比较系统的阐述。

1. 解决住房问题需要"两分法"

解决中国的住房问题，一定要靠"两分法"，或者说需要"两条腿"走路。简单来说：一条腿是走市场化道路，大多数人群必须通过商品房来解决住房问题；另一条腿是把住房纳入社会保障体系，一部分人群必须通过保障房来解决住房问题。应该清醒地认识到，实行"两条腿"走路，是符合中国的国情和住房问题特征的。

为什么解决住房问题必须"两条腿"走路？这是因为，与其他一般的社会商品相比较，住房具有双重属性。一是商品属性。例如，商品房就是商品，当然具有一般的商品属性。二是社会属性。住房不仅仅有商品属性，在一些特定的条件下，住房还存在着社会属性，而具有社会属性的有效供给，对于一部分弱势群体来说，一定是通过保障体系才能得到解决的，因此，在住房体系里面就有了保障房。

为什么住房具有社会属性呢？举个例子，一个人非常贫穷没有衣服穿，有人动员大家把旧衣服捐赠给他，我相信一定会有很多人出手相助，于是，这个人就有衣服穿了，而这个人的穿衣问题就得到了一定程度的解决。但是，如果这个人没有房子住，有人动员大家把住房拿出来相助，大家想想，恐怕没有一个人会愿意做这个事，但是，有一个适宜的住房是人类的基本需要，也是实现社会稳定和谐的重要保障。因此，尽管住房总体上属于私人产品，但由于在市场经济条件下住房不可能完全实现合理化配置，为了保证全体社会成员都有房住，尤其要满足弱势群体的基本住房需要，确保所有人，不论其收入如何都应该享有住房权利，这样，一部分弱势群体基本住房需要，只能通过保障房来解决了。

2. 过往的经验教训

早在 20 世纪 90 年代，中国已经开始实施住房市场化改革。在 1994
年国务院作出的《关于深化城镇住房制度改革的决定》明确了城镇住房
制度改革的基本内容，其中包括把住房实物福利分配的方式改变为以按
劳分配为主的货币工资分配方式、建立住房公积金制度等。接下来，全
国稳步推进了公有住房的出售，全面取消各种福利分房，大规模建设各
类商品住房，逐步推动了中国住房私有化的进程。

在中国住房市场化改革进程中，一方面，随着住房市场化的大步推
进，全国各地纷纷开始大规模地开建商品房，以解决人们日益增长的各
类住房需求，而房地产业也随之蓬蓬勃勃地发展了起来，购买商品房成
为了人们解决住房问题的一个选项。另一方面，在一段时期内，由于忽
视了住房的社会属性，使得住房的保障体系建设没有相应跟上。因此，
本来应该"商品房＋保障房"两条腿走路，变成了市场化"一条腿"向
前迈进，造成了所有的收入人群，也就是不管收入高低，都挤上了市场
化解决住房的"独木桥"，使得在短期内住房供求关系严重失衡。供给
少、需求大促使了全国各地房价上升，尤其是一、二线城市的房价大涨。

我们可以看一组对比数据，2020 年与 1998 年相比，全国商品住宅
平均销售价格从 1 854 元上涨到 9 980 元，增长了 4.38 倍；北京商品住
宅平均销售价格从 4 787 元上涨到 37 665 元，增长了 6.87 倍；上海商品
住宅平均销售价格从 3 102 元上涨到 33 798 元，增长了 9.89 倍。[1]请大
家注意，这仅仅是全国、北京和上海商品住宅的平均销售价格，与大家
实际购房的价格，恐怕还有不小的差距。

3. 解决供求关系至关重要

进入 21 世纪之后，尤其是中国加入 WTO 和举办 2010 年上海世博

1　根据《中国统计年鉴 2000》和《中国统计年鉴 2021》数据计算。

会，全国各地尤其是"北上广深"等一、二线城市的房价涨势惊人，其中，在经历了多次的房地产宏观调控之后，房价终于初步稳定了下来。实际上，住房价格变动，在一定程度上与住房供求关系密切相关。按照市场经济发展的一般规律，住房供大于求，房价要涨也难；住房供小于求，房价就会有上冲压力。从这个角度来说，只有调节好了住房的供求关系，才能从源头上解决好房价高企问题。

如何调节好、解决好住房的供求关系？从中国房地产市场的发展历程和现实趋势来讲，无非是增加供给，减少需求，达到供求平衡。当然，增加的应该是有效供给；减少的应该是非刚性需求。

怎么做？一方面，是要增加有效供给。在操作层面上，可以通过增加土地供应、提供资金支持等一系列措施来实现，但是，如果进行相反的操作，就可能造成更严重的供求失衡，并且进一步引发房价上涨。另一方面，减少需求这篇文章就比较复杂了。我们可以先来分析一下住房需求的结构，除了需要把一部分弱势群体纳入保障房体系之外，实际上，还存在着三种类型的商品房需求，分别是所谓投资需求、投机需求，以及刚性需求。这样，减少住房需求的方向就应该比较明晰了，在保证刚性需求的同时，应该减少投资需求和投机需求，甚至可以完全杜绝投机需求，因为，"房子是用来住的，不是用来炒的"。

4. 房地产市场早已出现分化

中国这么大，市场必然会有很大的差异，房地产市场也同样如此。应该说，中国住房市场化改革刚刚开始的时候，房地产市场的分化是不太明显的，经过一轮又一轮的快速发展之后，市场不仅出现分化迹象，而且成为一种带有规律性的趋势。从全国来看，总的分化趋势基本上是：一些大型、特大、超大型城市，或者说是一、二线城市，一般情况下可能出现供小于求的现象，如果不把需求管住，容易造成供求失衡状态，导致房价持续地上涨；一些中小型城市，或者说是三、四、五线城市，一般情况下能够保持供求平衡就很好了，有时候甚至还会出现供大于求的现象，这样，就可能会出现人们通常所说的"空城"现象。

为什么会出现中国房地产市场分化的现象？一定有很多原因，最重要的因素是全国性的、大规模的人口流动，以及人口流向的基本特点所造成的。这个基本特点可以描述为：农村人口向各类城镇流动，中小城市人口包括很多农村人口向大型、特大型、超大型城市流动，以及各类优质资源包括人口资源向一、二线城市大量流动。这样，一、二线城市的常住人口数量剧增，必然会推高住房需求，以及由于供求失衡引起的房价上涨的压力。而一些中小城市，由于人口流失造成了住房需求下降，如果判断失误，很容易出现住房供大于求的现象。因此，对于全国房地产稳定发展来说，很有必要进行分类指导，因地施策、因城施策。

5. 房地产发展需要五个"跟着走"

在中国房地产市场突飞猛进的过程中，不仅一直伴随着对房地产的各种调控，而且调控力度也呈现出越来越强的态势。如何认识这一现象？从十几年之前开始，我就曾经在一些重要场合和一些决策咨询中，建议要把握好中国房地产市场调控的方向、分寸、节奏。

对中国房地产市场的发展完善，我历年来在一些重要场合或者经济形势报告中，一直讲这么五句话，也就是五个"跟着走"。

第一句话，调控政策跟着"库存"走。

由于全国各地各类城市房地产市场发展分化比较明显，因此，除了出现特殊情况之外，一般来讲，一、二线城市房地产出现库存的可能性比较小，而三、四、五线城市房地产出现库存的可能性比较大。这是因为，越来越多的人还在向一、二线城市集中，而三、四、五线城市的一些年轻人、各类人才、企业家还在往外流动。在这种基本态势下，中国房地产发展的调控政策就绝对不应该一刀切，必须坚持分类指导，因地施策、因城施策，尤其要把"去库存"政策重点聚焦在房地产库存相对比较多的一些三、四、五线城市。当然，也不是说，全国所有的中小城市都存在着比较严重的库存现象。

第二句话，土地指标跟着"人流"走。

在中国城镇化发展进程中，比较普遍地存在着"孔雀东南风"和"人往高处走"的现实情况。在这种情况下，一方面，大量的人口持续地向一、二线城市聚集，在一些大型、特大型、超大型城市可能就出现用地指标和人口布局不匹配的现象；另一方面，有的小城市人口流失了不少，但由于不仅土地指标不能浪费，而且发展房地产在短期内还能增加 GDP，因此，出现"空城"现象也就不奇怪了。怎么办？可以探索按照城市实有人口数量来配置用地指标，对大量人口导入地区增加用地指标，对人口输出地区核减用地指标，这样，就可以在一定程度上化解不同城市房地产市场"冰火两重天"的状况，从源头上解决"有的城市供大于求，有的城市供小于求"的失衡现象。

第三句话，住房性质跟着"收入"走。

一般情况下，人们选择什么样的住房，多大的面积、多高的品质、多佳的地段、多好的环境，是选择商品住房，还是保障性住房，往往都与人们的收入密切相关。在这种情况下，一是要针对不同收入群体，合理确定好商品房和保障房的用地比重，以及商品房和保障房建设规模的配比。二是要合理确定好商品房的房型结构，尤其在一些一线、二线城市要适当提高中小房型商品房比重，尽管不能降低商品房单价，但可以降低商品房总价，进而减轻一些改善型居民家庭的购房压力。三是要实行租售并举，加快发展住房租赁市场，推进租赁住房土地供应，完善住房租赁公共服务平台建设。此外，还要加快人才公寓、青年公寓建设，解决他们的租赁需求。

第四句话，土地价格跟着"标准"走。

在中国房地产市场发展高峰时期，土地溢价率屡创新高，尤其在一线城市更是如此，这就在一定程度上直接推动了商品房价的快速上涨，对此，是否可以探索设定土地溢价率的一个合理区间，不能让土地价格无上限地往上冲。为什么有这么一个想法？这是因为，如果土地完全是市场化的资源，那么，就应该完全由市场来决定土地价格，但在我国，土地应该还是不可再生的公共资源，因此，凡是涉及公共资源或公共产品的定价，还是应该设定一个价格区间比较合理和公平。例如，长期以来上海机动车车牌一直实行的是拍卖方式，近年来机动车车牌拍卖价格一直维持在 9 万元左右，这是因为，由于机动车车牌是公共资源，政府就设定了一个车牌拍卖指导价的区间，否则，车牌拍卖价格不知道会上涨到何种程度，大家也是可以想象的。

第五句话，资金支持跟着"刚需"走。

大家知道，无论是一家开发商从事房地产开发经营，还是一个家庭或者个人需要购买一套商品房，一定都会涉及大量的资金，在一般情况下，除了自有资金之外，往往都需要外来资金的支持，而通常都是通过银行贷款来解决开发资金或者购房资金的问题。因此，对房地产开发经营或者购买商品房的资金支持，如果秉持这么一个原则，应该可以对房地产市场健康稳定发展起到比较好的效果。这个原则可以这样表述：凡是满足住房刚性需求的投资、建设、购买、按揭等，应该积极给予资金支持，不仅要满足资金需求，还要尽可能降低融资成本；凡是用于住房投资、投机需求的，不仅应该增加融资难度，甚至予以严格的限制，而且还要进一步提高融资成本，从而在一定程度上有助于解决"炒房"问题。

三、去杠杆：把控住风险的源头

杠杆与负债密切相关，政府、企业、城乡居民个人都可能有负债，而政府、企业、个人等主体向金融机构借贷或通过发债等，都是加杠杆的行为。杠杆率越高，说明债务越高、风险越大，反之亦然。在现实经济社会发展进程中，如果适度地加杠杆，有利于经济发展、社会建设、企业经营、个人生活；如果举债主体的杠杆率过高，甚至使用过度，就有可能会造成债务增速过快，还债压力剧增，反过来，也会不断地增大金融风险，甚至拖累经济发展。

2008 年，美国发生的次贷危机以及随之而来的全球金融危机，就是由于美国个人住房消费和金融机构过度使用杠杆而引发的，至今，全球经济仍未走出金融危机造成的阴影。因此，去杠杆的最终目的，实际上就是要把控住产生风险的源头。

1. 中国债务风险总体可控

一般来说，举债是常态，不举债是例外。当然，不同的举债主体，举债的方式和举债的原因不尽一致。例如，政府往往有财政赤字安排，因而通过发债包括国债和地方债来筹集资金；企业往往通过银行贷款来弥补自有资金不足，用于生产经营活动；个人或家庭就比较复杂，大家比较了解的是很多城市居民购买商品房，往往都是采取银行按揭方式来解决购房资金问题，实际上，还有各种各样的个人消费类银行贷款等。当然，对于有的企业、个人或家庭来讲，也许还存在着一些私人借贷的现象。

从总体上来看，中国的债务风险还是基本可控的，杠杆率还是保持在比较合适的水平，因此，债务产生系统性风险的可能性相对比较小。但是，我们也应该清醒地认识到，尽管债务风险总体可控，可是，在一些特定的时期、特定的领域、特定的地区、特定的条件、特定的背景下，政府债务、企业债务、个人债务或者家庭债务等也有可能出现杠杆率比较高的风险，一旦出现这种情况，就需要采取果断的措施予以化解。

2. 各类主体的债务需要把控

从政府债务来讲，主要的负债方式是发行国债、地方债，以及一些地方政府背书的融资平台的负债等，关键在于控制好债务规模以及相应的负债率水平。[1] 当然，在不同地区、不同城市、不同层级的政府，其债

---

[1]　根据财政部 2021 年 1 月 28 日发布的数据，截至 2020 年末，政府债务余额与 GDP 之比（负债率）为 45.8%，低于国际通行的 60% 警戒线，风险总体可控。

务规模以及相应的负债率水平还存在着一定程度的差异。因此，一是要把控好各级政府负债的总体规模和水平，尤其要有效化解地方政府债务风险，做好地方政府存量债务置换工作，进行全口径的政府债务管理。二是要把控好地方政府的发债规模，控制好地方政府的发债节奏，完善好地方政府债券发行办法。三是要把控好地方各类融资平台的负债水平，把负债率控制在比较合理的、可控的区间，尤其是不能因为缺乏建设资金而一味地提高杠杆率。

从企业债务来讲，通常可以分为企业的短期负债和长期负债，主要的负债方式包括企业的长期和短期的银行贷款、欠付货款和欠付工资、预收货款、未缴的税费，以及一些企业发行的企业债券和进行的民间借贷等。因此，一方面要积极帮助企业加强财务管理工作，通过控制好负债水平，降低企业的债务风险和经营风险，同时，由于民间借贷利率普遍比较高，因此，特别要把握好民间借贷的规模和还债能力，促进企业能够得到健康稳定发展；另一方面，还要针对广大中小微企业普遍存在着的融资难、融资贵等现实问题，通过采取必要的政策措施，加强金融服务实体经济，破解中小微企业融资难的瓶颈，并且进一步降低融资成本。

从个人债务来讲，一般有银行的按揭贷款、消费贷款，以及私人借款等，关键在于量入而出，有借有还，尤其债务规模不能超过个人或家庭的还款能力，同时，在个人债务方面，还应该要坚持守住诚信的底线。在通常情况下，个人债务一般是相对比较理性的，但在一些特殊情况下，个人债务也会出现一些比较大的风险。例如，2015年随着中国股市持续上涨，在社会上就出现了一些以配资业务为主要特征的公司，有些配资公司把杠杆率放到几倍甚至十倍以上，使得一些股民在股票下跌之后，由于强行平仓而血本无归。因此，把控好个人债务同样非常重要，如果失控，不仅对个人和家庭会造成很多的困扰，而且有可能引发一些社会问题。

四、降成本：广大企业普遍的关切

在中国供给侧结构性改革进程中，"降成本"不仅是五项改革的重要内涵之一，而且也成为未来经济工作的重要内容。应该充分认识到，在过去很长一个时期内，企业的成本问题一直被各级政府、企业界、学术界以及全社会所高度关注，尤其是成本上升速度过快在一定程度上造成了企业尤其是中小微企业生产经营的困难，也一直被各类企业所诟病。在这种情况下，"降成本"成为供给侧结构性改革的必然选择。

1. 降成本的主要对象是企业

一般来讲，人们要达到一定的目的或从事生产经营活动，就必须投入一定的人力、物力和财力，换句话说，就是需要消耗一定的资源，其所消耗资源的货币表现就被称为成本。因此，不同的主体，都会产生不同的成本，例如，企业的生产经营成本、学校的运行成本、政府的社会管理成本、个人的生活成本，等等。因此，任何的个人、家庭、企事业单位、政府等，如果存在，就一定会发生成本。

当然，在这次供给侧结构性改革的"降成本"行动中，主要的对象就是广大的企业。也就是，要努力通过本轮"降成本"行动使中国企业的生产经营成本得到比较普遍的下降，并且保持在比较合适的水平。应该充分认识到，如果广大企业的生产经营成本比较低，企业的生存发展压力就相对比较小，反之，企业就容易陷入生产经营的困境，甚至走向消亡。当然，其他主体的成本也应该保持在比较合理、合适的水平。

2. 企业成本主要有两个大类

降成本的主要对象是企业，那么，企业的成本是怎么构成的呢？一般来说，企业成本主要是由生产成本和企业费用两大部分所构成的，生产成本主要包括原辅物料、水电气煤、机器折旧、工人工资、废品损失等，企业费用则主要包括销售费用、管理费用、财务费用等。当然，这是从经济学或管理学的角度来进行分类的，比较专业。

但是，如果我们换一个新的角度来作一些考察和思考，也许还蛮有意思。接下来，按照这个新角度来作一次梳理和分析，企业成本也可以大致被分成两个大类。

第一类是由于市场因素决定的成本，或称之为市场因素成本。例如，一个企业租赁厂房、仓库、办公楼的租金，购买生产设备的支出，采购原辅材料的费用，支付员工的工资等，所有这些发生的成本，主要的决定性因素还是在于市场，当然，可能还会有其他的影响因素，但也许权重不大。在这种情况下，对于企业由于市场因素决定的成本，政府可以起到一定的作用，但其作用应该还是十分有限的，有时候，甚至可谓"无能为力"。举一个例子，尽管各地政府可以提出和调整最低工资标准，但还是不能决定每一个企业员工的实际工资水平。

第二类是由于政府因素决定的成本，或称之为制度性成本，也有专家把它称为宏观成本。例如，企业生产经营涉及的各种税率、各种附加费的费率、各种社会保障缴纳费用的基数和费率，以及政府为企业办事的效率等，都是由政府的各项制度来决定的，而不是由市场因素来决定的。其中，一系列的税率、费率、缴纳费用的基数等，由于看得见摸得着，企业基本上是可以预期的，但有时候也会存在一些时间成本和机会成本，这是企业比较难以预期的。举一个例子，如果一个企业去政府机构办事，去一次没有办成，可能去了三次最终才办好事情，在这个中间，实际上都是会增加一些成本的。当然，这些与整体营商环境密切相关。

3. 主要降低的是制度性成本

在企业的两个大类成本中，由于政府能够起到决定作用的是企业的制度性成本，因此，供给侧结构性改革中的"降成本"行动，首先就是要通过深化改革来有效地降低各类企业的制度性成本。

那么，制度性成本包含哪些内容呢？实际上，也可以将其划分为两个大类。第一类是硬成本。这类成本是看得见摸得着的，例如，缴纳多少税收，上缴多少费用，缴纳多少社会保障费用等，都是非常明确的，也是企业可以预期的，因此，也可以称之为显性成本。第二类是软成本。这类成本不容易显性化，有时候也很难量化，例如，企业到政府部门办事需要去一次还是去三次？需要一个月还是三个月才能办成？表面上看，似乎是政府行政效率高低的问题，但实际上也会产生相应的货币成本，还有时间成本和机会成本，这些成本往往看不见摸不着，也容易被忽视，因而可以称之为隐形成本。按照目前通用的一个热词，就是营商环境优化的问题。

如此梳理一下，近年来，为什么中央政府和各级政府要不断地推动企业的减税降费，降低社会保障各类缴费的费率，以及蓬勃推动营商环境的优化？大家也许就能够找到答案了。例如，2021年全国新增减税降费超过1万亿元，2022年预计全年退税减税约2.5万亿元。[1]同时，对于企业社会保障缴费的费率也作出了一些相应的调整，其目的都是为了降低企业的生产经营成本。[2]至于在营商环境方面，全国各地政府都在积极努力，不断优化，如今，经常在各类媒体上出现的"一网通办""一网统管""跨省通办"等一些新名词，就是一个十分形象的反映。

五、补短板：关键在于统筹协调发展

在供给侧结构性改革"三去一降一补"五项重点任务中，"补短板"具有很强的针对性以及十分重要的现实意义。这是因为，随着中国经济社会持续地快速发展，一些短板问题开始逐渐地凸显出来，不仅经济发展存在着短板，而且社会发展也有不少的短板。如果这些短板不能补

1　李克强总理2022年3月5日在第十三届全国人大第五次会议上所作的《政府工作报告》。
2　参见2019年国务院印发的《降低社会保险费率综合方案》(国办发〔2019〕13号)。

齐，将会给中国经济社会发展带来严重的阻碍。因此，"补短板"不仅是保持中国经济社会平稳健康运行、推动经济高质量发展的必然要求，而且必须采取有针对性、有力度的政策和措施予以解决。

1. 着力于经济高质量发展

在经济发展方面，一是要从国际视野出发，尽管中国经济增长对世界经济增长的推动作用逐年增强，但在全球化的国际分工中，中国经济仍然处于全球产业链、供应链、价值链的中低端，尤其是出口产品技术含量和附加值普遍不高，说明中国经济发展在全球贸易中高端供给的短板十分明显。二是要从国内角度出发，经济增长方式需要转变，有效供给和有效需求两个方面都需要增强，推动经济增长的新旧动能需要转换，产业发展中的高新技术和核心技术需要突破，现代服务业发展领域需要拓展，实体经济发展困难需要得到化解，全国区域经济发展需要统筹协调，城乡之间需要协调发展，"三农"问题需要不断解决，营商环境需要继续优化，新发展理念需要强化，新发展格局需要加快构建，等等。

这一切都充分说明，在中国经济未来发展的进程中，根据国际国内经济形势发展变化的现实和趋势，在经济发展领域补短板的任务仍然还十分艰巨，还需要不断地攻坚克难，爬坡过坎，才能进一步推动全国经济走上高质量发展的道路。

2. 着力于解决各类民生问题

在社会建设方面，重点是要保障和改善各类民生问题。对于民生问题，如果集中起来作一个比较形象的表述，就是党中央国务院明确提出的"幼有所育、学有所教、劳有所得、病有所医、老有所养、住有所居、弱有所扶"。在这里，一是要优先发展教育事业，促进教育公平和均衡发展；二是要实施扩大就业战略，调整收入分配机制，实现共同富裕；三是要坚持公共医疗卫生的公益性质，建设好公共卫生服务、医疗

服务、医疗保障、药品供应保障体系等；四是要加快建立健全覆盖城乡居民的社会保障体系，提高社会保障水平，发展老年社会福利事业；五是要始终把改善群众居住条件作为城市住房制度改革和房地产业发展的根本目的，要将解决城市低收入家庭住房困难作为政府公共服务的一项重要职责，健全廉租住房制度，多渠道筹措资金，加快中低价位普通居民住宅建设，逐步改善住房困难群众的居住条件。

这一切也充分说明，在中国经济社会发展的进程中，经济发展与社会建设必须齐头并进、互相依托、互相支撑。只有经济发展了，社会建设迎头赶上了，才能更加充分地满足人民群众对美好生活的向往，才能使人民群众有更多的满足感、幸福感。

第六讲　农业：仍然是国民经济的重要基础

几千年以来，中国一直是一个比较典型的农业国，并且伴随着比较浓厚的农耕文化、农耕文明、农耕社会的历史痕迹。但是，在新中国成立，尤其是实行改革开放之后，在推进全国新型工业化、信息化、城镇化、农业现代化"四化"联动的发展进程中，如今的中国，农业、农村、农民都已经发生了极其深刻的历史性变化。

何为农业？从广义上来讲，农业包括种植业、林业、畜牧业、副业、渔业五种产业形式，也就是我们通常所说的"农林牧副渔"，有时候，也被冠以"大农业"；从狭义上来看，农业主要是指种植业，包括粮食作物、经济作物、饲料作物和绿肥等农作物的所有生产活动，因此，也可以称之为"小农业"。这里需要特别说明的是，在中国的产业结构中，很多时候，农业也就是第一产业。

有人会问，今天的中国还是农业国吗？

从产业结构来看，中国农业在国民经济中的比重已经从 1952 年的 50.5%，调整到 1978 年的 27.7%，到 2020 年进一步下降到 7.7%。[1] 看了这一组历史比较的数据，你能说，如今的中国还是农业国吗？

但是，即使到了今天，中国仍然离不开农业，农业仍然还是中国国民经济的重要组成部分，仍然还是中国经济社会持续发展的重要基础。

1　国家统计局编：《中国统计年鉴 1999》和《中国统计年鉴 2021》，中国统计出版社。

为什么？一个十分简单的道理摆在这里，中国 14 亿多人口的"吃饭"问题，主要还得依靠自己解决，如果主要依靠进口，既不可能，也很危险。正如习近平总书记所说的：中国人的饭碗要端在中国人自己手里。

当前，在面临世界百年未有之大变局，国际政治经济形势不稳定性、不确定性比较多的大背景下，作为一个人口众多的发展中大国，再怎么样强调农业，再怎么样重视农业，都是不为过的。

一、计划经济年代农业的模样

新中国成立之后，农业开始进入了一个崭新的历史发展时期，当时的首要任务是比较迅速地恢复了农业生产，从而为整个国民经济的恢复奠定了重要的基础。到 1953 年，中共中央提出过渡时期总路线，在"一化三改"中，通过走农业合作化道路，逐步实现了国家对农业的社会主义改造。从 1958 年至 1960 年，又在全国农村发动了人民公社化运动，而人民公社体制一直延续到了改革开放初期。

要说新中国成立后，中国农业发生了哪些重要的变化？在计划经济年代，中国农业发展又呈现出了何种模样？如果归纳梳理一下，应该主要体现在以下五个方面。

1. 土地所有制的变化，从私有制转变为公有制的集体所有制

土地是农业最为重要的生产资料，而土地所有制又决定了农业生产关系。1950 年 6 月，中央人民政府颁布了《中华人民共和国土地改革法》，通过废除地主阶级封建剥削的土地所有制，实行农民的土地所有制。在此基础上，又开始引导农民在自愿互利的基础上组织起来，走互助合作道路。全国的农业合作化道路，从互助组开始，到初级合作社，再发展成为高级合作社，进而完成了农业社会主义改造。到高级合作社发展时期，在农村已经完全实行了生产资料的农民集体所有，因此，也

就具有了完全的社会主义性质。从此，全国的农村土地转变成了集体所有制，相对于全民所有制来说，也是公有制的一种重要形式。

2. 农业经济体制的变化，从一家一户转变为集体经济体制

在经过农业合作化运动以及人民公社化运动之后，中国农村以土地为核心的所有农业生产资料都转变为集体所有制，与此相对应，全国农村形成了以人民公社—生产大队—生产队"三级所有，队为基础"为主要特征的农村集体经济体制。也就是说，农村的生产资料分别属于人民公社、生产大队和生产队三级所有，并且以生产队为基础。一般来说，农村集体经济体制是指主要生产资料归农村社区成员共同所有，实行共同劳动，共同享有劳动成果的经济组织形式。于是，在新中国建设发展的进程中，农村以集体所有制为标志的基本经济体制宣告完成。这样，全国范围内几乎所有农民都成了农村集体经济组织中的成员。

3. 农业生产组织的变化，从个人或家庭生产转变为集体组织生产

这是农业生产组织方式的重大变化，在全国的农村集体经济体制没有形成之前，农业生产经营都是由农民个体或农民家庭自行组织的，农民就是个体的农业劳动力。生产什么？何时投入生产？怎么组织生产？农产品怎么销售？完全由农民自主决定。但是，在农村集体经济体制得到确立之后，农业生产经营转变为一种组织化的生产经营方式，而农民则成为农村集体经济组织中的成员。对于以上的这些问题，已经不再由农民个体来自主决定，而是由农村集体经济组织来统一决定，也就是由生产队或生产大队来决定。这个重大的变化，一方面使得农业生产的组织化程度有了一定的提高，农业生产也出现了一些分工；另一方面，农业生产也出现了一些吃"大锅饭"、出工不出力、生产效率下降的现象。

4. 农民收入分配的变化，从个人劳动收入转变为集体经济分配收入

在全国农村集体经济体制确立之前，农民或农民家庭的收入分配比较简单，投入多少劳动，产生多少收入，都是农民或农民家庭自己的事情。后来，由于每一个农民都成为集体经济组织的一个成员，参加劳动和取得报酬都是由集体经济组织来决定。例如，作为农村最基层集体经济组织生产队的一个成员，农民每天干什么农活、干多少时间都是由生产队来指定的，而且还由生产队对农民当天付出的劳动记上"工分"，到了年底，再根据"工分"的多少进行实物或货币形式的年终分配。

5. 农产品销售方式的变化，从农民自主销售转变为统购统销

新中国成立之后，为了平衡粮食供需关系，开始实行粮食的统购统销。1953 年 10 月 16 日，中共中央发出《关于实行粮食的计划收购与计划供应的决议》，也就是实行统购统销。之后，统购统销的范围又继续扩大到棉花、纱布和食油等，并且取消了原有的农产品自由市场。例如，农民自己的口粮和品种按照国家批准留下之后，剩下的只能全部卖给国家，而全社会所需要的粮食全部由国家供应，城镇家庭只能凭购粮本去购买粮食，并且禁止粮食自由买卖。应该说，在实施统购统销政策的初期，确实在一定程度上起到了稳定粮价和保障供应的作用，但是，这种僵化的农产品流通体制，严重地阻碍了农业经济的发展。在改革开放之后，到 20 世纪 80 年代中后期开始，这项政策有所松动并且逐步取消，直到 1992 年底才完全停止，共计施行了 39 年。

二、改革开放从农村开始启航

应该说，尽管新中国成立以来农业得到了一定的发展，但也显露出一些弊端，突出表现在农业生产力低下、农民收入增长缓慢、农村面貌

改变不大、农民生产积极性不高、农业经营体制机制僵化等。到 1978
年，农业即第一产业的国内生产总值仅为 1 018.5 亿元，农林牧渔业总
产值 1 397 亿元，农村居民人均可支配收入仅为 134 元。[1] 所有这些都在
充分表明，如果不改革，中国农业生产力就难以提高，农民生产积极性
就难以释放，农民收入就难以得到持续的增长，农村面貌就难以得到根
本性的改变，整个农村地区也就会越来越缺乏动力和活力。

在这个决定中国经济社会发展前途命运的关键性时刻，党中央作出
了改革开放的重大历史性抉择。

中国改革是从农村开始的，1978 年安徽省凤阳县小岗村开始实施
"大包干"，也就是土地承包责任制，可谓"一石激起千层浪"。到 1982
年 1 月 1 日，中共中央批转《全国农村工作会议纪要》，指出农村实行
的各种责任制，包括小段包工定额计酬，专业承包联产计酬，联产到
劳，包产到户、到组，包干到户、到组等，都是社会主义集体经济的生
产责任制，反映了亿万农民要求按照中国农村的实际状况来发展社会主
义农业的强烈愿望。于是，家庭联产承包责任制在全国农村地区全面
推行，进而成为中国农村的一项基本经济制度固定了下来，一直延续
至今。

农村家庭联产承包责任制的全面实行，大大地解放了农业劳动力，
充分地释放了农业生产力，推动提高了农业生产经营的效率和效益，进
而增加了农民的收入，也改变了农业生产方式。在农村改革的深入推进
下，广大的农村地区再一次发生了以下五个方面的巨大变化。

1. 农业经营制度改变了

在实行农村家庭联产承包责任制之前，农业生产经营主要是由农
村集体经济组织统一进行的，例如，主要由生产队及生产大队来安排生
产经营活动，当然，有时候也会由人民公社来统一安排。在农村实行了

1　国家统计局编：《中国统计年鉴 2021》，中国统计出版社 2021 年版。

"大包干"或称之为"包产到户"之后，由于土地被承包给农民家庭，因此，农业生产经营权又回归到农民手中。在这种新的体制下，农业生产经营活动中的生产什么、怎么生产、农产品如何销售，全部由农民自主决定。因此，以往由集体经济组织统一组织生产经营的方式不复存在了，取而代之的是一家一户为主的农业生产经营活动。当然，随着我国农村改革深入发展和农业现代化不断推进，广大农村地区农业生产经营的组织化又出现了一些新的发展形式，例如，各类专业合作社、家庭农场、农业公司等纷纷破土而出，以新的形式提高了农业生产经营的组织化程度。

2. 农村基层组织改变了

随着中国农村改革的全面展开和不断深入，1958 年 7 月 1 日以后开始在全国农村设立的政社合一的人民公社，在 1983 年 10 月 12 日之后，终于退出了历史舞台。同时，在原来人民公社体制的基础上，又重建了乡（镇）人民政府的体制，而乡（镇）人民政府开始重新被确立为农村的基层行政单位。与以往人民公社、生产大队、生产队的三级体制相对应，全国农村地区分别建立起了乡（镇）人民政府、村民委员会、村民小组的三级体制，宣告农村基层组织的重新构建。这里需要特别说明的是，如今在全国农村里的"村"，实际上有两个含义，一个是自然村，另一个是行政村，而一个行政村可能包括若干个自然村，因此，村民委员会当然是指行政村的农村基层自治组织，而一个自然村可能就是一个村民小组。

3. 农产品销售体制改变了

在中国农村实行"包产到户"的初期阶段，"交够国家的，留足集体的，剩下都是自己的"成为农村广泛使用的口头禅。这句话的意思是：农民向国家和集体缴纳一定的税赋和提留后，剩下的全部归自己所有。换一句话来说，农民手中有了剩余农产品可以自行出售了，计划经济体制下的统购统销体制受到挑战。之后，随着农村和城市改革的深入以及社会主义市场经济体制的确立，一是农产品统购统销制度终于取消了，农民可以按照自己的意愿和方式销售自己生产的农产品，国家不再进行强力干预；二是农产品价格也终于全部放开了，从最早的计划价格，到计划价格和市场调节相结合，一直到全部按照市场经济规律确定价格，也就是由农民自己按照市场供求关系决定农产品的销售价格。

4. 农民收入分配改变了

在中国农村实行家庭联产承包责任制之后，农村的收入分配格局随之也发生了相应的变化。农民的收入分配，从农村改革之前以农村集体经济分配收入为主，又开始转变为以农民自主经营收入为主，以往的"工分"随之也成为历史的记忆。农民或农民家庭投入多少劳动和生产资料，都是由农民或农民家庭自己来决定，再不是由农村集体经济组织来决定，因此，农民或农民家庭产生多少收入，都是农民或农民家庭自主决策和自主经营的直接结果。当然，在现行的农村体制下，农民仍然是农村基层集体经济组织的一个成员，如果集体经济组织有经营收入并且进行分配的话，那么，作为集体经济组织成员的农民，也可以参与集体经济组织的收入分配。

5. 农业生产力改变了

改革开放确实对中国农村地区带来了十分巨大的变化，特别体现在"三个促进"上：促进了农业生产力的不断提升，促进了农民收入的逐渐提高，促进了农村社会的全面进步。当然，数据最能说明问题，2020年与1978年相比，农业即第一产业国内生产总值增长了75.34倍，农林牧渔业总产值增长了97.63倍，粮食产量增长了1.19倍，棉花产量增长了1.73倍，油料产量增长了5.87倍，水果产量增长了42.67倍，木材产量增长了0.99倍，橡胶产量增长了7.13倍，油菜籽产量增长了5.56倍，水产品产量增长了13.07倍，其中海水产品产量增长了8.22倍，淡水产品产量增长了 29.54 倍，农村居民人均可支配收入增长了 126.84 倍；
2020 年与 1980 年相比，全国人均猪牛羊肉产量增长了 3.11 倍，人均牛
奶产量增长了 19.33 倍。[1] 农业生产力变化之大，足见一斑。

三、新时代绕不开的"三农"问题

应该充分地认识到，自中国实行改革开放以来，农业获得了长足的
发展，农村面貌发生了相当大的变化，农民收入也得到了很大程度的提
高。但是，在中国全面实现现代化的发展进程中，以农业、农村、农民
为核心的"三农"问题仍然有许多难题需要破解，许多瓶颈需要攻克，
许多门槛需要跨越，许多改革需要进一步深化。

1. 农业，也需要推动供给侧结构性改革

农业供给侧结构性改革，无疑也是我国供给侧结构性改革的一个十
分重要的组成部分。从这个角度出发，农业供给侧结构性改革的本质就
是要创造新供给，满足新需求，引领新常态，推动新发展。在这个大前
提下，很有必要分析研究农业供给侧的结构性问题到底在哪里，并且在
此基础上寻找到改革的基本方向和具体对策。

从供给侧角度来看，尽管中国农业已经取得了很大的成绩，但
是，在未来发展中仍然存在着一些十分突出的、严重制约农业发展的、
具有结构性特征的问题。我认为，这些问题集中体现在以下六个"并
存"上。

第一，农产品数量上，供大于求和供给不足并存。具体来讲，在很
长时期内，全国农产品市场经常会出现这么一种现象，一些农产品出现
过剩现象，造成一些积压；而一些农产品呈现出供给不足态势，因此，

1　根据《中国统计年鉴 2021》数据计算。

需要通过进口来满足需求。实际上，不论是有的农产品过剩，还是有的农产品短缺，无非都是在表明，中国的农产品，在一定时间、一定范围、一定品种、一定程度上的供求失衡矛盾还始终存在着。

第二，农产品质量上，优质产品和低质产品并存。总的来看，中国农产品的品种越来越丰富，可谓琳琅满目、目不暇接，而优质农产品的数量也在不断地增多，但也应该清醒地认识到，确实还有一些农产品的质量仍然比较低，从而影响到农产品的市场竞争力以及附加值的进一步提高。在这个背景下，我们既要看到农产品的质量在不断提高，也要认识到农产品质量还有很大的提高空间。

第三，农产品市场上，稳定供应和上下波动并存。在全国农产品市场上，始终存在着一种最为典型的现象是：一些农产品经常会呈现出"多了多了，少了少了"现象，进而造成了农产品价格的剧烈波动。这种令人纠结的现实状况，几乎每年都会在一些农产品上不断地重演，不仅引起社会各界的广泛关注，而且给广大农民带来"冰火两重天"的感受，甚至有可能给相关的农民造成无法挽回的经济损失。

第四，农产品价格上，市场因素和竞争乏力并存。目前，除了受到市场供求关系影响造成一些农产品价格波动之外，由于国内农产品生产成本上升，再加上一些农产品收储政策的因素影响等，一些国内农产品的国内市场价格高于国际市场价格。例如，国内外主要粮食品种已经连续多年出现价格倒挂，国内粮食价格已经普遍超过国外粮食价格，在近二十年来的绝大部分时间里，中国稻谷的进口价格明显低于国内价格。[1]

第五，农业劳动力上，支撑不足和结构问题并存。从中国农业劳动力供给角度来看，由于大量青壮年农民纷纷离开农村，离开了农业生产经营第一线，涌向城市打工，尤其是新一代的农村青年进城之后，一些农村地区仅剩下了一些留守老人、儿童，以及一部分妇女，农业劳动力

1　李雪、韩一军：《粮食进口价差驱动特征分析及实证检验》，《华南农业大学学报》（社会科学版）2018 年第 17 期，第 57—68 页。

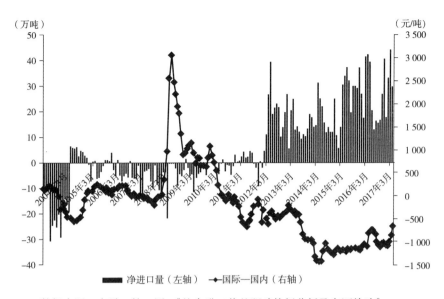

数据来源：李雪、韩一军：《粮食进口价差驱动特征分析及实证检验》。

图 6.1　稻谷产品净进口量与国内外价差变动

结构呈现出老龄化态势。这种现象，也被称为农村的"38、61、99"现象，难以支撑农业稳定发展。

第六，农业组织形式，新型模式和千家万户并存。近年来，尽管中国农业组织化程度已经有所提高，在农业生产经营中，各种类型的农业专业合作社、家庭农场、农业龙头公司等新型农业生产经营主体得到一定发展，推动了农业生产经营方式的转变和农业组织化程度的提高，但也应该看到，农村地区一家一户的分散经营方式仍然存在，而农业劳动生产率比较低下的状态仍然没有得到根本性的改变。

因此，在我们能够比较清醒地认识到我国农业供给侧方面存在着的主要问题和突出矛盾的前提下，应该进一步明确农业供给侧结构性改革的基本方向，进一步制定相应的针对性政策和措施，进而推动农业现代化进程。因此，我一直认为，从中国农业未来发展的整体趋势来讲，主要还是应该在以下七个"化"方面下好功夫。

第一，"现代化"。中国农业供给侧结构性改革的基本方向，就是要推动农业向着现代化方向不断迈进，使得传统农业能够真正向世界先进水平的现代农业转型。说到底，中国能否实现农业现代化，应该是衡量农业供给侧结构性改革成功与否的一个重要标准。当然，农业现代化不可能一蹴而就，必须持续地得到农业机械化、科技化、信息化、产业化、高素质农业劳动力，以及农业基础设施建设的综合支撑。

第二，"科技化"。中国农业现代化发展的根本出路，在于全力推动农业技术进步和推进农业科技创新，使得农业发展能够进一步增加技术含量，从而提高农产品的产量和质量，并且在此基础上进一步提升农产品的附加值和市场竞争力。因此，各级政府需要进一步制定完善科技兴农、科教强农的政策体系，增加农业的科技投入，大力培养农业科技人才，加快农业科技成果转化，为农业现代化提供有力的科技支撑。

第三，"信息化"。应该说，影响农产品供求关系进而造成市场波动的因素很多，但是，其中一个重要影响因素是市场信息的不对称。由于农产品生产的周期比较长，受到自然因素的影响也比较大，农业仍然还没有完全摆脱"靠天吃饭"的状况。因此，各级政府部门尤其是农业部门应该通过各种方式和渠道，向农业生产者提供必要的、及时的、精准的农产品市场信息。当然，农业发展还应该加快数字化转型，通过数字化为农业发展赋能。

第四，"市场化"。中国农业发展实践已经充分表明，在市场经济条件下，尤其是经济全球化的大背景下，农业政策应该以市场化发展为主要导向，尤其是推进农产品价格的市场化发展进程。例如，前几年中国玉米收储制度的改革，体现出"市场定价、价补分离、保障农民合理收益"的基本原则和改革取向，把市场机制、补贴政策、农民利益三者很好地结合起来，有利于推动化解玉米困局。

第五，"组织化"。农业组织化程度的提高，直接关系到中国农业生产经营的效率和效益，也直接关系到农业现代化的发展进程。当然，农业组织化的形式，各类专业合作社、家庭农场、农业龙头公司，以及专业合作社＋农户、公司＋农户、公司＋基地等，都是很好的组织方式，也有了很快的发展，使得中国农业的组织化程度逐年提高。但是，最为关键的，还是要因地制宜、因业制宜、因人制宜，更加尊重农民的意愿，发挥好农民的主体作用。

第六，"社会化"。中国农业组织化程度的提高，离不开社会化为农服务体系的全面支撑。就目前来看，农业发展中的社会化服务体系建设仍然还是比较薄弱的，需要更多地制定鼓励政策，形成必要的激励机制，充分发动社会力量、社会资本，构建起多层次、多形式、多服务的农业社会化服务组织，为农业组织化程度进一步提高创造条件和基础。例如，农业的科技服务、金融服务、市场服务、物流服务等，都需要得到相应的发展。

第七，"职业化"。中国农业生产经营组织化的推进，尤其需要培养一大批懂农业、有技术、善经营、能够适应农业现代化发展的未来新型农民，也就是目前经常说的职业农民。当然，中国职业农民队伍的发展壮大，需要比较长的时间，因此，应该结合农村改革的深入，以及土地制度改革和农田流转制度改革等方面的推进，做好顶层设计、搞好制度建设、加强职业培训，为农业现代化发展提供人力资源支撑。

2. 农村，迫切需要推进乡村振兴战略

改革开放以来，中国农村已经发生了一系列翻天覆地的变化，农村的交通条件、通信条件、生产条件、生活条件、居住条件等方面都得到了很大的改进。但也应该清醒地认识到，如今的中国农村确实也存在着不少的隐忧。主要表现在以下五个方面：

第一，农村地区出现部分空心化现象。

随着改革开放的深入推进，中国经济社会得到了快速发展。从总体上来讲，在这个发展过程中，尽管全国城乡居民的收入逐渐增加了，农村居民的收入水平和生活水平也得到了相应的提高，但还是应该看到，在广大的农村地区，农民仅仅依靠种地获得的收入已经不能满足其日益增长的物质生活和精神生活的需求，因此，大量的青壮年农民纷纷开始离开农村进入各类大大小小的城市务工，而"打工族"已经成为了农村转移劳动力的一个专用名词。在这种情况下，由于中青年农民离开了农村，一些农村地区就出现了空心化现象。

第二，农村出现留守儿童和留守老人问题。

大规模的青壮年农民外出打工之后，全国农村地区就出现了很多留守儿童、留守老人，当然也有一部分留守妇女。这个问题几乎在农村地区每个村里都还存在着，并且演变为一个十分棘手的社会问题。因此，这些年来，农村的老人养老问题、留守儿童的教育问题，也包括留守妇女的家庭问题等，都已经成为社会各界所广泛关注的焦点。当然，有的农民在城里打工赚了钱之后，也会接上老婆孩子到城里去生活和学习，有的甚至还带上了老人一起过日子。这种现象的存在，实际上还透露出一个十分重要的信息，那就是，一部分来自农村的农民在进入城市之后，更有可能再也回不到农村去了。

第三，农村出现土地资源浪费现象。

中国人有一句话："用脚投票。"由于去城市打工比在农村种地赚钱更多，因此，一些农民宁愿进城打工也不愿意种地赚钱，再加上城市有比农村更为完善的公共服务体系，当然会使得更多的农村青年人趋之若鹜。在这种情况下，在一些地方就出现了土地被不同程度抛荒的现象。在一般情况下，承包地确权之后有利于土地经营权的流转和集中种植经营，但是，也确实存在着承包地确权之后，有的农民反而不愿意把承包地流转出去的情况。这是因为，一些农民认为，土地确权之后就是自己的了，转租出去可能要不回来，再加上承包地的流转费也不高，所以宁可抛荒。不过，随着近年来农地流转制度的不断改革完善，土地抛荒情况得到了明显的好转。

第四，农村的基层治理难度增加。

大量青壮年农民的流失导致农村基层人才比较缺乏，不仅影响到一些农村基层干部的选拔，而且在一些农村地区，还容易出现基层治理涣散、社会失序的现象。目前，在一些农村的村级基层组织，基本上是依靠一些五六十岁的大龄农民来维持，组织管理能力显得不足。同时，由于农村基层民主水平所限，有的村里留下的能人很容易成为寡头式人物，把持了村级集体经济。在一些农民家庭，有的青壮年农民长期在外，造成家庭破碎，带来种种社会问题。同时，集体合作观念淡漠、农村精神生活比较匮乏等原因，使得支农扶贫政策缺少依托，并且影响了农村文明程度的提高。

第五，农村的纯农家庭收入普遍偏低。

在一些农村地区，如果纯粹地依靠一家一户的农业生产经营，没有非农收入的话，那么，这些农民家庭的收入一定是比较偏低的，要走向富裕也是比较困难的。2020 年，全国农村居民人均可支配收入为 17 131.5 元，其中，工资性收入 6 973.9 元，占 40.71%；经营净收入 6 077.4 元，占 35.48%；财产净收入 418.8 元，占 2.44%；转移净收入 3 661.3 元，占 21.37%。[1] 大家看看这些数据，应该可以基本明白了。同时，在农村地区，一些弱势家庭，包括残疾人、五保户、低保户等弱势群体家庭，生活状况就相对比较差。此外，还有农村地区的养老问题和医疗问题，尽管现在一些农村地区已经有了基本的养老保险和医疗保险，但毕竟保障水平还不是很高，因此，还是有一些农民的养老、治病等出现了一些困难。

2017 年 10 月 18 日，习近平总书记在党的十九大报告中指出，农业农村农民问题是关系国计民生的根本性问题，必须始终把解决好"三农"问题作为全党工作的重中之重，实施乡村振兴战略。同年 12 月 28 日至 29 日，中央农村工作会议提出了实施乡村振兴战略的目标任务和基本原则。按照党的十九大提出的决胜全面建成小康社会、分两个阶段实现第二个百年奋斗目标的战略安排，明确实施乡村振兴战略的目标任务是，到 2020 年，乡村振兴取得重要进展，制度框架和政策体系基本形成；到 2035 年，乡村振兴取得决定性进展，农业农村现代化基本实

1　根据《中国统计年鉴 2021》计算。

现；到 2050 年，乡村全面振兴，农业强、农村美、农民富全面实现。同时，实施乡村振兴战略，要坚持党管农村工作，坚持农业农村优先发展，坚持农民主体地位，坚持乡村全面振兴，坚持城乡融合发展，坚持人与自然和谐共生，坚持因地制宜、循序渐进。

2018 年 1 月 2 日，中共中央一号文件《中共中央国务院关于实施乡村振兴战略的意见》发布。同年 9 月，中共中央、国务院印发了《乡村振兴战略规划（2018—2022 年）》并发出通知，要求各地区各部门结合实际认真贯彻落实。

中国乡村振兴要按照"产业兴旺、生态宜居、乡风文明、治理有效、生活富裕"的总要求，建立健全城乡融合发展体制机制和政策体系，加快推进农业农村现代化。实施乡村振兴战略是全面建成小康社会、全面建设社会主义现代化强国的必然要求。因此，深入理解乡村振兴战略的总要求，才能科学制定战略规划，走好中国特色社会主义乡村振兴道路。

怎么贯彻落实好乡村振兴"二十字"的总要求呢？在此，我可以给大家讲一些具有方向性、趋势性的想法和观点。

第一，农村产业如何兴旺？

关键是要构建现代化农业的产业体系、生产体系、经营体系。从总体把握上来看，这三大体系相生相伴、缺一不可，并且可以共同构建成为中国现代化农业的体系支撑。首先，在产业体系构建方面，除了要提高农业生产效率和经营效益之外，关键要推动农业的"接二连三"，也就是推动农村的一、二、三产业的融合发展，形成具有乡村特色、符合乡村特点的产业结构和产业布局。其次，在生产体系构建方面，关键在于根本改变农业"靠天吃饭"的局面，推进农业现代化进程，增加农业科技含量，提高农产品质量和附加值。同时，要推动"互联网＋现代农业"和数字化的发展进程，充分利用农业物联网、大数据、人工智能、农村电商等改造和培育农村的产业链供应链，形成农村产业发展的新天地。再次，在经营体系构建方面，关键是要提高农业生产经营的组织化程度，改变一家一户的生产经营方式，通过土地流转发展农业适度规模经营，以种养大户、专业合作社、家庭农场、农业龙头企业等新型经营主体为骨干构建起新型农业经营体系。

第二，怎么才能生态宜居？

关键是要推动以产业、环境、文化为核心的农村绿色发展。首先，在绿色产业发展方面，除了要推动农业清洁化生产之外，还要充分发挥农村"绿水青山就是金山银山"的生态优势，积极发展休闲农业、观光农业、乡村旅游、民宿经济、农村电商等农村新业态、新模式，真正把农村各类要素充分调动起来，把农村三次产业充分地融合起来。这是因为，单纯依靠农业很难富裕农民，因此，有必要把生态农业与创意农业、乡村旅游结合起来，把休闲观光农业发展起来，把农村建设成为养生养老的地方，把田园变为乐园，农房变为客房，农产品变为旅游产品，有效提升农业的溢价能力。其次，在农村环境建设方面，生态宜居的美丽乡村，离不开比较完善的基础设施，因此，要增加农村基础设施建设的投入，优化美化村容村貌，改善农民的生活环境，将农村打造成为人与自然、人与人和谐共生的美丽家园，让城乡居民能"看得见山，望得见水，留得住乡愁"。再次，在传承农耕文化方面，由于农业与工业及服务业的差异是产业性质和特征所决定的，而农村的自然生态和自然风貌当然也应该同城市有所差异，这就提醒我们，如果机械地用城市文明代替农村文明，就有可能把农村搞成"城不城、乡不乡"，似乎也要吃"夹生饭"了，因此，应该把农村建设得更像"农村"。

第三，如何做到乡风文明？

关键是要形成推动农村乡风文明建设的两大抓手，也就是村规民约和文化兴盛。应该充分地认识到，乡风文明建设既是乡村振兴的重要内容，也是乡村振兴十分重要的推动力量和精神基础。首先，是要抓好村规民约。鉴于目前中国农村基层的现状，在农村地区十分需要积极地开展以改陋习、树新风为主要内容的乡风文明建设活动，尤其要推动各个农村基层组织通过修订完善《村规民约》、签订文明协议、推行《村民公约》、移风易俗、树立典型等方式，大力宣传农村的文明新风。其次，是要抓好文化兴盛。农村的乡风文明还需要走乡村文化兴盛之路，要鼓励更多文化资源进入农村，构建农村公共文化服务体系，丰富乡村文化活动内容，让更多的农民可以方便地在家门口获取文化服务和文化产品，进而激发农村发展的活力和潜力，更好地满足他们的文化需求。当然，也需要把农村地区的乡土文化传承下去，增强对一些传统乡土文化的认同感，让历史悠久的乡土文化，在新时代也能够更好地焕发出新的魅力和风采。

第四，治理有效依靠什么？

关键是要推进乡村治理体系和治理能力现代化。毫不夸张地说，乡村治理是乡村振兴的重要保障，并且直接影响到乡村振兴的成效。总体来讲，在农村应该建立健全自治、法治、德治相结合的乡村治理体系，走乡村善治之路，加快实现乡村治理体系和治理能力现代化。首先，在农村基层，要进一步强化民主意识、民主决策、民主管理、民主监督，做到大家的事大家办，尤其要发挥好乡村基层党组织的主心骨、领头雁的作用，让党员的身影能够自然地活跃在农村生产生活的各个环节。其次，要加强农村基层的法律服务，逐步完善农村法律服务体系和多元化纠纷解决机制，争取将大量的矛盾纠纷化解在基层，消除在萌芽状态。近年来，针对农村地区的各种涉农犯罪、乡村治理难题，不仅司法机关打击力度日益增强，而且农村法律服务体系和多元化纠纷解决机制也在逐步完善。与此同时，还要通过各种方式积极地引导村民学法、懂法、守法、用法，并且用法律武器维护自身合法权益。

第五，怎么让农民富起来？

关键是要抓住能够使得农民富裕的三个主要途径。要使乡村振兴，农民生活富裕是根本，着力点在于拓宽农民增收渠道，提高农村民生保障水平。主要途径无非是三个方面。首先，是要通过农业提质增效，提高农业经营收入。对大多数农民来说，农业仍然是增收致富的根本，因此，要进一步扩大农业功能，推动农业融合发展，例如，农村电商、乡村旅游、休闲农业、精品农业、新型农业经营主体等一批新产业、新业态、新主体在农村地区的广泛兴起，都可以扩大农业增收的空间。其次，是要通过农民转移就业，提高工资性收入。除了要继续深化户籍制度改革，促进有条件、有意愿、在城镇有稳定就业和住所的农业转移人口在城镇有序落户，依法平等享受城镇公共服务之外，还需要大力发展乡村文化、科技、旅游、生态等特色产业，振兴农村传统工艺，培育一批家庭工厂、手工作坊、乡村车间，鼓励在乡村地区兴办环境友好型企业，实现乡村经济多元化，提供更多就业岗位。当然，增加一些具备条件的农民家庭财产性收入，也是一个办法。再次，是要通过发展壮大农村集体经济，提高农村集体经济分配收入。乡村振兴，既要立足于富农户，又要立足于发展壮大农村集体经济，农村集体经济发展好了，不仅有利于增加农民的集体经济分配收入，也有利于推动实现农民的共同富裕。

当然，乡村振兴还必须推进城乡发展一体化发展。其关键，必须坚持"工业反哺农业、城市支持农村"的基本方针，协调推进新型城镇化和乡村振兴工作，加快形成以工促农、以城带乡、工农互惠、城乡一体的新型工农关系和城乡关系，努力缩小城乡之间的发展差距。其中，尤其要完善农村基础设施建设投入和建管机制，要加快形成新型城镇化和乡村振兴双轮驱动机制，要推进形成城乡基本公共服务均等化的体制机制，要进一步健全有序推进农业转移人口市民化的体制机制等。

3. 农民，"三农"问题的核心

农业、农村，最后的落脚点还是在于农民。农业发展和农村振兴，都离不开农民，都与农民的切身利益息息相关。从以人为本的高度来认识，农民问题实质上就是"三农"问题中的最核心问题。因此，高度重视农民问题，推动实现农民致富，依法维护农民权益，切实保护农民利益，应该成为解决"三农"问题的重中之重。

当前，什么是农民问题？最主要的问题，应该是经济问题，也就是农民的收入问题和社会保障问题。如果农民收入和社会保障水平能够得到不断的提高，那么，其他的一系列问题也许就比较容易迎刃而解。当然，有效保护农民的权益和利益、提高农民的文化素质，也是农民问题中的一些关键性问题，迫切需要得到进一步的化解。

我认为，从目前以及未来一个比较长的时期内，以下三个关键环节对于有效化解农民问题十分重要。

第一，要有效提高农民收入和社会保障水平。

应该清醒地认识到，只有农民收入得到了持续的提高，才能真正地把农民留在农村，才能真正地让农业得到繁荣发展，才能真正地让乡村振兴具有更加坚实的微观基础。因此，一方面要千方百计地增加农民收入。要通过进一步优化农业生产经营结构、推动农业规模化产业化经营、积极发展劳务经济等方式和途径，切实提高农民的农业生产经营收入，以及农民的非农就业收入。另一方面，还要积极创造条件解决好农民的后顾之忧。要进一步建立健全农村的社会保障体系，减轻农民的各项负担，进一步提高农民的社会保障水平；要进一步增强农村公共服务的能力，进一步提高农村公共服务的能力和水平，让农民能够更多地享受农村公共服务带来的好处。

第二，要有效保护农民的权益和利益。

如果农民的权益得不到维护，农民的利益得不到保护，那么，农民问题就不可能得到真正的解决，并且一定会影响到农业问题和农村问题的化解。因此，首先，要从法律层面上维护好农民的权益，保护好农民的利益，要加强法律法规的宣传，加大执法力度，还要让农民能够知法、学法、懂法，用法律来保护自己的合法权益和利益。其次，要从政策层面上维护好农民的权益，保护好农民的利益，要稳定农村的基本政策，贯彻落实各项涉农的政策措施，充分保护农民的生产经营积极性，保障农民的民主权利，发展农村生产力。最后，还要从发展环境上维护好农民的权益，保护好农民的利益，让农民能够公平、公正、公开地参与市场经济活动，让农民在缩小城乡差异和推动城乡融合发展中共享成果等。

第三，要有效提升农民的文化素质。

农业的发展、农村的繁荣、农民的富裕，都离不开农民文化素质的提升。在这个方面关键要抓住两头：一头是要增加农村教育投入，提高农村教育质量。目前，教育是影响和制约农村经济社会发展和农民收入的重要因素，尤其是在一些偏远农村地区的村落，教育资源相对比较匮乏，农村孩子上学存在着路途比较远的困难，而在农村基层实施优质教育就难上加难了。因此，要进一步增加农村教育投入，配置优质教育资源下农村，改善和提高农村教育质量。另一头，是要增加农民的人力资本投入，构建形成全方位的教育培训网络，强化对农民的教育培训和技能培训，提高农民的科技素质和职业技能，培养造就一批适应现代农业生产经营的新一代农民，以及在非农就业岗位上具有一定竞争力的劳动者。

四、不得不说，农村的"三块地"

中国的土地归谁所有？恐怕不是每一个中国人都已经搞得十分清楚的问题。在现实经济社会生活中，我曾经问过很多人这个问题，一般的回答基本上可以归纳为"中国的土地，归国家所有"，显然，这个答案是不正确的。这也充分说明，在城市中工作和生活的很多人，对中国的土地制度和农村情况，实际上是不甚了解的。

实际上，中国的土地所有权是两种所有制并存的社会主义土地公有制，也就是国家土地所有权和农村集体土地所有权，自然人不能成为土地所有权的主体。2020年1月1日实施新修订的《中华人民共和国土地管理法》第9条规定："城市市区的土地属于国家所有。农村和城市郊区的土地，除由法律规定属于国家所有的以外，属于农民集体所有；宅基地和自留地、自留山，属于农民集体所有。"[1]通俗地讲，城区的土地归

---

1 参见《中华人民共和国土地管理法》。

国家所有，农村的土地归农民集体所有。

这就是中国土地所有制的现实架构。

接下来，我们再来看看农民集体所有的农村土地。在一些媒体上和一些文章中，大家有时候还会看到农村"三块地"的说法。你可能会问，究竟是哪"三块地"？简而言之，第一块是农用地，也就是农民的承包地；第二块是宅基地，主要用于农民家庭盖生活住房；第三块是集体建设用地，主要用于建造一些农村集体的公共设施或经营设施。

那么，随着中国土地制度不断地改革完善，如何推进农村"三块地"的改革呢？

1. 农用地，主要探索实行"三权分置"改革

何为农用地的"三权分置"改革？三权主要是指：农用地的所有权、承包权、经营权。三权分置主要是指：农用地的所有权归集体，承包权归农户，经营权归经营者。这里还需要特别说明一下，农民家庭的农用地，常常也被人们称为承包地。这样，农用地"三权分置"改革的主要内涵就是：在农民家庭农用地的所有权和承包权不发生改变的前提下，农民家庭农用地的经营权可以进行转移。

为什么要采取这种改革方式？一方面，随着我国新型工业化、城镇化的深入推进，大量的农民纷纷离开了农村，并且开始转向各类城市非农产业的就业，在这种情况下，如果这些已经"离土离乡"农民承包地的经营权不能进行让渡，那么，很多农民承包地由于没有人去生产经营，最后只能选择撂荒。另一方面，农业的规模化生产经营是推动农业现代化的一个重要基础，如果一家一户的农民承包地经营权不能进行让渡，那么，一些愿意扩大农业生产经营规模的农业经营者，由于不能增加土地规模经营，只能束手无策，而农业的规模化、产业化发展也就变成"空中楼阁"。

如今，农用地实行了三权分置改革之后，农村就出现了"土地流转"这个名词。实际上，"土地流转"也就是指农民家庭农用地经营权

的流转，目前，土地流转不仅成为农业发展领域的高频词，而且已经有越来越多的农民把承包地流转出来，使承包地逐渐集中到农业种植大户、农业专业合作社、家庭农场、农业龙头企业，直接推动了农业规模化生产经营。因此，农用地的三权分置改革，很好地解决了拥有土地承包权的农民不再种地，而种地的人又没有相应土地经营权的问题，也使得拥有土地承包权的农民得到了土地流转的收入，而拿到流转土地的农业经营主体因此扩大了农业的生产经营规模。同时，这种改革方式，还可以真正地做到承包户能够放心地流转土地，而承包地经营者也能够放心地投资土地。

2. 宅基地，有望迈出"三权分置"改革步伐

所谓农村的宅基地，主要是指农村的农户或个人用作住宅基地而占有、利用本集体所有的土地，从土地性质和用途上来说，农村的宅基地属于集体建设用地，主要用于建造农民生活住房。一般来讲，农村的宅基地有三种类型。第一种是已经建设房屋、建过房屋，或者决定用于建造房屋的土地；第二种是已经建设房屋的土地、建过房屋，但已无上盖物或不能居住的土地；第三种是准备建房用的规划地。

如果结合目前的土地制度，我们可以从中清楚地看出，中国农村宅基地的主要特点，一方面是与农民有关，与房屋有关；另一方面是与城市商品房相比，农村宅基地上的房屋不能上市，也就是不能交易。

但实际情况是，由于大量的农村人口陆续流入城市，农村出现了大量的闲置宅基地及农民生活住房，而一些城市居民进入农村"购买"了一些闲置的农民房屋，于是，社会上也就有了"小产权房"之说。实际上，按照现有的法律法规，城镇居民是不能在农村购置宅基地和农民住宅的，因此，应该算作租赁比较合适。

在这种背景下，中国农村宅基地改革开始提上议事日程，并且已经进入改革试点阶段。

改革的基本方向，一是要探索农村宅基地所有权、资格权、使用权

"三权分置"为重点的农村宅基地制度改革。具体来讲，要落实好宅基地集体所有权，保障好宅基地农户资格权和农民房屋财产权，适度放活宅基地和农民房屋使用权。二是要严格落实"一户一宅"制度。对于农村的村民，每一户只能拥有一处宅基地，即一户一宅、户有所居，其宅基地的面积不得超过省、市、自治区规定的标准。对于一户多宅，原则上保留一处，多余的可有偿退出，新增宅基地则要有偿使用。三是对已经进城落户的农民，各地可以多渠道筹集资金，探索通过多种方式鼓励其依法自愿有偿退出宅基地。四是推动农村宅基地使用权的流转。农村宅基地使用权的流转方式包括转让和出租，但是，宅基地使用权转让须在征得宅基地所有权人同意的前提下，在村集体经济组织内部进行，且受让人须为符合宅基地申请条件的村民。五是鼓励盘活利用农村闲置宅基地和闲置住房。例如，利用闲置住房发展符合乡村特点的休闲农业、乡村旅游、餐饮民宿、文化体验、电子商务等新产业、新业态，利用闲置住房发展农产品冷链、初加工、仓储等一、二、三产业融合发展项目等。六是开展农村"两权"抵押试点。这主要是指，要开展农村承包地的经营权和农民住房财产权抵押贷款的试点工作，这是金融服务"三农"的一个重要突破。

3. 集体经营性建设用地，实行与国有土地同等入市、同权同价

农村集体建设用地可以分为三大类：除了上述的宅基地之外，还有公益性公共设施用地和经营性用地。集体建设用地，又可以分为公益性和经营性两种类型。长期以来，在中国任何单位和个人使用土地必须使用国有土地，城镇开发建设用地占用农村土地必须先经过征收，集体土地被禁止直接参与城镇开发，而农村集体建设用地不能入市交易。于是，土地市场上便有了"征地"的概念，通过"征地"，把农村集体土地转变为国有土地，接下来就可以令其直接上市了，因而也被诟病为"同地不同权、不同价"。

在这种土地制度安排下，必然就出现了很大的利益冲突。举一个不

恰当的例子，一亩农村集体土地，通过"征地"变成了国有土地。之后，一方面政府给予农村各项"征地"补偿费等共计30万元，另一方面政府通过"招拍挂"程序把这亩土地拍卖了出去，拍卖价格是100万，也就是土地出让金100万元，政府得到净收入70万元。这种做法是合法的，但一定不太合理，同时，一些地方政府就因此吃上了土地财政饭。根据一些研究测算，在农村土地征地过程中，农民补偿金额仅占土地增值收益的5%—10%，村集体占25%—30%，政府占60%—70%。[1]

一直到2013年11月，中国共产党十八届三中全会发布的《中共中央关于全面深化改革若干重大问题的决定》指出，要建立城乡统一的建设用地市场。在符合规划和用途管制前提下，允许农村集体经营性建设用地出让、租赁、入股，实行与国有土地同等入市、同权同价。由此，中国城乡土地制度改革开始向着纵深方向迈进了。

2019年8月26日，第十三届全国人大常委会第十二次会议表决通过了关于修改《中华人民共和国土地管理法》的决定，自2020年1月1日起施行。此次修订《中华人民共和国土地管理法》的一个核心内容，就是用立法的形式允许农村集体经营性建设用地入市。

应该充分地认识到，这是一个十分重大的土地制度改革创新，取消了长期以来农村集体建设用地不能直接进入市场流转的城乡二元体制，为推动城乡一体化发展扫除了制度性的障碍。也可以说，这是中国进一步走向集体土地与国有土地"同地同权同价"的巨大进步。

1　廖霞林、罗志鹏：《城镇化进程中土地征收增值收益分配机制研究》，《人民论坛》2014年第A12期，第3页。

第七讲 工业：从制造大国走向制造强国

工业，历来是一个国家尤其是一个大国的立国之本。一个大国，如果没有强大的制造业支撑，是难以想象的，也是难以为继的。从近代以来，一直到新中国成立初期，中国经济可谓一穷二白。实际上，这个"白"，其中的重要内涵之一，就是工业基础非常薄弱，而制造业发展也很不充分。

这里，还有一个概念需要说明一下，制造业不等同于工业，工业也不等同于第二产业。这是因为，按照统计分类，第二产业包含工业和建筑业，而工业又包括采掘业、制造业、自来水、电力、蒸气、热水、煤气。在很多时候，很多人把工业和制造业混淆起来讲，工业似乎就等同于制造业了。

从近代来看，中国一直是农业大国。之所以这么说，是因为在全国的国民经济组成部分中，农业比重比较高，而工业比重比较低，更谈不上具有完整的工业体系和产品体系。数据显示，1949 年新中国的第一、二、三产业占国民收入的比重分别为 68%、13%、19%。[1] 如果在第二产业中剔除了建筑业，工业比重更是低于 13%。

那么，中国工业化为什么发展这么迟缓？应该说，在 20 世纪初推翻了清朝统治之后，中国在很长一个时期内，实际上一直是处于战争状

1 　郭旭红、武力：《新中国产业结构演变述论（1949—2016）》，《中国经济史研究》2018 年第 1 期。

态的，军阀混战、北伐战争、抗日战争、国内战争等，使得国家的工业化进程受到了一定程度的影响。

这时候，你就会发现，在新中国成立之前的中国，由于民族工业很不发达，在市场上的很多工业品，要么是进口的，要么是在华洋人的工业企业生产的。老一辈的中国人都知道，那个时候，很多商品的名称前面都会跟着一个"洋"字，比如，火柴叫洋火，肥皂叫洋碱、铁钉叫洋钉、水泥叫洋灰、蜡烛叫洋蜡烛，还有洋油、洋布、洋服、洋车等，很多日常生活用品都是舶来品。这充分说明，尽管中国存在着一些制造业的工厂，民族工业也有所萌芽和发展，但从总体上来看，工业基础仍然相当薄弱，更没有比较完整的工业体系和产品体系。

一、新中国工业化起步

新中国成立之后，一个十分重要而又紧迫的任务就是要迅速地恢复工业生产，并在此基础上推进国家的工业化进程，但刚刚开始时，确实还是非常窘困。这主要是因为：一是在新中国成立之初，由于一些资本主义国家对中国实行了全面封锁，迫使我们只能通过自力更生来解决工业化问题；二是在新中国成立之前，主要由民族资本家经营的各类工业企业，需要考虑如何在新中国成立之后，能够比较顺利地走上社会主义工业化道路。

1. 工业化的两条路径

如何推进新中国的工业化？这是摆在新生的社会主义中国面前的一个重要挑战。我一直认为，主要是通过两条路径推进工业化，这两条路径，或并行，或先后，使全国的工业化得以不断地展开。

第一条路径，调整稳定存量工业发展。

应该说，新中国成立之初，全国还存在着一定的工业存量。例如，上海解放时有私营工厂 20 164 家，雇用职工 42.83 万人，在全国私营工业中，工厂数量占 16.37%，年产值占 36.01%，职工人数占 26.06%。[1]因此，新中国的工业化起步，完全可以把原来的民族工业基础充分地利用起来，从而发展成为新中国的工业。

怎么做？主要是通过手工业和工商业社会主义改造，使得原来的工业企业转变为具有社会主义性质的工业企业。在新中国成立初期，一方面通过没收官僚资本建立起一些国营工业企业，开始逐渐投入工业生产。另一方面通过对手工业实行社会主义改造，使其走上了合作化道路；通过公私合营的方式对民族资本主义工商业实行了社会主义改造，使其走上了国有化道路。一句话，就是把以往工业领域的私有制经济改造成公有制经济，也就是改造成国有工业企业或集体所有制工业企业。

这样，新中国成立之后，我国不仅很快地恢复了工业生产，工业经济也有了一些新的发展。

第二条路径，积极推动增量工业发展。

新中国成立后，积极推动工业化进程成为国民经济发展的重要抓手。在经过恢复国民经济时期之后，与 1953 年中共中央提出过渡时期总路线并开始"一化三改造"相并行，新中国开始编制作为国民经济计划重要部分的长期计划，也就是"五年计划"，为国民经济规划发展方向和远景目标，对国家的重大建设项目、生产力布局、国民经济重要比例关系等作出整体部署。

全国的第一个五年计划，简称"一五"计划，时期为 1953 年至 1957 年。这个五年计划时期，差不多与过渡时期总路线的实施时间相重叠，不仅实现了国民经济的快速增长，而且为推进工业化奠定了初步的基础。根据党在过渡时期总路线的总体要求，"一五"计划确定了集中主要力量进行以苏联帮助我国设计的 156 个建设项目为中心、由 694 个大中型建设项目组成的工业建设，进而建立起社会主义工业化初步的

1　上海社会科学院《上海经济》编辑部编：《上海经济 1949—1982》，上海人民出版社 1983 年版。

基础。[1]

实际上，在开始建设的一系列重大工业项目中，绝大部分都是当时中国经济发展比较紧缺的重工业项目，其中有一些重大项目，至今仍然发挥着重要作用。

2. 工业化遭遇严重波折

当然，新中国在工业化的进程中也出现过一些波折，1958 年开始的"大跃进"运动就是最典型的事件。例如，由于钢铁是最重要的工业生产原料之一，而当时中国的钢铁产量比较低，远远不能满足工业化发展的需要。怎么办？在全国曾经掀起了"全民大炼钢铁运动"，突出"以钢为纲"，带动其他行业的"大跃进"，涉及交通、邮电、教育、文化、卫生等事业，进而把"大跃进"运动推向了高潮。在此期间，全民热情高涨并且纷纷参与到这个运动中去，老百姓把家里凡是用钢铁做的物件全部拿出来去炼钢，甚至是铁锅、铁门、铁窗框等也都拿出去炼了钢。由于老百姓不懂技术，再加上没有专门的设备，其结果可想而知，不仅炼出来都成了废钢，而且也浪费了大量的社会资源。以工业"大跃进"带动各个行业的"大跃进"，以及农业的"大跃进"和人民公社化运动，由于严重地违背了客观规律，拔苗助长，结果造成了资源浪费，冲击了正常生产。与此同时，又发生了三年自然灾害，使得整个国民经济发生了比较严重的困难。

接下来，1961 年 1 月，党的八届九中全会对国民经济进行调整，大力缩短了基本建设战线，压缩了重工业生产，对有的工业企业坚决实行关停并转，到 1965 年底国民经济调整基本完成的时候，原油、原煤、钢铁等主要工业产品产量与 1956 年相比都有大幅度的提高，包括很多工业消费品产量同样有较大幅度的增加，使得市场供应比较充足，物价也比较稳定。数据显示：1965 年与 1956 年相比，全国工业总产值从

1　李颖：《细节的力量：新中国的伟大实践》，上海人民出版社、学林出版社 2019 年版。

349 亿元增加到 1 402 亿元；1965 年与 1957 年相比，原油产量从 146 万吨增加到 1 131 万吨，原煤产量从 1.31 亿吨增加到 2.32 亿吨，成品钢材产量从 415 万吨增加到 881 万吨，发电量从 193 亿千瓦小时增加到 676 亿千瓦小时，天然气产量从 0.7 亿立方米增加到 11 亿立方米。[1] 这充分表明，经过国民经济调整，我国的国民经济困难状况已经得到了根本性的扭转。

正当我国克服国民经济的严重困难、完成国民经济调整任务，并于 1966 年开始执行国民经济第三个五年计划的时候，长达十年的"文化大革命"发生了。在此期间，国民经济发展缓慢，主要比例关系失调，经济管理体制僵化，对工业发展产生了影响。但是，在党和人民的共同努力下，"文化大革命"的破坏受到一定程度的限制，生产系统未被全部打乱，再加上 1961 年开始实行的五年调整给国民经济发展打下比较好的基础，全国工业化在艰难中仍然取得一定的进展。如果没有"文化大革命"，工业化会取得更大成就。

3. 应该记载的"三线"建设

在中国进入 20 世纪 60 年代的历史时期，还有一件比较大的事情，也是需要予以叙述的。当时，为了加强战备需要，在全国工业化发展进程中又开始实施了一项十分重要的战略举措，那就是开展了"三线"建设，包括"大三线"和"小三线"的建设。

"三线建设"是中央于 20 世纪 60 年代中期作出的一项重大战略决策。其主要背景有两点。一是为了应对国际形势严峻局面。那个时候，由于中国面临的国际局势日趋紧张，尤其是中苏交恶，发生了一系列外交、军事上的摩擦，使得完全处在苏联面前的东北重工业的安全风险陡然上升；而在东部沿海地区，美国对中国也是虎视眈眈，不断挑衅，增强对东南沿海的攻势，使得以上海为中心的华东工业区完全暴露在美国

---

[1] 国家统计局编：《中国统计年鉴 1999》，中国统计出版社 1999 年版。

航空母舰的攻击范围中，产业发展的安全性受到挑战。因此，出于产业安全考虑，就需要把原来工业区的一部分工业产能疏散出去。二是为了相应调整工业布局。由于地理因素和历史发展的成因，当时，中国70% 左右的工业制造能力都分布在东北地区和东部沿海地区，从军事角度来看，这种工业布局也显得非常脆弱，一旦战争开始，中国工业将可能很快陷入瘫痪状态。因此，为了加强战备，需要改变中国的生产力布局，使得工业生产力进行由东向西转移的战略大调整，而建设的重点在西南、西北地区，进而能够保持中国工业化进程不至于因战争被彻底打断。[1]

　　在此大背景下，从 1964 年起，中央决定在我国建设第二套完整的国防工业和重工业体系，并且将国防、科技、工业、交通等生产资源逐步迁入"三线"地区。这样，在中国中西部地区的 13 个省、自治区进行的一场以战备为指导思想的大规模国防、科技、工业和交通基本设施建设，成为中国经济尤其是工业化发展史上一次极大规模的工业迁移过程。

　　从当时的中国行政区划来看，所谓"三线"，一般是指当时经济相对发达且处于国防前线的沿边、沿海地区向内地逐渐收缩划分的三道线。一线地区主要是指位于沿边沿海的前线地区；二线地区主要是指一线地区与京广铁路之间的安徽、江西，以及河北、河南、湖北、湖南四个省的东半部；三线地区主要是指长城以南、广东韶关以北、京广铁路以西、甘肃乌鞘岭以东的广大地区，主要包括四川（包括重庆）、贵州、云南、陕西、甘肃、宁夏、青海等省区，以及山西、河北、河南、湖南、湖北、广西、广东等省区的部分地区。其中，处在西南区位的川、贵、云和西北区位的陕、甘、宁、青被俗称为"大三线"，而一、二线地区的腹地被俗称为"小三线"。

　　按照省一级行政区划来讲，一线地区主要为：北京、上海、天津、

1　陈夕：《中国共产党与三线建设》，中共党史出版社 2014 年版。

黑龙江、吉林、辽宁、内蒙古、山东、江苏、浙江、福建、广东、新疆、西藏；三线地区主要为：四川（包括重庆）、贵州、云南、陕西、甘肃、宁夏、青海7个省区，以及山西、河北、河南、湖南、湖北、广西等省区的腹地部分，共涉及13个省区；介于一、三线地区之间的地区，就是二线地区。

从1964年至1980年，在贯穿三个五年计划的16年中，国家在属于三线地区的13个省、自治区的中西部投入了占同期全国基本建设总投资40%左右的2 052.68亿元巨资；400万工人、干部、知识分子、解放军官兵和成千万人次的民工，打起背包，跋山涉水，来到祖国大西南、大西北的深山峡谷、大漠荒野，风餐露宿、肩扛人挑，用艰辛、血汗和生命，建起了1 100多个大中型工矿企业、科研单位和大专院校。[1] 在此，我想告诉大家的是，我的父亲就是在1966年成为全国"三线"建设大军中的一员，从三十岁出头离开上海开始"支内"，一直在湖北山区工作，到退休才返回上海与家人团聚。

应该说，中国"三线"建设重大战略的实施，为增强我国的国防实力，改善全国生产力布局以及中西部地区工业化作出了极大的贡献。与此同时，从全国来看，由于三线地区的社会经济发展相对比较落后，工业化发展的综合支撑能力也相对比较薄弱，因此，一些在三线地区建设起来的企业单位，在改革开放之后，尤其是实行市场经济体制以后，在很长一段时期内经营发展都出现了一些困难。

4. 基本建立起比较完整的工业体系

总之，从新中国成立一直到改革开放之前，尽管中国工业化开始了新的起步，但在发展过程中出现过一些波折，甚至出现过停滞状态，而生产力结构和产业布局也不尽完善，工业品短缺状况也依然比较严重，因此，那个时代的物资都比较匮乏，很多日用品和工业品都需要票证才

1　田姝：《三线——一个时代的记忆》，《红岩春秋》2014年第9期，第5页。

能购买，因而形成了比较典型的"票证经济"。例如，买布要票证、买手表要票证、买自行车要票证，当时，年轻人结婚所需要的很多物品，几乎都需要票证才能买到的，因此，怎么弄到各种票证，无疑成了婚礼中的头等大事。

对于票证经济，有些人认为主要是实行计划经济的结果，实际上，根子还是在于工业化发展程度不够，使得工业品非常缺乏，所以才需要凭借票证来满足人们低水平的需求。其实质是反映了人民群众日益增长的物质需求和物质生产水平较低的矛盾。

尽管如此，从新中国成立一直到改革开放之前，在面临国际封锁和国际环境比较紧张的情况下，中国还是自力更生地推动了工业化发展进程，基本上建立起了相对比较完整的工业体系，从而在根本上改变了中国"一穷二白"的落后面貌，取得了一系列重大的工业化发展成果，尤其是中国自行制造的第一颗原子弹于 1964 年 10 月 16 日在新疆罗布泊爆炸成功，打破了超级大国的核垄断。之后，1967 年 6 月 17 日中国第一颗氢弹空爆试验成功，1970 年 4 月 24 日中国第一颗人造卫星发射成功。中国这"两弹一星"令全世界刮目相看。

二、改革开放以后工业化特点

1978 年 12 月 18 日至 22 日，中国共产党第十一届中央委员会第三次全体会议在北京举行。从此，中国进入了改革开放的新时期，工业化发展进程开始明显加速，工业化力量明显增强，工业化水平逐年提升，工业产品日趋丰富，并且彻底告别了昔日的短缺经济时代。

1. 工业化的四股力量

自改革开放之后，中国工业化进入了一个快速发展的历史阶段，进而发展成为全球的制造大国。从时间序列来看，主要有四股力量不断地推动了改革开放之后中国工业化发展进程，或者说，在改革开放之后，中国工业化发展主要存在着四条路径。

第一股力量：农村改革，推动了农村工业化。

1978 年之后，中国的改革率先从农村取得了重大突破。农村全面推行了家庭联产承包责任制，不仅极大地释放了农业生产力，大大提高了农业的生产效率和经营效益，而且，由于解放了农业剩余劳动力，不仅为农村工业化蓬勃发展创造了十分重要的基础，也为之后各类规模的城市经济社会发展提供了充沛的劳动力。

在这波澜壮阔的历史发展背景下，中国农村出现了一个令世人刮目相看的特殊经济现象，那就是，当时被称为乡村工业或乡镇企业在广大农村地区，尤其是东南沿海地区蓬勃发展了起来。在那个年代，农村工业化开始全面兴起，可谓"处处点火，村村冒烟"，或者"村村点火，户户冒烟"，甚为壮观，至今还令人津津乐道的浙江温州模式和江苏苏南模式都是那个时代的典型范例。还有，不少城市中的大量技术人员以"星期日工程师"的自发形式，大量的退休工人以民间形式涌入一些小城镇和乡村，为这些区域的小城镇与农村工业化进程提供了技术、管理、市场、信息等方面的重要支撑。如此，这种"离土不离乡"的乡镇企业，在规模和速度上以快于城市工业的速度得到了发展，不仅创造了一个在中国乃至世界都甚为独特的农村工业化的发展模式，而且把中国工业化的整体规模推进了一大步。

随后，中国于 20 世纪 80 年代前中期启动了城市改革，不仅使城市工业化得到了全面推进，而且使社会生产力要素的空间配置开始从主要集中于城市逐渐转变为城市与乡村并重。到 80 年代中后期至 90 年代初，城市的各项改革从序幕拉开逐步向深度和广度展开，城市的活力和功能也开始不断迸发出来，于是，城市改革和农村改革的"双重效应"开始出现了叠加的态势，而城乡工业化也出现了相互融合发展的雏形。一方面，城市国有和集体工业企业以建立零部件配套体系、原辅料生产基地、产品定牌加工和经济联营等方式，大举向小城镇和乡村进行利益导向的工业扩散，使得乡村成为城市工业主要的拓展空间。另一方面，乡村政府和乡镇企业也竞相与城市工业进行合作，并初步形成了一个以全面工业化为基础的、受计划与市场共同影响的城乡产业体系与布局结构。于是，这种城乡之间的产业合作乃至一定程度的跨区域合作，当时被称为"横向经济联合"，这种横向经济联合的势头，曾经在长三角、珠三角及东部沿海地区呈现出十分汹涌的发展之势。

当然，到20世纪90年代，尤其是1992年中国正式开启了中国特色社会主义市场经济建设大幕之后，吸引外资开始成为东部沿海地区经济发展的一支重要推动力量。在这种情况下，东部沿海各地吸引外资成为区域增量发展的重要目标，并在一定程度上取代了昔日"横向经济联合"的发展功能。与此同时，随着全国民营经济开始快速发展，很多乡镇企业纷纷进行了各种形式的改制，除了一部分乡镇企业仍然保留着农村集体所有制性质之外，不少乡镇企业最终都改制成了民营企业。

在此，我们通过一组比较具体的数据，可以对乡镇企业在中国工业化中的贡献作一个历史性回顾。1978年，全国共有乡镇企业152.4万家，共创造产值493.1亿元，占农村社会总产值的24.2%，其中工业产值385.3亿元，约占全国工业总产值的9.1%。到1992年年底，全国共有乡镇企业2 077.9万家，乡镇企业产值已占农村社会总产值的六成以上，乡镇工业的产值，已占到全国工业总产值的三成以上。[1]可见，在改革开放之后，以乡镇企业为主要特征的农村工业化的蓬勃发展，确实对中国工业化进程起到十分重要的推动作用。

第二股力量：城市改革，推动了企业活力释放。

1984年10月，党的十二届三中全会通过了《中共中央关于经济体制改革的决定》。该《决定》提出和阐明了经济体制改革的一些重大理论和实践问题，突破了把计划经济同商品经济对立起来的传统观念，提出我国社会主义经济是"公有制基础上的有计划的商品经济"。在这样

---

1 陈锡文、赵阳、罗丹：《中国农村改革30年回顾与展望》，人民出版社2008年版。

的背景下，中国城市改革开始全面展开，改革的一个重要内涵，就是要深入推动企业改革，尤其是要推动国有企业改革。

在改革开放之初，针对在计划经济体制下国家对公有制企业，尤其是国有企业管得太多、管得太死的弊端，为了充分释放企业的活力，国家开始进行扩大国营企业经营管理自主权试点，进而又实行了工业生产经济责任制。应该说，工业生产经济责任制的核心内涵，分别为扩大企业自主权和企业内部实行层层落实到人的经济责任制，这种做法在一定程度上解决了国有企业吃"大锅饭"的问题，在一定程度上调动了企业、干部和职工的生产经营积极性，也在一定程度上释放了国有企业的活力和动力。

随着城市经济体制改革的不断深入，尤其是对一般的经济活动实行了指导性计划，市场调节的范围和比重进一步扩大。在这种背景下，国有企业从放权让利进一步转向了企业所有权和经营权的分离改革，一系列的不同形式的改革逐渐展开，从厂长负责制一直到承包经营责任制、股份制等多种搞活企业的经营形式，都在不断地探索前行。在当时，大多数大中型国有企业实行了多种形式的承包经营责任制，而一些小型国有企业则采取了集体经营、租赁和个人承包的方式，再加上用工制度开始实行劳动合同制，使得各类规模城市国有企业的活力和动力得到了明显增强。

到 1990 年前后，国有企业进入公司制改革的历史发展时期，大量的国有企业开始建立以公司制为核心的现代企业制度。与此同时，一方面从中央到地方，在计划经济年代形成的各个政府工业行政管理部门，纷纷进行了公司化改造转制，一些原来的政府工业行业主管部门改为企业集团公司，不少还转变为控股公司。另一方面，在中央和地方层面上，对国有企业又实施了"抓大放小"的改革，也就是，抓住一些关系国计民生的大型国有企业做大做强，而一些小型国有企业则进行了各种形式的改制，有的改制成为混合所有制企业，有的转制成为民营企业。

我们同样可以通过一组具体的数据，对中国国有企业改革之后产生的效果作一个比较清晰的表达。数据表明：在 1978 年至 1995 年期间，全国国有及国有控股企业工业总产值，1978 年为 3 289 亿元，1985 年为 6 302 亿元，1990 年为 13 064 亿元，1995 年为 31 220 亿元；1995 年与 1978 年相比，国有及国有控股企业工业总产值增长了 8.49 倍。[1] 看来，通过深化改革，确实在很大程度上释放了国有企业的动力、活力和潜力，而一部分国有企业也在改革进程中做大做强。

第三股力量：对外开放，推动了外资引进。

1979 年 7 月，中共中央、国务院决定在深圳、珠海、汕头和厦门试办特区，并于 1980 年 5 月将其定名为"经济特区"。在举办经济特区之后，由于这四个经济特区都地处沿海，又邻近中国的香港和澳门，再加上与很多港澳人士，以及东南亚国家的华人华侨沾亲带故，联系密切，因此，对外交流迅速开展了起来，而一些港澳制造业企业以及东南亚国家华人华侨制造业企业开始以"三来一补"的方式进入了经济特区。"三来一补"主要是指来料加工、来样加工、来件装配和补偿贸易，这是中国在改革开放初期创立的一种企业贸易形式。之后，在中国工业化发展领域逐渐开始出现"三资企业"，即中外合资企业、中外合作企业、外商独资企业。

1984 年 4 月，中共中央又决定扩大开放沿海十四个港口城市，这些城市主要分布在东南沿海地区，从北至南分别为大连、秦皇岛、天津、烟台、青岛、连云港、南通、上海、宁波、温州、福州、广州、湛江、北海，同时决定开放的还有海南岛。这个重大战略举措为中国加快对外开放的步伐，进一步吸收外资，引进国外先进的科学技术，推进工业化进程，尤其是促进沿海地区工业化发展和经济繁荣起到重要的推动作用。

1990 年，党中央国务院作出上海浦东实施开发开放的重大决策，不

1　根据《中国统计年鉴 1999》数据计算。

仅使浦东成为中国改革开放的前沿阵地，也使浦东开发开放成为上海经济社会发展的重要转折点。1992 年 10 月，国务院批复设立上海市浦东新区，之后，全国各地的新区建设成为推动当地经济发展的一个重要抓手；1992 年，中国正式开启了中国特色社会主义市场经济建设的大幕，进而为中国的改革开放创造了更加良好的制度环境；2001 年 12 月 11 日起，中国成为世界贸易组织正式成员，不仅对中国的国际经济合作和经济发展带来深刻的变化和影响，而且也标志着中国对外开放进入了一个新的发展阶段；2013 年 8 月 22 日，经国务院正式批准设立的中国（上海）自由贸易试验区，于同年 9 月 29 日上午 10 时正式挂牌开张，标志着中国改革开放再次迈入了一个新阶段。

如今，在中国的东西南北，都能找到很多外资企业的一些影子。到 2020 年底，全国的外资企业登记户数达到 635 402 户，投资总额为 136 437 亿美元，注册资本为 84 334 亿美元；其中，制造业外资企业登记户数达到 128 421 户，投资总额为 28 202 亿美元，注册资本为 14 713 亿美元。[1] 可以这么说，经过几十年的改革开放，尤其是持续地扩大开放，外资已经成为中国工业化发展进程中的一支重要力量，也成为中国国民经济发展中的一个重要组成部分。

第四股力量：民营企业，破土而出。

中国改革开放之后，从 20 世纪 80 年代就开始鼓励发展个体经济和私营经济，不过，个体工商户仍然还是当时的一种主要经营形式。在那个年代，人们通常所说的"万元户"，主要指的还是以个体工商户为主。当然，那个时候也出现了一些加工业的民营小作坊，但是，民营企业的数量毕竟还不是很多，还没有成为全国企业群体中的一个重要组成部分。

随着改革开放的不断深入推进，到 20 世纪 90 年代，在农村的很多乡镇企业转制成为民营企业，各类城市中的一部分中小国有企业和集体

1　国家统计局编：《中国统计年鉴 2021》，中国统计出版社 2021 年版。

所有制企业也改制成为民营企业，再加上外资企业的数量不断增加，使得兴办民营企业成为一种社会潮流。在这个历史时期，全国各地尤其是沿海地区曾经出现了一股受到广泛关注的"下海"潮，一些原来体制内的人员和科技人员纷纷"下海"创业或进入民营企业发挥作用。在这种态势下，民营企业开始逐渐站上了中国国民经济发展的历史舞台，并且成为民营经济发展的主要支撑力量。

应该说，民营企业的破土而出和蓬勃发展，不仅为中国经济增长动力增添了新鲜血液，而且也成为中国工业经济发展中的重要组成部分。如今，在全国工业尤其是制造业企业中，民营企业在数量上已经占到了绝大多数的比重，特别是面广量大的中小微企业，几乎都是以民营企业为主。到 2020 年底，全国企业单位数达到 25 055 456 个，其中私人控股企业单位数为 23 903 057 个，占全国企业单位数的 95.4%。2020 年，全国规模以上工业企业单位数达到 399 375 个、资产总计为 1 303 499.3 亿元、营业收入为 1 083 658.4 亿元、利润总额为 68 465 亿元；其中，私营企业单位数达到了 286 430 个、占 71.72%，资产总计为 325 022.8 亿元、占 26.47%，营业收入为 413 564 亿元、占 38.16%，利润总额为 68 465 亿元、占 34.76%。[1] 这样，民营企业与国有企业、外资企业一起成为拉动中国工业经济发展的"三驾马车"。

2. 工业化布局特点

在中国工业化发展进程中，还有一个十分重要的命题，就是工业布局问题。也就是，工厂到底设在哪里为好？用学术语言来表述，就是生产力布局问题。尽管影响生产力布局的因素有很多，但归纳起来无非是客观因素和主观因素。客观因素主要是指产业发展和企业生产经营的综合支撑条件，如产业基础、产业配套、资源禀赋，包括人才、信息、融资、市场等因素，一句话，就是按照经济发展规律、产业发展规律，以

1　根据《中国统计年鉴 2021》数据计算。

及企业发展规律进行生产力布局。当然，有时候主观因素对生产力布局也会体现出决定性的作用，例如，在20世纪60年代中国的"三线"建设中，一些大型工业项目选址主要是出于战备的考虑和需要，因此，一旦战备环境过去并进入市场经济发展环境，一些企业的生产经营因缺乏综合条件的支撑而出现了一些困难。

从历史发展的角度来考察，中国工业化发展进程中的生产力布局，还是有一定的规律可循的。我认为，从过去到现在，我国工业布局呈现出了如下四个主要特点。

第一个特点：主要是在沿海沿江，尤其是东部沿海地区展开布局。

为什么？一般来讲，沿海沿江地区的工业化基础相对比较好，其中一个重要原因是交通运输比较便捷，由于历史上的航空、铁路、公路运输都不太发达，水路运输成为当时主要的运输方式。在这种情况下，沿海沿江地区通江达海的水路交通运输优势就充分地显现出来了，不管是海运，还是内河航运，工业产品都是主要通过水运方式到达全国各地的。同时，还要一个重要原因是，中国的通商口岸都在沿海地区，国际贸易的重要口岸也都在沿海地区，再加上沿海地区的大城市比较多，城镇密度比较高，因此，对生产力布局具有比较好的支撑条件。换一个角度来观察，中国历史上的很多城市，实际上也是依江傍水发展起来的，比较典型的是沿海地区的城市带和长江流域的城市带，都是与"水"紧密相关。同时，沿海经济带和长江经济带，在历史发展进程中已经成为全国最重要的两条经济带。

第二个特点：主要是在大中城市，尤其是大城市、特大城市展开布局。

为什么？这是因为，大城市、特大城市能够为生产力布局提供综合性的支撑。例如，大城市、特大城市、超大城市拥有比较充裕的劳动力、资金、信息、技术、人才、市场、交通等方面的明显优势，再加上大城市、特大城市、超大城市的生活品质相对比较高，不仅公共设施和公共服务水平比较高，而且科技、教育、医疗、卫生、文化事业等都比中小城市和农村地区要优越得多，因此，大城市、特大城市、超大城市更能满足生产力布局的条件，很多制造业企业主要布局在大城市、特大城市、超大城市就不足为奇了，使得大城市、特大城市、超大城市工业化程度也就比其他地方要高一些。同时，还有一个重要因素，是因为大城市、特大城市、超大城市本身就具有比较大的市场规模，也就具有"销地产"的市场优势，反过来，也可以称之为"产地销"。所谓"销地产"，简单地讲就是市场在哪里，就在哪里生产，也就是生产地和销售地是在同一个城市或同一个区域。当然，生产地到底设定在哪里，最后还是要取决于工业企业生产经营成本等一系列的综合因素。

第三个特点：主要是在对资源依赖程度比较高的地区或城市展开布局。

为什么？一般来讲，有一些工业布局是跟着资源走的，或者说是跟着满足产业发展的特定条件走的。例如，由于化工产业对水的依赖程度比较高，因此，大型化工厂一般都布局在海边、江边，甚至河边，在中国的东部和东南部沿海地区、长江沿线两岸，都布局有大量的化工企业。还有造船业布局在水岸边上，航空产业的飞机总装布局在机场边上，也是可以想象的，否则，船造好了怎么开出去，飞机造好了怎么飞出去。又如，在原材料产地布局相应的加工业，一般在油田边上可能会布局石油化工，在煤矿边上可能会布局煤化工，在铁矿边上可能会布局钢铁厂，还有一些有色金属矿以及相应的加工业等。这些城市或地区，一般又被称为资源型城市或资源型地区，如石油城、煤炭城、钢铁城等。这些城市，在刚开发时都显得欣欣向荣，一旦资源枯竭，再加上产业结构比较单一，整个城市转型调整的任务就会显得相当艰巨。在全国范围内，确实有不少这样的资源型城市。当然，这是一般的产业布局规律，也会出现一些例外，有一些企业确实没有布局在资源的产地，而是需要考虑企业发展的综合支撑条件以及全国生产力布局等因素，如1978年底在上海开始动工建设的"宝钢工程"就是一个案例，当时其名称为上海宝山钢铁总厂。如此的案例，在全国还会有一些。

第四个特点：主要是在不同区域、各类城市、各种开发区展开布局。

改革开放之后，中国工业化又呈现出一个非常显著的特征，大量工业尤其是制造业企业，不仅开始向各种开发区或产业园区集中，而且成为全国性的工业化发展整体趋向；不仅新设立的制造业企业都落户在各类开发区，而且原来布局在各类城市中心城区的制造业企业也纷纷搬迁到各类开发区。在这种发展趋势下，全国各地开发区遍地开花，有国家级开发区、省级开发区、地级开发区、县级开发区等，有国家级高新区、省级高新区等，还有不同内涵的"区中园"，也就是在开发区内部再设置一些不同规模、不同产业特色的园区。这种具有中国特色的工业化发展模式，不仅大大提高了工业集中度，有利于产业配套，而且客观上也有利于开发区的招商引资工作，促进当地工业化的发展进程。

三、工业化发展，有成就，也有软肋

从总体上来看，自改革开放之后，不论从国内纵向比，还是从国际横向比，中国工业化获得了快速发展，也取得了十分显著的成就，但是，在工业化发展进程中，仍然存在着一些薄弱环节。

1. 工业化成就的主要标志

应该说，改革开放以来，中国工业化发展速度明显加快，轻重工业比重得到了不断改善，工业体系得到了不断健全，工业技术得到了不断提升，特别是工业产品更加门类齐全、琳琅满目。因此，工业化的成就体现在社会生产和社会生活的方方面面，可以从很多角度、很多领域、很多层面来表达，但是，我认为，集中起来还是主要体现在以下两个方面。

第一，在物质方面，社会产品极大地丰富。

从物质生产角度来讲，工业化发展进程中的一个最重要标志，就是中国彻底告别了昔日短缺经济的状态。工业化的快速发展，以及物质生产能力的大大提高，使得各类工业产品极大地丰富，可谓琳琅满目、应有尽有，并且在很大程度上满足了人民群众对物质生活的需求。不仅如此，一般的社会产品也已经由卖方市场逐渐转变为买方市场。与此同时，中国生产的各类工业品不仅基本上满足了本国市场的各种需求，而且发展为全球的工业品出口大国。如今，中国已经成为世界公认的"制造大国"。

第二，在价值方面，产业规模极大地提高。

改革开放之后工业增加值有了极大的增加。中国的改革开放极大地激发了社会生产力，极大地丰富了社会产品，极大地推动了国内经济增长，并且极大地推进了工业化进程，极大地提升了制造业能力。在这个背景下，工业发展规模显著扩大。从全国工业增加值来看，1978 年为 1 261.4 亿元，1985 年为 3 478.2 亿元，1990 年为 6 904.5 亿元，2000 年为 40 258.5 亿元，2010 年为 165 123.1 亿元，2020 年为 313 071.1 亿元，2020 年比 1978 年增长了 247.19 倍。[1] 但是，我们同时要更加清醒地认识到，在中国工业化发展进程中，确实还存在着一些薄弱环节，需要不断地去攻坚克难。

2. 工业化四个薄弱环节

根据当前国内外经济形势发展变化，以及信息化、科技化、数字化、产业化发展的整体趋势，在中国工业化推进过程中，最主要的薄弱环节或主要问题集中地表现在以下四个方面。

第一，在产业发展中，缺乏核心技术支撑。

一个国家工业化发展的程度和发展水平，不仅取决于产业发展规模，而且也取决于产业发展的技术水平。从这个角度出发，目前的中国，尽管已经发展成为全球的制造大国，工业体系比较齐全，工业配套能力比较强，产品生产能力也比较大，但是，在一些关键领域、关键环

1　根据《中国统计年鉴 2021》数据计算。

节，仍然比较缺乏具有自立自强的核心技术的支撑。因此，针对这种现象，中国产生了一个新名词，那就是"卡脖子"。也就是说，由于缺乏核心技术，一些重要产业发展的命运掌握在人家手里，而不是掌握在自己手里。在面临世界百年未有之大变局的情况下，如果缺乏核心技术的支撑，必然会给中国工业的产业链供应链带来一定程度的风险。

第二，在产业结构中，传统产业比重高。

目前，中国仍然处于工业化发展进程中，因此，传统工业仍然占据着主导地位，传统工业企业仍然是"汪洋大海"，而高新技术产业、战略性新兴产业的比重尚且不高，高新技术企业的数量也不多。即使在一些发达地区或发达城市，尽管这些年来高新技术产业、战略性新兴产业发展的速度是比较快的，产业结构也得到了很大的改善，但是，仍然有很大的发展和提升的空间。数据可以说明一些问题，2021 年，在全国规模以上工业中，尽管高技术制造业增加值比上年增长了 18.2%，但占规模以上工业增加值的比重仅为 15.1%。[1]这充分表明，中国制造业的发展能级仍然比较低，产业结构调整完善的任务仍然相当艰巨。

第三，在产品结构中，附加值比较低。

由于传统产业比重比较高，传统企业数量比较多，再加上技术含量比较低，导致中国工业产品的附加值也相对比较低。从国内来看，尽管工业产品能够满足人民群众的基本生活需求，但很多高附加值的奢侈品和高端产品市场往往都是被国外产品所占领。从国际来看，尽管中国是一个出口大国，也有一部分高附加值产品的出口，但从总体上讲，在出口产品中大多数还是属于低附加值产品。例如，2021 年，全国货物出口额为 217 384 亿元，其中高新技术产品出口额为 63 266 亿元，比上年增长 17.9%，占全国货物出口额比重为 29.1%。[2]因此，进一步提升中国出口产品的附加值也就成为工业化发展进程中一个重要的任务。

---

1 2 数据来源：《中华人民共和国 2021 年国民经济和社会发展统计公报》，国家统计局 2022 年版。

第四，在产品供给上，仍然存在着供需不对接。

一般来讲，中国工业品已经极大地满足了国内消费者的基本生活需求，但是，在国内市场上还是在一定程度上存在产销不对路或供需不对接的情况。随着中国人生活水平的提高，对消费需求提出了更高的要求，而这些消费需求在国内不能满足，只能到国外去满足。以前，中国人在国外主要买的是奢侈品、高端产品，如今，一些小商品也进入了中国消费者的"法眼"。出现这种现象，除了价格因素之外，质量也是一个重要因素。一句话，就是供给与需求不匹配。

四、从制造大国，走向制造强国

当前，中国正处在一个十分重要的历史转型时期，在继续推进全面工业化发展进程中，一个十分重要的、紧迫的任务，就是要推动中国加快从"制造大国"转变为"制造强国"。尽管这个历史性任务十分艰巨，但是，我们必须跨越这个门槛，才能使得中国工业化朝着高质量发展方向迈进。

1. 强化科技创新，掌握核心技术

在全面提升中国科技整体水平的基础上，尤其要在关键领域、关键环节建立健全具有自立自强的科技体系，打破核心技术"卡脖子"的瓶颈，真正做到科技创新的"手中有粮，心中不慌"。

怎么办？

首先，要进一步强化科技创新。在推进科技创新中，强化基础研究最为关键，没有基础研究持之以恒的支撑，科技创新必然会因"基础不牢"而难以为继。其次，要进一步加大研发投入。除了要确定全社会研发经费投入保持比较高的增长速度之外，特别要采取税收等一揽子鼓励政策，激发各类企业加大研发投入，增强企业强化科技创新的动力、活

力。再次，要进一步构建重大科技创新平台。科技创新平台建设，对于全社会尤其是企业科技创新具有重要的支撑作用，因此，要强化这些科技创新平台作为重大科技基础设施的功能，提高共享水平和使用效率。最后，要进一步完善科技创新体制机制。重点是要深化科技管理体制改革，激发各类人才的创新活力，充分发挥人才作为第一资源的作用，同时，还要建立健全知识产权的保护和运用体制，让全社会的创新活动和创新成果能够摆脱"山寨版"的困扰。

2. 新旧动能转化，促进优化升级

自改革开放以来，中国工业化发展已经取得了很大的成绩，但在经过几十年的快速增长之后，制造业面临着旧动能在逐渐减弱而新动能还没有全面形成的"胶着状态"，进而影响到制造业的健康稳定发展。

怎么办？

首先，要进一步推动传统产业转型升级。从中国的国情来看，在一定时期内传统产业仍然还会在工业中占有比较大的比重，也不可能全部转变为高新技术产业，因此，可以通过加快科技创新来提升传统产业的能级，也就是强化对旧动能提质增效。其次，要进一步推动发展高新技术产业。从产业替代角度来讲，高新技术产业发展越充分，不仅说明新动能培育发展越是有成效，而且表明新动能替代旧动能的能力越是强劲，因此，高新技术产业关系到产业结构的整体优化，必须采取一系列有效政策予以积极推动。再次，要进一步培育发展战略性新兴产业。战略性新兴产业也是新动能培育发展的重要一环，在一定程度上还直接关系到制造业发展的整体实力和整体水平，因此，必须选择好战略性新兴产业发展的方向、领域、途径，以及配套政策。最后，要进一步推动化解无效产能。从供需平衡角度来看，在一些产业领域和一些产品方面，确实在一定程度上还存在着产能过剩的现象，以至于造成相当激烈的市场竞争，甚至形成恶性竞争，最终导致市场价格失真甚至波动。因此，有效地化解产能是必由之路，当然，化解产能过剩应该更多地使用市场手段，而不是仅仅依靠行政手段。同时，还有很多"僵尸企业"也应该加快退出市场，从经济学概念上讲叫"市场出清"。

3. 瞄准未来趋势，跟上时代节拍

当今世界，全球的科技进步不仅以前所未有的速度突飞猛进，令人叹为观止，而且颠覆性的科技进步层出不穷，令人目不暇接。这充分表明，如今的技术革命往往呈现颠覆性的特点，稍不留意，一些产业、一些行业、一些产品，一夜之间就可能遭到灭顶之灾，甚至全军覆没。例如，数码相机出来了，胶卷就死了，使用胶卷的照相机死了，甚至冲印照片所用药水的生产企业、照相馆都受到一定程度的影响，形成了典型的连锁反应，进而使得整个产业链供应链发生了翻天覆地的变化。又如，前几年我曾经去参观过一个企业，这个企业采用3D技术把小别墅打印了出来，确实令人惊奇，我当时就在现场想，以后还需不需要建筑工程队了？大概在21世纪初，我曾经在一次经济形势报告中作了一个预判，以后移动通信时代，两样东西可能会受到很大冲击，即固定电话会越来越少，而手机会越来越多；看电视的人会越来越少，而显示屏一定还会有，只是不再是电视机的显示屏。现在看来，果然如此。

怎么办？

首先，要正确把握国际国内经济未来发展趋势，以及这个趋势对全国产业链供应链将会带来哪些深刻的影响；其次，要正确把握科技未来发展趋势，以及这个趋势对未来产业发展将会带来哪些颠覆性的影响；再次，要正确把握市场未来发展趋势，以及这个趋势对人们的消费习惯、消费偏好、消费方式将会带来哪些深刻的影响；最后，要正确把握智能化、信息化、数字化未来发展的趋势，尤其要进一步加快产业、企业、产品的数字化转型，跟上时代发展的潮流。

4. 加快市场调整，完善市场结构

改革开放以来，尤其是中国加入世界贸易组织之后，中国经济发展

开始不断融入经济全球化进程，并且在一个比较长的时期内形成了出口导向型的经济增长模式。当前，中国正面临世界百年未有之大变局，国际环境日趋复杂多变，不稳定性、不确定性明显增加，需要加快构建以国内大循环为主体、国内国际双循环相互促进的新发展格局。

怎么办？

首先，要进一步认识国内市场的巨大潜力，把握需求侧特点。一般来讲，巨大的国内市场规模和增长潜力是大国经济的重要优势，中国是一个发展中大国，具有"大国经济"的主要特征，拥有超14亿人口的大市场，超4亿中等收入群体的消费能力，以及广大城乡居民不断提高的收入水平和生活水平。因此，如果供给侧到位，供需能够匹配，国内市场的巨大潜力将得到进一步释放。其次，要进一步瞄准国内市场的需求趋势，把握供给侧适配。以国内大循环为主体，意味着产业、企业、产品都将在一定程度上围绕国内市场来转，因此，就需要根据国内市场未来发展趋势来调整产业结构、企业结构、产品结构，进而满足并壮大国内市场。同时，把创造新的供给作为重要的培育点，应结合供给侧结构性改革，着力推动产业转型、技术研发，以及产品、服务模式的创新，使得新的供给能够创造新的需求。再次，要进一步把壮大农村市场作为重要的增长点。过去，城市市场是主战场，农村市场开发不够，但农村市场潜力巨大，曾经的家电、汽车下乡等都取得了明显成效。因此，企业应该更多地开发适应农村市场的各类产品，当然，还要切实加强农村市场体系建设，继续制定相应的消费政策和财政补贴政策。最后，要进一步稳定和调整国际市场。以国内大循环为主体，不是说要放弃国际市场，而是需要形成国内国际双循环相互促进的态势。自改革开放以来，中国通过扩大开放推动了产业提升和经济发展，同时国内市场也得到了相应的拓展，但在一段时期内，确实也存在着外需强而内需弱的状态。应该充分认识到，只有内需起来了，经济增长才能稳定并可持续，当前的对策是要促内需稳外需，不稳外需就会丧失机遇，不促内需就会丧失后劲。因此，在当前以及未来一段时期内，仍然需要稳定国际市场，同时调整好出口市场，包括区域结构、产品结构等。

五、工业化转型，从两个视角认识传统产业

当前，在工业化转型的过程中，高新技术产业和新兴产业保持了比较快速的发展势头，并且已经成为我国产业结构调整升级和培育新经济增长点的重要抓手。在如此的发展态势下，昔日的传统产业还要不要发展？如果传统产业仍然需要发展，那么，又应该如何发展？对于这些问题，我们需要从两个视角来考察。

1. 第一个视角：传统产业仍然不可或缺

顾名思义，传统产业主要是指兴起时间较早、传统技术所占比重较高、以传统产品为主的产业。那么，在经济转型发展的时期，传统产业是不是全部"过时"了？传统产品是不是要全部"扬弃"了？实际上，传统产业仍然在经济增长中扮演着十分重要的角色，即使在今后相当长的时期内，传统产业仍然还是促进经济增长的重要支柱，更不可能全部消亡。

其一，传统产业仍然具有重要的支撑作用。目前，我国仍然处于工业化的整体发展进程中，因此，尽管全国各地的高新技术产业和战略性新兴产业正在蓬勃发展，但还是应该充分地认识到，很多地方的传统产业仍然起着十分重要的作用。时至今日，在各地的制造业结构中，传统产业占全部制造业的比重至少都在一半以上，有的地方甚至远远高于一半以上，因此，其产生的利税及就业贡献同样超过了一半以上。总之，在经济转型发展中，传统产业仍然具有很强的功能与作用，更是不可或缺的。当然，传统产业也需要通过科技赋能和数字化转型，在未来取得新的发展。

其二，传统产业仍然具有重要的市场影响。在经济转型发展的过程中，一些传统企业和品牌确实已经销声匿迹了，但也有很多传统企业和传统品牌并没有在激烈的市场竞争中"倒下"，而是"老枝发新芽"，都有很好的发展前景。例如，上海的老凤祥、恒源祥、光明食品、杏花楼、五芳斋等许多的传统产品和传统品牌，不仅市场影响力没有减弱，而且对于传统产业提升发展起着重要的示范作用。应该看到，传统品牌只要进行了很好的传承，完全可以获得新发展。

其三，传统产业仍然具有转型发展的优势。实际上，传统产业并非"一无是处"，通过改造升级，完全可以形成转型发展的新优势。例如，在互联网时代，随着数字化转型，一些传统的制造业通过技术创新、品牌经营，以及工业化与信息化、数字化融合等方式，开创了传统制造业发展的新空间；一些传统的服务业，通过引入新理念、新内涵、新模式、新载体等方式，使得昔日的服务业更加符合时代发展的特征和产业发展趋势。这说明，一些传统产业通过转型提升，可以获得新的发展优势。

其四，传统产业仍然具有转型提升的潜力。新兴产业从哪里来？更多的是由传统产业孕育、转化而来。例如，时尚产业从何而来？实际上还是从传统的服装产业演变而来；网上购物从何而来？实际上也是从传统的零售业、批发业，再加上信息技术而来。从这个角度来看，新兴产业不是对传统产业的简单替代，而是需要依赖传统产业发展所积累的雄厚基础。因此，改造提升传统产业，不仅应该成为产业结构调整的重要组成部分，而且也有助于新兴产业的孕育和发展。

2. 第二个视角：传统产业需要转型发展

传统产业不可或缺，不是讲传统产业可以躺在昔日的功劳簿上。确实会有一部分产业能级相对较低的传统产业可能会遭到市场淘汰，但是，更多的传统产业还是需要通过改造提升，重新焕发新的青春和活力。那么，如何加大传统产业改造力度，提升传统产业的能级？关键是要在以下七个"抓好"方面下足功夫。

　　其一，抓好产业整合。一般来讲，传统产业往往处在产业链的底端，从而影响到产业的利润率和影响力。因此，传统产业应该通过产业整合的方式，努力提升产业能级，形成新的生产力，增强市场竞争能力。为此，传统产业要利用自身具备的资源禀赋，积极参与产业的资源重组、资产重组、行业重组、企业重组，以及产业链供应链的重组，争取在未来的产业分工中能够取得比较有利的位置，进而获取产业发展的主导权，提升传统产业的整体盈利水平和市场竞争能力。

　　其二，抓好产业融合。注重产业融合发展，也是传统产业能级提升的重要抓手之一，而在现实经济发展进程中，产业融合的例子已经比比皆是。例如，传统的零售业、批发业与信息产业一结合，就出现了电子商务；旅游业与农业一对接，就产生了观光农业和休闲农业等。这说明，只要具有产业融合的意识，选准产业融合的路径，加上一些创意的元素，再辅之以必要的政策支持，传统产业就有可能孕育转化出一些新产业、新技术、新业态、新产品、新服务、新模式。

　　其三，抓好技术创新。说到底，传统产业能级提升的核心，还是在于技术创新。一方面，传统产业只有通过技术改造和技术创新，才能够加快生产装备、工艺流程，以及产品和服务的升级换代，真正地提高市场的竞争力和市场的影响力。另一方面，对于企业的科技创新，各级政府都应该提供相应的政策支持，鼓励和帮助传统产业建立健全技术创新的长效机制，尤其要加强中小企业的技术创新支持，并且在财税、信贷、土地、担保、专项资金等方面给予必要的政策倾斜。

　　其四，抓好模式创新。在数字化转型时代，传统产业的能级提升，运营模式创新也相当重要。例如，一些传统企业通过运用电子商务、服务外包等新模式，拓展新的销售渠道和盈利方式。因此，不仅要鼓励传统企业向新兴行业和新兴业态延伸，而且现有的政府管理体制、管理规章、管理方式、管理内涵，以及行业分类、统计标准、企业认定、市场规范、税种税率、外资准入、投融资机制等方面，都应该适应这些新兴业态的发展，并且及时地构建形成必要的政策保障体系。

其五，抓好布局优化。一般来讲，产业布局是否优化，直接关系到资源的最优化配置，进而影响到产业发展的整体效率和效益。目前，由于传统产业的布局相对比较分散，资源配置也就不可能达到优化状态。在这种情况下，传统产业必须加快产业布局的整合调整，可以将分散在各个区域的生产企业进一步向大型一体化生产基地集聚，有效促进产业从零星分散生产向集聚提升转变；在一些特大型、超大型城市，也可以加大向市域以外的拓展力度，在更大的范围内实现传统产业的技术提升和规模扩展。

其六，抓好体制嫁接。就传统产业来讲，还更多地受到传统体制机制的长期束缚，因而实行体制嫁接尤为重要。目前来看，除了可以借鉴外资企业的体制机制之外，还可以进行国有经济和民营经济的体制机制嫁接。为此，一方面是要深化国有企业产权改革，积极引进民营企业参与国有企业的重组改造，以引进增量资源来带动存量资源提升。另一方面要放宽民营资本的市场准入，切实向民营资本开放法律法规未禁入的行业和领域，并鼓励民营资本进入垄断行业的竞争性业务领域。

其七，抓好人才培养。传统产业的能级提升还面临着一个比较重要的瓶颈，就是比较缺乏各类专业人才和技术蓝领的支撑。为此，要通过正确评价传统产业专业人才的劳动价值，大力培育最能激发各类人才创新活力的土壤和气候，建立健全有利于充分发挥各类专业人才、技术蓝领作用的机制和平台。同时，还应该加大产业人才培养的力度，提高企业技术蓝领的整体素质，并且制定相关激励措施来调整传统产业领域人才和蓝领的收入水平，充分发挥他们的积极性。

六、工业化依托，怎么建设科技创新中心

科技创新不仅是一个国家提高工业化能级和水平的重要基础，而且直接关系到一个国家的经济发展水平和经济发展实力。同样，离开了科

技创新，中国工业化就不可持续，也难以取得长足的进步。

2014 年 5 月，习近平总书记在上海明确提出要求，上海要建设成为具有全球影响力的科技创新中心。目前来看，除了上海之外，2016 年 9 月国务院印发了《北京加强全国科技创新中心建设总体方案》，还有天津和深圳也分别要建设成为有国际影响力的产业创新中心和国际科技产业创新中心。对此，这些城市高度重视，各界人士都在纷纷献计献策。如果这些创新中心建设到位了，不仅对于这些城市的经济社会发展具有重要的推动作用，而且对于全国的创新驱动发展也具有十分重要的示范作用。

在这个大背景下，在全国各类科创中心建设中，寻找科技创新各个要素规律的结合点就显得尤为重要。实际上，我们做任何一件事情或成就任何一项事业，都会有很多想法、很多办法，也会有很多的途径，但是，也许最好的办法之一，就是对做成这件事情或成就这项事业的要素，进行必要的梳理和分析。仔细看看，这些不同的要素都有什么样的特殊规律，各种要素的规律之间有没有可能形成冲突，在这些要素的规律之间能不能找到最佳的结合点。我一直认为，这个最佳的结合点，实际上就是能够把一件事情或一项事业做成功的逻辑起点和必然结果。

根据我的观察和思考，一个城市要建设成为科技创新中心，除了一般的客观基础和因素条件之外，至少需要具备六个要素，或者说建设的主体。这六个要素或者主体分别是：科技人才、科研院所、科技工作、企业、市场、政府。这六个要素实际上都有各自发展的特殊规律，我们在很多时候，往往会忽视这些规律的特点和作用，以及这些规律之间会产生怎样的相互影响。

1. 六个要素各自规律中有哪些特点

就全国各地的科创中心建设来讲，科技人才、科研院所、科技工作、企业、市场、政府六个要素缺一不可，如果能够形成合力，就可以共同支撑起科创中心建设。那么，这六个不同要素各自的规律又有什么具体特征呢？也许，每个要素内在规律的特征可以列出很多，但实际上，在每一个要素的内在规律里面，都可以归纳出两个最为关键的、最为典型的特征。

第一个要素：科技人才。

就科技人才成长发展的特殊规律来说：其一，"我要有体面的生活"。什么叫科技人才？从表象来看，绝大多数的科技人才都希望能够过上比较体面的生活。也就是，科技人才的作用需要得到认可，科技人才的能量需要得到发挥，科技人才的付出需要得到合理的回报，科技人才的生活也需要得到一定的有效保障。在现实的经济社会生活中，这是科技人才抱有的普遍心态，也是正常诉求。其二，"我要有成就感"。一般来讲，科技人才对成就感的意识比较强烈，对成就感的追求也比较迫切。同时，科技人才所需要的这种成就感，实际上也可以转化为科技创新的内在动力之一。当然，这种科技人才的成就感，包括科技成果、学术影响、职称职级等物质和精神两个方面，也就是科技人才对物质生活和精神生活的满足。这两个主要特征，构成了科技人才主要的、显著的特质。

第二个要素：科研院校。

对于很多科研院校来讲，其一，对外要有国内外影响力，这是很多国内科研院校目前所追求的主要目标。比如，国内一些名牌大学，纷纷提出要争取建设成为世界一流大学；还有一些国内的科研院所，也在努力打造成为国内外一流的院所。因此，很多科研院校都在围绕着提升国内外影响力的战略目标，不断集聚各类资源，倾其全力而努力奋斗。其二，对内要有评价体系，也就是对科技人才的考核体系。在几乎所有的科研院校中，对科技人才的评价体系，一定是科研运行管理中的一个重要组成部分。这个评价体系是否科学合理、是否构建完善，不仅直接关系到科技人才的职称评定、科研地位、绩效收入、事业发展，而且与科技人才的作用能否得到充分发挥大有关系。

第三个要素：科研工作。

一般而言，科研工作需要满足两个基本条件。其一，是必要的资金投入。谁都明白，科研工作需要有一定的资金投入。对于科研工作的资金投入，在一些特殊的情况下，我个人认为还相对比较容易得到满足，这主要是由中国目前的体制机制所决定的，也就是我们经常所说的"举国体制、社会动员能力"。其二，是必要的科研时间。大家知道，很多科研工作和产品研发，不是一朝一夕就能开花结果的，有时可能需要漫长的等待。当然，也有可能会达不到预期的结果，甚至失败告终。因此，时间因素或者时间条件就显得很重要，但是，却往往很难得到满足。例如，企业搞创新、搞研发，有时候需要很长的时间，时间长了，各种不确定因素就多了，如果失败了，企业家或决策者还有可能要承受风险。大家想想，如果一个国有企业的利润是 5 000 万元，拿出 500 万元投入研发，若干年以后研发成功，可能变成了 5 亿元，但很多时候我们通常等不及这个"若干年"，常常希望能立即看到结果。这种急功近利的心态，有主观原因，但更多是体制机制问题。

第四个要素：企业。

在市场经济条件下，任何一个企业的发展，必须遵循市场经济发展的规律；任何一项科技创新和研发投入，也必须顺应企业自身的发展规律。归纳起来，科技创新与企业发展相结合最要紧的是两个关键点。其一，企业任何的研发投入，都是需要有回报的。实事求是来讲，企业的任何一项研发活动，其主要目的就是为了获取更新、更多的投资回报。在一般的情况下，没有回报的事情，包括研发活动，企业是坚决不会去做的。这就是我们经常听到的一句话，企业"千做万做，蚀本生意不做"。其二，企业任何投入的回报，都是要可持续的。也就是说，企业所有投入的研发活动，不可能追求一朝一夕的回报，而是追求比较长远的目标、长期的利益。因此，一个可持续发展的企业，从科技创新和研发投入中得到的回报，不是短期的、零散的，更不可能是"捞一把"就草草收场，而应该是长期的、整体的。

第五个要素：市场。

应该充分认识到，既然我们选择了搞市场经济，那么，就一定要按照市场经济规律办事，也要"心服口服"地遵循市场经济发展的客观规律，更要让市场充分发挥配置资源的决定性作用。对于科创中心建设来讲，市场要素的作用主要体现在两个方面。其一，除了一般的基础研究以及一些特殊情况之外，任何的科研成果或研发成果，最终都要能够通过市场这个环节实现产业化。不能形成产业化的科研成果和研发成果，市场一般是不会接受的，因为这些成果是不可能转化为生产力的。其二，即使科研成果和研发成果可能形成产业化，但是，产业化还需要形成一定的产业规模，绝对不能是"星星点灯"或者作为"橱窗内的样品"，"秀"一下就告终。目前，我国很多科研院校的产学研成果碰到的最大问题和瓶颈，就是在市场这个环节"卡壳"，不少的成果被束之高阁。

第六个要素：政府。

大家应该清醒地认识到，对于政府行政来讲，实际上也存在着一定的规律，只不过我们以前可能关注得比较少，研究得也不够。在这里，仅仅就科创中心建设来讲，可以大致梳理归纳出政府行政的两条主要特征。其一，"短期，是靠投入"。什么意思？由于政府掌握着大量的、丰富的经济社会资源，如果要追求短期效应的话，只要政府积极动员，加大资源投入规模，一般都会比较容易在短期内产生一定的效果。这种景象，在我国以往的经济社会发展中比较常见，但也可能会积累一些问题和矛盾。其二，"长期，是靠制度"。这又是什么意思呢？这就是说，我们原来主要依靠大量的投入来拉动经济社会发展，取得了很大成绩，但也出现了发展方式不科学、不可持续的弊端，而相应的制度建设却比较滞后，反过来又阻碍了经济社会的健康稳定发展。实际上，只有制度建设好了，才能做到"长治久安"，才能释放长期的效应。从这个角度来看，我们现在提出要创新驱动，深化改革，释放制度红利，讲的就是这个道理。

通过对以上六个要素发展规律的梳理归纳和简要分析，我们发现，在这六个要素的发展规律中，有共性的地方，也有个性的地方；有一致的地方，也有不一致，甚至相背离的地方；存在着共同利益的一面，也存在着利益冲突的一面。例如，一般来讲，科技人才包括其他类型人才都希望自己收入能够高一些、待遇能够好一些、发展前途会好一些，而企业往往则希望尽可能降低生产经营成本，包括人力成本，从而能够增加利润，提高回报，这就是一对问题，也是一对矛盾。如何解决这对问题和矛盾？最重要的、有效的切入点，就是能够寻找到达成双方利益的平衡点。

从这个角度出发来看，我们应该怎么来建设科创中心呢？实际上，就是要寻找到各个要素发展规律的结合点，才能找到各个要素利益的平衡点，从而最终支撑起科创中心的建设。对此，可以很形象地作这么一个表述：这六个要素，实际上就是"六张皮"。如何把原来的"六张皮"聚合变成"一张皮"？也许，这就是全国各地建设科技创新中心的关键点。

2. 结合点：人才、环境、制度缺一不可

那么，如何去寻找科创中心建设各种要素规律的结合点呢？也就是说，如何把过去的"六张皮"变成现在的"一张皮"？在我看来，最为重要和关键的是把握好以下三句话的内涵。

第一句话：核心是人才。

我们以往常常"重物不重人""重项目轻人才""重硬件轻软件"，转了一大圈以后终于发现，把科技人才作为一个最重要的主体给忘了。大家不妨想想，科创中心到底靠谁去推动、靠谁去建设？当然，还是要依靠科技人才。因此，在科创中心建设进程中，科技人才一定是其中最关键、最重要的因素之一。从科技人才发展规律来讲，最重要的是要解决好"两个力"的问题，也就是通过人才推动创新的动力和活力。应该清醒地认识到，设想再好、规划再好、项目再好、政策再好、市场再好、前景再好，如果科技人才没有动力、没有活力，这么多的"再好"怎么去实现呢？因此，我始终认为，在全国各地建设科创中心的进程中，最核心的要素应该就是科技人才，当然也包括各类人才。因此，人才的动力和活力能否得到激发，不仅对科创中心建设是一个重要考验，而且对人才的动力、活力激发的创新环境建设也是一个重要的考量。

第二句话：关键是环境。

怎么理解科创中心建设的环境呢？实际上，我们强调创新已经很多年了，直到今天，我们依然还在讲创新。什么缘故？一个重要原因就是整个创新环境没有营造好。其一，创新环境里面最重要的一条，是创新的价值观有没有很好地确立起来。应该说，创新需要努力和坚守，也需要经过很曲折的过程。如果没有确立起正确的创新价值观，重视了去推推，不重视了就缺乏动力；想到了去搞搞，想不到就拉倒；有利益去弄弄，没有利益就躲躲；尽管有长期的目标和效益，但没人感兴趣，都去关注"短平快"，那么，一些重大创新、重大突破、重大技术、重大进步怎么能够迸发出来呢？所以，创新的价值观最重要。其二，创新的门槛有没有放低。实际上，在经济社会发展进程中，创新无处不在，因此，创新不能有门槛。现在讲"大众创业，万众创新"，就要考虑这八个字的门槛还有没有？还有的话应该把它去掉。其三，创新的机制形成了没有。比如，创新可能会碰到一些困难，甚至可能会遭遇失败。这个时候，有没有容错的机制很重要。尤其体制内的很多人为什么不敢去创新呢？生怕到时候失败了，也许前途就没了，那谁还敢去创新？现在，已经建立了容错机制，这很好，但我个人觉得还不够完善，社会上也没有得到完全认可，容错机制的建立健全，对于形成创新氛围十分重要。其四，创新的成果能不能得到有效的保护。这个问题，就是知识产权保护问题。我国现在正处于经济转型时期，市场经济体制也在不断完善，应该高度重视知识产权保护。如果你好不容易搞了一个创新，人家把手机拿出来一拍，就变成了人家的利益，原创者的利益得不到保护，创新的持久动力就会萎缩和消退。当然，创新环境还有很多内涵，但这四条是十分重要的。

第三句话：重点是制度。

现在大家知道了，科技人才的动力、活力很重要，科技创新的整体环境建设也很重要。那么，怎么去激发科技人才的动力和活力？怎么去营造有利于科创中心建设的整体环境？我认为，最重要的还是要抓好制度建设。应该充分认识到，解决一些科创中心建设发展中的问题和矛盾，不能仅仅依靠"单兵突进"式的短期措施，而是应该建立健全一系列的制度，因为制度建设起到的是重要的"保驾护航"作用。实践证明，解决经济社会发展中的很多问题和矛盾，化解科创中心建设中的一些瓶颈障碍，只有依靠制度建设，才可能是上策。如果从这个高度来看问题，就抓住了关键环节。例如，2015年5月上海市委市政府出台了加快建设具有全球影响力的科技创新中心"22条"，形成9个配套文件，建立"2＋X"工作推进机制。这一系列的配套政策包括科技创新中心建设在人才支撑方面的"20条"（其在2016年又进一步推出了"人才新政30条"），财政配套政策"16条"，加强知识产权运用和保护"12条"。应该说，这才是抓住了根本，抓住了要害。

如今，全国相关城市的科技创新中心建设都取得了一定成绩，但是，这只是一个良好的开端，前面还有很长的路要走，还有一些险滩需要跨越。不过，只要我们看清了方向，瞄准了目标，建立了制度，整合了资源，化解了问题，通过共同努力，持之以恒，经验互鉴，就有理由相信，各地建设各类科技创新中心的宏伟蓝图一定能够获得成功。沿着这个路径发展下去，中国也一定能够成为一个创新型大国。

七、工业化提升，还要重视品牌建设

不论是制造大国，还是制造强国，实际上，都离不开制造品牌的支撑。一个国家，如果缺乏具有全球影响力的品牌支撑，那么，制造强国也许走不远；一个地区或城市，如果缺乏具有全国影响力的品牌支撑，其制造业发展的产业能级和整体水平也是难以想象的。这样，在中国工业化未来发展进程中，如何培育新品牌，如何传承老品牌，也就成为一个十分重要的命题。

1. 制造品牌，构建四个层面的体系

应该说，制造品牌不是孤立的，而是应该形成体系的，唯有如此，制造品牌才能具有持久的生命力，才能充分发挥制造品牌的整体效应。在新时代，中国要进一步打造制造品牌，还应该十分注重形成四个层面的品牌体系。

为了更容易说明问题和把握内涵，我们以上海为例，一起来看一看全系列的制造品牌体系。

第一个层面：产业品牌体系。

党的十九大报告提出要构建现代经济体系，而现代经济体系的重要内涵之一，就是要构建现代产业体系。因此，上海制造品牌到底意味着什么？首先应该是指产业品牌体系，也就是代表上海制造的总体品牌。例如，上海汽车、上海电气、上海航空航天、上海生物医药等。这是因为，有没有在全国乃至全球响当当的产业，对一个现代化国际大都市来说，是最为关键的。从这个高度出发，如何培育和发展中国特色、时代特征、上海特点，以及全球知名的制造产业，进而形成上海制造的产业品牌，应该成为第一个考量。

第二个层面：行业品牌体系。

大家知道，经济社会越发展，产业分工越精细，市场空间就越多元，这也是社会进步的重要特征。因此，在每一个产业大类下面，还有衍生出很多细分的行业，例如，重工业里面有钢铁、化工、装备等行业，轻工业里面有食品饮料、黄金饰品、文体用品等行业，等等。因此，如果产业层面暂时不"出挑"，那么，应该形成行业品牌体系。以前上海的制表、自行车等行业，都是享誉全国的，具有很大的市场影响力；以老凤祥、老庙黄金为代表的上海黄金饰品行业，如今也仍然风靡全国。

第三个层面：企业品牌体系。

在每一个细分行业中，实际上，都存在着一些具有代表性的品牌企业。很多品牌听上去可能是产品品牌，实际上更是企业品牌。因此，在现实经济生活中，很多的产品品牌和企业品牌，实际上是互相叠加的，也是彼此交融在一起的。例如，上海光明的乳制品、老凤祥和老庙黄金的黄金饰品、恒源祥的羊毛制品、老大房的蛋糕等，既是产品品牌，也是企业品牌，两者紧密地结合在一起。在这种情况下，产品品牌和企业品牌形成了相互支撑的局面。当然，这种情况还有不少，除了上海，全国各地都有。

第四个层面：产品品牌体系。

对广大消费者来讲，产品品牌是最直接的、最直观的，并且直接关系到产品的市场影响力和市场占有率。这些产品品牌，涉及吃、穿、用、行等方方面面，可谓无处不在。从微观经济角度来说，缺少品牌的支撑，企业就会少了"底气"，产品也就会缺乏市场感召力。从宏观经济角度来看，产品品牌也是一个国家、一个地区、一个城市重要的"名片"，有时候，记住了一些产品品牌，也就记住了一个城市、一个地区、一个国家。我想，大家在日常生活中应该是有一点这种切身感受的。

应该充分认识到，由这四个层面所构成的品牌体系，缺一不可，相互支撑，相得益彰。只有这样，制造品牌才能形成合力，才能形成更强的持久力。当然，其中有两个问题很重要。一要抓好新品牌培育。对于产业、行业、企业、产品等四个层面的品牌，中小企业要注重创新和培育，大型集团要注重谋划和聚焦，政府要注重服务和知识产权保护。二要抓好老品牌传承，让各类品牌能够在新时代生生不息。

2. 怎么让品牌生生不息

这么些年来，人们在津津乐道国际品牌的同时，也会对一些昔日知名国内品牌的陨落感到痛惜，而社会各界对此也时有讨论。例如，上海制造曾经令人神往，如今却有不少耳熟能详且曾引人自豪的名牌产品和企业不见了踪影，这种现象在全国各地都有发生。当然，在当今社会商品日趋丰富、日新月异的年代，针对这种现象，很多人再也不会像以往那样感到痛心疾首，但也不失惋惜之情。如今，中国制造正在凤凰涅槃，更需要开辟新天地。

在市场经济发展环境中，企业的存亡、产品的兴败，自然由市场法则来决定，谁也奈何不得。但是，对于那些依附于企业、产品的品牌，是不是也应该随企业的消亡而销声匿迹呢？看来，这个问题似乎很有讨论的必要。我认为，还是让品牌"生生不息"为好。

第一，为什么要让品牌"生生不息"？

这是因为，品牌具有特殊的市场价值。大家都知道，品牌是由时间的累积、金钱的堆积、影响的叠加而成，因而品牌是有价的。应该说，在国内外市场上，不少国际国内的老字号品牌或著名品牌的确立，不仅需要花费几十年甚至上百年的时间，而且其无形资产的价值也是成百万、千万甚至上亿元以上。因此，品牌的确立，非一朝一夕的事情，需要精心培育，精心呵护，而品牌的价值也应该得到充分的挖掘和体现。

目前，在经济全球化的大背景下，无论是产品竞争还是企业竞争，归根到底，还是品牌的竞争。可以这么说，缺少品牌的有力支撑，企业不仅会缺乏"底气"，而且也容易"泄气"，产品也就会更加缺乏市场"感召力"。站在这个高度审视一下，就可以认识到品牌资源的重要性，树一个品牌不容易，保持一个品牌的持续发展更不容易，而让一个老字号品牌或著名品牌白白地销蚀掉，似乎更可惜。当然，不可能寄希望所有的品牌都能具有持续的生命力，但对于一些象征一个城市、一个地区、一个国家历史脉络的老字号品牌或产业领域的著名品牌，还是应该得到持续的发展为上。因此，无论从哪个角度来看，还是让品牌"生生不息"为好，于企业如此，于一个民族来说更是如此。

第二，如何才能让品牌"生生不息"？

关键在于形成品牌经营的传导机制。一个品牌能不能生存与发展，取决于有没有构筑起品牌延续发展的良好的内外部机制。当今社会，企业的兴旺发达和破产倒闭，是一种十分正常的经济现象，而那些拥有老字号品牌或著名品牌的企业当然也不例外。那么，如果企业销声匿迹了，是不是品牌就一定会随之消失了呢？这就不一定了。关键还是在于形成一种品牌生命力延续的长效机制，而这种机制就成了品牌"生生不息"的重要基础。

仔细推敲一下，国内外的许多著名品牌为什么能一直延续发展呢？说到底，就是品牌生命力的延续都有一个传导机制。这种传导机制主要具有两种传导方式和特征。一种是品牌在相同企业内历任经营者之间的上下承接和传导，如上海恒源祥品牌的历任经营者对品牌的确立、呵护和创新经营，从而使"恒源祥"品牌得以发扬光大。另一种是品牌在不同企业之间的转移和传导，也就是所谓品牌产权的让渡。这种品牌让渡的案例在国内外企业界时有发生，而现代企业的产权制度也为这种无形资产的让渡提供了基础条件的法律保障。通过这两种方式，国内外不少著名品牌的经营和延续也就形成了"接力棒"式的传导机制，这似乎同排球比赛的一传、二传的功能有异曲同工之处。于是，就会有不少品牌得以生生不息地延续下来。因此，有了这种"接力"传导机制，不论企业的兴与衰，也不论企业的经营者是否更替，品牌还是仍然能够持续发展。

第三，如何进行品牌"生生不息"的传导？

其核心在于需要有更多的品牌"接力者"，进而才能保持住品牌的"生生不息"。既然品牌"生生不息"的关键在于"接力"传导机制，那么品牌的"接力者"在哪里呢？目前看来，在当今市场经济体制不断完善的过程中，我们的视野似乎应该更开阔一些。

具体来说，一要破除所有制的束缚，扩大品牌"接力者"的参与队伍。不论品牌的归属权属于什么所有制性质的企业，其"接力者"不应受到所有制的限制，尤其要在思想观念上打破这种障碍，只要能够对民族品牌的发展有利，"接力"的过程规范有序，那么，就要鼓励各种所有制包括民营经济主体乃至其他所有制的市场主体对品牌"接力"进行直接参与。总而言之，千万不要把一些昔日的老字号品牌或著名品牌在"捂"的过程中慢慢销蚀掉。二要破除画地为牢的影响和束缚，扩大品牌"接力者"的区域范围。对一个区域或城市所拥有的品牌，也不要一味地抱住不放，而要以宽广的胸怀到更大的范围内去寻找品牌的"接力者"，这恐怕也是体现一个地区、一个城市精神的一种气概。例如，在很久之前，上海最早获得国家驰名商标称号的"霞飞"已被浙江企业买去，另一个被浙江企业买去的上海"百雀灵"当时发展得也不错。实际上，全国各地还有不少的品牌，通过各种方式能够得到生命力的延续；反之，一个地方的品牌"接力者"也可以购买其他地方的品牌。如此双向或多向之间的品牌"接力"，对一个民族、一个国家来说，当然可谓幸事。

第八讲　服务业：蓬勃发展的中国景象

　　服务业，也就是我们通常所说的第三产业。按照统计要求来划分，第三产业主要包括商业、金融业、交通运输业、房地产业、通信、教育、文化、卫生及其他很多的非物质生产部门。同时，服务业还可以分为生产性服务业和生活性服务业两大门类，当然，如果再细分下去，那就更多了。不过，大家从中可以看出，在中国的产业结构中，除了第一产业和第二产业之外，第三产业的门类是最多的，内涵也是最丰富的。

　　新中国成立以来，中国服务业经历了一个逐渐发展和不断壮大的过程，尤其是实行改革开放之后，全国的服务业才真正地呈现出蓬勃发展的迅猛态势，从根本上改变了服务业发展的整体面貌，并且为第一产业和第二产业的发展提供了非常有力的服务支撑。一句话，中国服务业在国民经济发展中的比重已经从新中国成立初期1952年的28.7%，上升到2021年的53.3%，并且已经超过了"半壁江山"。[1]

一、新中国成立之后，服务业有发展有不足

　　新中国成立之初，国民经济比较快地得到了全面恢复和初步发展，

1　数据来源：国家统计局。

接下来，我国又实施了过渡时期总路线和社会主义改造。与这个历史发展过程相契合，中国的服务业不仅得到了恢复发展，而且还在一定程度上助推了当时的经济社会发展。之后，中国服务业发展逐步形成了以计划经济体制为主要特征的基本架构。

如果用现在的眼光来评判，中国在改革开放之前，服务业的内涵是比较单一的，是很不丰富的，难以满足人民群众对服务业发展的需求。当然，在那个历史时期，全国服务业发展的状态和水平，实际上是与我国当时的经济社会发展水平密切相关的。也可以这么说，中国服务业的历史发展，同样带有深深的时代烙印。

1. 商业和批发的两大体系最重要

在中国改革开放之前，与广大人民群众日常生活直接相关的服务业中，最主要的、也是最重要的服务业门类，应该还是商业服务业，也可以称之为商业零售业。这个行业，在当时的全国城乡，主要由两个大系统进行管理。由于存在着城乡分治的状况，在城市系统，主要是由国务院商业部及各级城市的商业局对城市商业零售业进行管理；在农村系统，主要是由全国供销总社及各地各级供销社对农村商业零售业进行管理；除此之外，几乎很少存在着其他补充性的商业零售业。

那么，商业零售业所销售的物资或商品是从哪里来的呢？在计划经济条件下，全国从上到下的物资分配是通过批发体制来完成的，政府管理部门从上至下，分别为国家的物资部、各地各级的物资局，操作系统可以分为"一级批""二级批""三级批"等，其相对应的，是全国性、专业性的批发站或公司，大区域的批发站或公司，省市自治区的批发站或公司，再往下，就是地区、县、乡镇，并且构建形成了从上到下、网络状态的批发体系。从产业角度来讲，我们可以称之为批发业。

讲到这里，大家基本上可以比较清晰地看到，在改革开放之前，中国主要就是通过批发体系和商业体系两大体系，把各类商品销售到全国城乡的千家万户，进而初步地满足全国城乡居民日常生活的基本需要。

现在，回过头来想想，尽管有很多不尽如人意的地方，但是，确实也是一件不太容易的事情。

2. 各类服务业的服务内涵不丰富

除了商业零售业和批发业之外，应该说，其他与人民群众生活相关的服务业行业也有不少，但是，由于当时的生活物资极不丰富，再加上计划经济体制产生的影响，一般来讲，这些服务业行业的规模都不大，服务内涵也不太丰富，只能比较低水平地满足城乡居民的基本生活需求。

我们可以采取比较形象的方法，对那个年代的一些服务业行业作一个回顾和描述：餐饮服务业，主要以大量的各类饮食店、点心店为主，被冠名为饭店的实在稀少，至于豪华饭店和高档餐厅更是凤毛麟角；住宿服务业，主要以各级政府、各个部门、各个单位，以及商业系统的一些招待所、小旅馆为主，很有气派的大宾馆少之又少，当然，更没有星级宾馆的概念；交通运输服务业，长期以来运力一直比较紧张，现在觉得跑得很慢的绿皮火车、长江轮船及海轮，在当年逢年过节时，票都甚为抢手，而航空业不发达，普通人坐飞机成了奢望；至于邮政通信、旅游会展、文化娱乐体育等，都只能大体满足人们的基本生活需求，远远谈不上提供高水平、多样化的各类服务，例如，当时家里装有固定电话，那是不得了的事情，老百姓能够使用的都是公用电话；最称奇的，还是金融服务业，在那个年代，全国上下只有一家银行，就是中国人民银行，还有一家是农村信用合作社，没有中央银行和商业银行的概念，而证券、保险、信托等其他主要的金融行业，要么没有，要么很小。

可以看出，中国改革开放之前的服务业，主要还是以生活性服务业为主，而生产性服务业的门类不多，如今在经济社会发展进程中出现的很多新的服务业门类，在当时还属于"天方夜谭"，也是难以想象的。此外，与当时的计划经济体制相对应，几乎所有的服务业都是采取公有制经济形式。因此，从服务业企业层面来讲，要么是国有的服务业企业；要么是集体所有制的服务业企业；而非公经济形式是被排除在外的，也就是说，不存在非公经济服务业企业发展的土壤。具体来看，在城市，一些比较大的服务业企业，都是国有经济的，而集体所有制的服务业企业，一般规模相对比较小；在农村，面广量大的中小服务业企业，很多都是集体所有制的，主要为各个层面的农村供销社。因此，在改革开放之前，公有制经济在全国城乡服务业发展领域，确实还是"一统天下"。

在这里，我们通过一组比较具体的数据，来回顾新中国成立之后一直到改革开放之前，全国服务业发展的概貌。1952年，全国的国内生产总值为679亿元，其中第三产业增加值为194.3亿元，占比28.61%；到1978年，全国的国内生产总值为3 624.1亿元，其中第三产业增加值为860.5亿元，占比23.74%；在第三产业中，批发和零售贸易餐饮业增加值占第三产业增加值的比重，1952年为41.33%，1978年为30.85%。[1]从中可以清楚地看出，自新中国成立之后二十几年以来，全国服务业发展不仅是很不充分的，而且其在产业结构中的比重也是有所下降的。

二、改革开放以来，服务业发展演变的五条线索

改革开放之后，中国服务业发展逐渐进入一个新境界。总体上来讲，服务内涵不断丰富，服务规模不断扩大，服务水平不断提升，服务贡献不断提高，服务创新不断推进，以及服务业占国内生产总值中的比重不断提高。从历史角度出发去考察，我们可以通过以下五条线索，对改革开放以来全国服务业的发展演变进行必要的回顾，也可以说，通过我与大家一起来"盘古论今"，努力去了解和把握中国服务业逐渐发展演变的主要脉络。

---

1 根据《中国统计年鉴1999》数据计算。

1. 第一条线索：服务业内涵越来越丰富

改革开放以来，尤其是确立社会主义市场经济体制之后，中国的服务业得到了蓬勃的快速发展。首先，服务业发展的内涵开始越来越丰富了，更令人惊喜的是，生活性服务业和生产性服务业也开始出现"齐头并进"的发展态势。

其主要特点有两点。一是生活性服务业的内涵得到不断扩展。在原来发展的基础上，全国生活性服务业发展开始呈现"百花齐放"的姿态，服务功能得到了不断的提升，极大地方便了人民群众日常的物质生活和精神生活。例如，百货、餐饮、住宿、交通、通信、旅游、文化、娱乐、教育、医疗卫生、体育健康等各个行业得到了空前繁荣发展，并且每一个行业里边又细分出一些小行业，从而能够从各个方面、各个层面来充分满足人民群众不断增长的物质需求和精神需求。二是生产性服务业的内涵得到充分挖掘。在改革开放之后，全国生产性服务业发展迅猛，金融服务业、信息服务业、法律服务业、现代物流业、现代会展业、节能与环保服务业、生产性租赁服务业、人力资源管理与培训服务业、批发经纪代理服务业、生产性支持服务业、高技术服务业和商务服务业等重要的生产性服务业门类，纷纷开始异军突起，为生产性企业尤其是制造业企业提供了一系列重要的服务支持，并且已经成为服务业发展中十分重要的组成部分。

2. 第二条线索：服务业体系越来越齐全

在中国服务业内涵不断丰富的基础上，整个服务业发展的体系也开始逐渐地建立健全了起来，而服务业体系的逐渐齐全，意味着服务业发展的能级得到了不断的提升。换一句话来说，也就是全国服务业发展的深度和广度已经得到了持续的扩展。

其主要特点有两点。一是服务业门类越来越齐全。到目前为止，从统计角度来讲，服务业的十几个大类、几十个小类都已经逐渐形成并且充分地发展起来。例如，大类中的商业服务、通信服务、建筑及有关工程服务、销售服务、教育服务、环境服务、金融服务、健康与社会服务、旅游及相关服务、娱乐文化与体育服务、运输服务等，可谓林林总总，一应俱全。二是服务业细分门类越来越齐全。随着时代的不断进步和服务需求的发展变化，一些服务业出现了细分化的发展趋势，有的是弥补了以前的空白，有的则是新生事物，特别是各类专业服务业纷纷崛起。例如，如今的金融服务业，已经主要包括了银行、证券、保险、信托、期货、基金等一系列的门类，这说明非银行金融服务业已经越来越完备。又如，现在通信服务业，包括了邮政服务、快件服务、快递服务、电信服务、视听服务、手机支付服务等，可见，服务的门类确实是越来越细分了。如果大家需要进一步了解更多的话，只要去查一下《中国统计年鉴》就可以了。

　　3. 第三条线索：服务业主体越来越多元

　　这里讲的服务业主体是指服务提供商，也就是服务业企业。当然，在这些主体中也包括一定数量的、从事服务业的个体工商户。应该说，服务业主体的发展直接关系到整个服务业发展的能力和水平。随着改革开放的不断深入，中国服务业主体也开始越来越多元了。

　　其主要特点有两点。一是服务业企业的所有制结构发生了重要变化。改革开放之后，以公有制经济服务业企业"一统天下"的格局发生了很大的变化，非公经济服务业企业异军突起，发展迅速，使得服务业企业呈现了多元化态势。服务业企业的发展形式有国有企业、集体所有制企业，也有私营企业、外资企业、个体工商户，还有一些国有的服务业企业和集体所有制的服务企业改制为非公经济的服务业企业，或者发展为混合所有制的服务业企业。当然，也出现了一些不同所有制的股份公司，包括上市公司。截至 2019 年 12 月 31 日，上市服务业企业共有 1 051 家，占同口径板块全部上市公司的比重为 28.10%。[1] 二是服务业企

1　高蕊、张志强：《中国服务业上市企业大盘点》，《中国经济报告》2021 年第 2 期。

业的规模结构发生了重要变化。目前，在全国服务业发展的各个领域、各个门类中已经形成了不同特征、不同规模、不同层级、不同功能的企业群体，共同构建形成服务业企业体系。例如，在银行业中，有大型国有商业银行、国有大型政策性银行、国有地方银行，还有农村商业银行、城市商业银行、外资银行等，一些银行发展为股份制银行，还发展了民营银行等。又如，在餐饮服务业方面，民营的餐饮服务业企业就相对比较多了，不仅有一些规模相对比较大的民营饭店，中小型饭店、餐厅更是以民营的为主。2020 年，全国私营企业餐饮业法人企业数已经占到全国餐饮业法人企业总数的 81.3%。[1]

4. 第四条线索：服务业中要素市场越来越多

在计划经济体制下，要素都是按照计划来分配的，也就不可能有相应的要素市场，但是，自从改革开放，尤其是确立了市场经济体制之后，中国的要素市场开始逐渐得到培育发展，并且成为服务业发展中的一股重要力量，更成为现代服务业发展水平的一个重要象征和标志。

其主要特点有两点。一是市场配置资源的决定性作用持续得到发挥，为各种商品市场和要素市场的发展创造了重要前提和基础条件。如今，在全国各地，要素市场已经成为市场配置资源的重要方式和抓手之一，一些区域性、全国性乃至全球性的要素市场及商品市场开始快速地发展了起来，而且，市场规模得到了不断壮大，市场的能级得到了不断提升。二是整个商品市场和要素市场体系逐渐建立健全起来，市场的内涵和领域不断扩展。在改革开放初期，首先涌现的是各类商品市场。例如，当时作为市场大省的浙江省产生了一大批的商品市场，最典型的就是义乌小商品市场，至今仍然是全国规模最大的小商品市场。之后，各种要素市场开始得到不断发展，尤其是一些全国性的要素市场纷纷破土而出。例如，仅仅在上海市，就有上海证券交易所、上海期货交易所、

1　数据来源：国家统计局。

上海金融期货交易所、上海黄金交易所、上海保险交易所、中国外汇交易中心、上海联合交易所，以及全国性的资金市场、人才市场等要素市场。

5. 第五条线索：服务业发展越来越与全球经济相融合

在中国不断深入推进对外开放的大环境下，尤其是中国加入世界贸易组织之后，随着经济全球化进程的逐渐加深，中国服务业发展与全球经济发展的链接开始紧密起来，服务半径越来越大，而且开始融入全球经济。

其主要特点有两点。一是对外贸易迅速发展，规模不断壮大。对外贸易是最典型的与全球链接的重要形式，经过持续的进出口，尤其是出口的增长，如今，中国已经发展成为全球贸易大国，对外贸易规模也已经在全世界排名第一。[1] 从出口角度来看，出口规模不断增加，出口市场不断扩展，出口产品不断丰富，出口贸易方式不断改善，出口结构包括产品价格、市场结构等不断完善。例如，2021 年中国服务贸易同比增长 16.1%，其中服务出口增长 31.4%，知识密集型服务出口增长 18%，运输服务出口增长 110.2%，金融服务、电信计算机和信息服务进出口增速分别为 31.1% 和 19.3%。[2] 二是对外经济交流日趋频繁，服务内涵不断丰富。与对外贸易发展相衔接，各类全球性或国际性的会展业逐渐发展起来，比较著名的有广交会，也就是在广州举办的中国进出口商品交易会，到 2022 年上半年已经举办了 131 届；还有自 2018 年开始每年在上海举办的中国国际进口博览会，到 2022 年已经连续举办了五届，这是迄今为止世界上第一个以进口为主题的国家级展会，也是国际贸易发展史上一大创举。与各类人员流动相衔接，国际旅游异军突起，随着人们生活水平的不断提高，越来越多的中国人开始出国旅游，并且已经成为

---

1 根据 WTO 官网发布的数据，2020 年中国货物贸易出口规模达 2.59 万亿美元，服务贸易出口规模达 2 780 亿美元，对外贸易出口总体规模排名世界第一。

2 数据来源：中华人民共和国商务部。

一个发展的大趋势；还有国际教育交流也发展很快，越来越多的学生去国外留学，也有越来越多的外国学生来到中国留学[1]，如此等等，真是不胜枚举。

三、服务业发展的三个重要标志

如今，服务业已经成为中国国民经济发展的重要推动力量，并且在生产和生活的各个领域都发挥了十分重要的作用，成为经济结构调整和社会发展进步的一个重要象征。在这个发展进程中，中国服务业发展呈现出以下三个十分重要的标志。

1. 第一个标志：服务业发展越来越凸显出重要性

随着改革开放的深入发展，中国服务业得到了快速的发展。在这种持续的发展势头下，目前的服务业不仅在全国经济社会发展中的重要作用越来越凸显，而且在全国各地经济增长中的贡献也越来越大，其对经济增长的推动力也越来越强。

一方面，从全国角度来看，服务业在国民经济中的比重得到了很大的提高。这一点，可以从改革开放之后服务业发展的历程中充分地得到体现。在此，我们选取 1980 年、1990 年、2000 年、2010 年、2020 年、2021 年服务业占全国 GDP 比重的数据。从图 8.1 可以清楚地看到，服务业对全国经济增长的贡献和重要程度不断提高。

另一方面，从城市角度来看，随着城市功能转变和城市产业结构调整，全国大中城市，尤其是特大型城市、超大城市的服务业发展十分突出，在产业结构中的比重上升也很快。例如，作为全国超大城市的上

1　国家教育部官网显示，2018 年共有来自 196 个国家和地区的 492 185 名各类外国留学人员在全国 31 个省（区、市）的 1 004 所高等院校学习，比 2017 年增加了 3 013 人，增长比例为 0.62%。

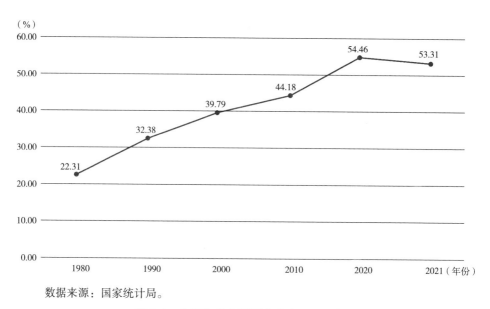

数据来源：国家统计局。

图 8.1　主要年份中国服务业占 GDP 比重

海，服务业占全市国内生产总值的比重已经超过 70%，并且形成了以服务经济为主导的产业结构，从而大大增强了城市的服务功能，提升了城市的服务能级。从农村角度来看，服务业同样有了一定的发展，应该说，随着服务业，尤其是农村各类服务业的发展，农村居民的生产和生活也得到了相应的服务。

2. 第二个标志：服务业发展越来越趋于融合发展

当前的中国服务业发展，不仅已经有了现代服务业和传统服务业之分，而且更重要的是在服务业与第一、二产业之间，以及服务业内部不同行业之间的融合发展趋势也已经体现得越来越明显。这种融合发展的基本态势，同样成为新时代服务业发展的一个重要标志。

一方面，在全国各地已经出现了服务业与农业、制造业的融合发展，也可以称之为"服务业+"，或者说，三次产业的融合发展。例如，服务业与农业一经融合便出现了观光农业、休闲农业，以及民宿经济等新的业态；制造业内部也出现了一些服务化的发展趋势，也就是把制造业企业内部的一些服务门类剥离出来，设立为独立的服务业企业，或者可以称之为制造业服务化。一些从大型制造企业剥离出来之后成立的销售公司就是比较典型的例子，而过去生产制造和产品销售是并存在一个企业内的。这样，在一个大型制造业集团内部，不仅有制造业企业，也有为制造业服务的服务型企业，例如，在全国的一些汽车制造和汽车销售方面已经有了这种案例。

另一方面，服务业内部不同行业之间也出现了融合发展趋势，使得一些服务行业的边界变得越来越模糊。例如，金融服务业和航运服务业是两个不同的服务业门类，但是，这两个门类的服务业一经结合，就出现了航运金融服务业；还有金融加上科技，就成为了科技金融服务业，如此等等。确实出现了一些令人目不暇接的"新名堂"，新的行业常常会迎面扑来。当然，在进入了互联网时代之后，企业开始数字化转型，服务业内部之间融合发展的内涵和形式变得越来越丰富，新的行业、新的业态、新的服务、新的模式不断出现，给市场规则、市场管理和市场监督带来了一些新的挑战，需要建立健全与此相对应的法律法规。

3. 第三个标志：服务业发展出现了越来越多的新内涵

随着信息化，尤其是数字化时代的到来，互联网已经成为人们经济社会生活不可或缺的手段，进而也派生出全国服务业发展的新行业、新业态、新技术、新模式等，从而大大地丰富了服务业发展的内涵，使得服务业发展精彩纷呈。

一方面，传统服务业出现了一系列新的经营形式。在商业零售业、餐饮业和住宿业等领域，连锁经营模式，如连锁超市、连锁便利店、连锁酒店、连锁餐厅、连锁药店等纷纷涌现，进入了人们的日常生活。这些连锁店有自营的，也有加盟的。在载体建设方面，出现了很多的商业综合体，也就是通常所说的 shopping mall，还有专卖店、体验店、专柜等。在交通运输领域，出现了各种专业的第三方物流公司、配送中心，以及大型快递公司等，发展速度之快，产业规模之大，不禁令人称奇。

在文化发展领域，出现了文化创意产业，各类文创产品破土而出，涌现了各类文创产业园区。如此等等，说明以往的一些传统服务业已经出现了一系列新的变化。

另一方面，新兴服务业不断萌芽并发展壮大起来。最为典型的是以互联网为依托的新兴服务业层出不穷，可以统称为"互联网＋"。具体来讲，新的服务门类和方式就越来越多了，例如，电子商务平台、跨境电商、直播电商、打车平台、旅游平台、游戏平台、电竞，还有互联网教育、医疗、文化、视频等。这些服务业领域的"新生事物"，确实在很大程度上改变了人们的生活方式、消费方式，而且对传统服务业产生了十分深刻的影响。人们没有想到的是，即使宅在家里，只要刷刷手机，所有吃的、穿的、用的生活必需品都能直接送到手上；不需要再购买自行车了，只要在街上扫一下码，骑上一辆共享单车就可以走了；拿一个平板电脑或手机，可以观看足够丰富的影视剧，玩上足够多的游戏。

四、服务业未来发展的五个方向

有一句话，方向决定一切。根据全球政治经济发展变化的整体形势、世界上一些后工业化国家服务业发展的基本特点，以及中国经济社会发展的未来趋势和服务业发展的内在规律，从总体上来把握，中国服务业未来发展将会呈现出以下五个基本方向。

1. 第一个方向：服务业发展比重将会继续提高

如果观察一下世界上一些发达国家的发展历程，你就会发现，一个国家从不发达走向发达的过程，也是这个国家服务业比重不断提升的过程；换句话说，从农业国到工业国，再进入所谓以服务经济为主导的后工业化时代，服务业比重的高低成为衡量一个国家发达与否的重要标志之一。迄今为止，这似乎已经成为历史发展的一般规律，以后，这个规律是否会有所改变，我想，还应该取决于未来国际政治、经济、社会、科技、文化等外部因素，以及本国综合性的内部因素。从这个角度出发，中国仍然需要保持制造业比重的基本稳定，全国各地的服务业发展仍然有很大的空间，服务业发展占国民经济的比重仍然有一定的提升空间。

应该值得高度关注的是，在服务业发展的进程中，还需要国家从顶层设计指导思想、战略规划、政策措施等方面，正确处理好服务业发展与农业、制造业发展的关系。从历史的经验教训来看，我们往往容易陷入一个困境，也就是，由于重视了这个方面而忽视了那个方面，使得整个社会导向、市场导向等可能会出现一定程度的偏差。自我国改革开放之后，在一段时期内，我们重视工业化发展，并且取得了巨大的成就，但在一定程度上可能对农业有所忽视，使得"三农"问题依然难解；在一段时期内，我们鼓励大力发展服务业，尤其是现代服务业，但在一定程度上可能对制造业发展有所忽视，使得"脱实向虚"曾经比较盛行，实体经济也受到一定的影响。实际上，对于一个发展中的大国来讲，农业、制造业、服务业都是国民经济体系中不可或缺的重要组成部分，都是国民经济发展的重要支撑力量，缺一不可。因此，在三次产业之间，应该互相支撑、互相补充、互相促进，而服务业发展也要为农业和制造业发展提供强大的服务支撑。

2. 第二个方向：服务业需要与一、二产业融合发展

应该看到，融合发展是未来产业发展的基本趋势和重要途径，事实已经充分证明，融合不仅能够产生新的产业、新的行业、新的业态、新的产品、新的服务，乃至新的模式，而且能够为传统产业创新转型提供新的思路、新的动力、新的途径，并且产生新的效果。可以预见，中国的服务业与农业、制造业的融合发展，不仅有利于服务业自身的发展壮大，而且能够为农业、制造业的创新转型和开拓发展创造有利条件，因

此，需要国家从顶层设计的高度出发，在方针、规划、政策、措施，以及法律法规等方面为服务业与农业、制造业的融合发展创造一些制度性的环境，并且在此基础上把服务业融合发展推向一个新的高度。

具体来讲，第一，服务业与农业的融合发展，就是要推动传统农业的生产、流通、分配、销售等各个环节的创新发展，通过提升为农服务的能级和水平，进而为传统农业赋能。例如，为农业数字化转型提供的各类服务、一些为农服务型专业合作社能级的提升、农产品流通体系的深化打造、农业休闲旅游场景的进一步丰富、农业"接二连三"内涵的进一步扩展等，实际上都大有文章可做。第二，服务业与制造业的融合发展，就是要推动传统制造业从研发、设计、制造工艺、制造流程、品牌管理、产品营销等各个环节的创新转型，通过服务功能的植入，进而为传统制造业赋能。例如，项目研发、产品设计、工艺和流程再造、企业和产品的品牌营销、市场推广、供应链构建、工业旅游、工业会展等，服务业与制造业融合发展的内涵丰富、门类很多、途径不少，完全可以开辟一番新天地。

3. 第三个方向：服务业发展需要围绕两个市场拓展

这两个市场，一个是国内市场，另一个是国外市场。如今，在中国服务业发展进程中，早已把这两个市场紧密地联系了起来，或者说，已经形成了比较有效的链接。实际上，服务业的发展规模和发展能级主要取决于服务半径，服务半径越大，说明服务范围越宽、服务能级越高、服务实力越强，两个市场的链接能力当然也就越强。例如，美国纽约的华尔街、英国伦敦的金融城，除了都能够为本国经济社会发展提供金融服务之外，其金融服务半径已经跨出国门，甚至已经覆盖全球，这样，国内市场和国外市场可以两者兼得。从中国服务业发展现状来看，国内市场还有很多的开拓空间，国外市场还有很大的增长空间。

具体来讲，第一，国内市场开拓的主线，首先是要改造提升传统服务业，推动传统服务业创新转型，增强传统服务业能级；其次是要培育发展新型服务业，充分依托新科技、新技术、新模式，紧紧围绕新需求、新消费，抓紧制定新政策、新措施，积极推动新型服务业发展。当然，每一个城市和地区、每一个服务业领域，都应该通过扩大服务半径来推动服务业的发展壮大。例如，作为超大城市的上海，目前一些服务业领域的发展半径主要还是在本市，如果能推动服务到长三角、长江经济带、全国，乃至全世界，不仅能够与上海卓越的全球城市功能相匹配，而且能够使得上海服务业发展的能级上一个大台阶。第二，国外市场增长的主线，关键是要推动服务贸易的发展，除了货物贸易之外，要结合对外贸易的转型升级。在服务贸易领域，包括商业服务、通信服务、运输服务、旅游服务、金融服务、教育服务、建筑及有关工程服务、劳务服务、销售服务、环境服务、健康与社会服务等方面，还有很大的增长空间。当然，国外市场拓展，还可以与"一带一路"倡议及我国出口市场调整紧密地结合起来。

4. 第四个方向：服务业发展需要契合未来发展趋势

如今，很多人尤其是越来越多的老年人都在纷纷感叹，这个时代发展太快，变化太快，新生事物不断涌现，一夜之间就可能会有新的事物面世，而且，人们还没有能够完全适应新的事物，就又有更新的事物出来了，确实有点让人应接不暇。这充分表明，经济社会的不断发展，尤其是科学技术的不断创新，将对服务业发展产生十分深刻的、综合的、长远的影响。这种影响，要么为一些传统服务业的生存和发展敲响了警钟，要么为一些新型服务业产生和发展创造了新的机遇。

具体来讲，第一，服务业发展要紧紧跟上时代进步的潮流。当今世界，全球正面临百年未有之大变局，国内又正处在一个十分重要的发展转型时期。经济转型、社会转型、产业转型、消费转型、管理转型等一系列的转型，再加上科学技术颠覆式进步的新特征，都会对服务业未来发展提出新的要求。因此，服务业发展必须适应国际国内经济社会未来发展的整体趋势。跟上形势，就能促进传统服务业转型，抓住新兴服务业发展机遇；跟不上形势，必然会遭到残酷的淘汰。第二，服务业发展要通过不断创新去适应形势发展的变化。对于传统服务业来讲，主要是通过创新转型来谋取新发展，例如，面对互联网平台经济带来的巨大压力，一些过去传统的商业零售、餐饮、住宿等服务业行业，纷纷开始走上"线下与线上"相结合的经营模式，因而获得了新生。对于新兴服务业来讲，主要是要通过科技创新推动新发展，例如，在线新经济、数字经济、数字社会、数字政府等新的发展领域，可以培育发展一系列的新兴服务业，满足人们对美好生活的向往。当然，对于服务业发展领域的新生事物，还有一个认识过程、一个从不成熟到成熟的发展过程、一个从不规范到逐渐规范的过程，因此，需要建立健全相应的法律法规，也需要形成行业的自律机制。

5. 第五个方向：服务业发展需要营造良好环境

总体上来说，中国服务业能不能得到健康稳定发展，除了让市场起到配置资源的决定性作用以及充分发挥好企业主体作用之外，还离不开服务业发展的制度环境。这个整体的制度环境，包括与服务业发展密切相关的法律法规、行业规制等，也可以涵盖产业规划、政策措施等，当然更可以用营商环境来表达。这个整体的制度环境，是需要政府去营造的，也就是，政府到底能够为服务业开拓发展提供什么样的制度以及相应的服务。简要表述，就是制度供给能否跟上，政府服务能否到位，对服务业未来发展至关重要。近年来，各级政府都提出要进一步优化营商环境，这是抓住了问题的本质。

具体来讲，第一，要为服务业发展创造一个公开、公平、公正的市场环境。在市场经济体制下，对于所有服务业企业，尤其是中小型服务业企业来说，市场准入、市场监管等方面应该对其一视同仁，使所有企业能够在一个起跑线上进行合理、合法、合规的竞争，从而为服务业企业的生存和发展提供一个良好的市场环境。第二，要为服务业发展创造一个敢于创新、勇于创新的市场环境。近年来，服务业领域的新生事物出现得比较多，如何对于一些创新进行必要的保护就成为一个新的课题。例如，共享单车的出现，在一定程度上解决了老百姓出行问题，也化解了"最后一公里"的难题，但接下来，就是一哄而上，最后，必然是一哄而下，进而造成经济社会资源的大量浪费。如果我们能够采取产业创新发展的保护机制，如对创新成果给予2—3年的保护期，过了这个保护期，大家都能够跟进去，这样可能对创新起到相应的激励作用。第三，要为服务业发展构建到位的事中、事后监管。如今，随着改革开放的不断深化，加上审批制度改革和负面清单的实施，一般来讲，很多服务业的进入门槛已经没有了，但是，事中、事后的监管能否跟上就成为一个重要环节。由于很多创新是走在现有的法律法规和规章规制前面的，因此，既要鼓励创新，又要加强事中、事后监管，确实对政府的市场监管和市场治理是一个重要的挑战，特别是对于一些打着"创新"的旗号而损害消费者权益的行为，如何加强预防和治理，也是一个很大的考验。

五、还得说一说，文化与文化产业

近年来，在中国经济社会转型发展的过程中，随着物质生产的快速增长，国家已将精神生产提上了议事日程，而且明确提出了要推动文化大发展大繁荣，进而提升国家文化软实力，还要进一步发展文化事业和文化产业。在这个背景下，文化已经得到了各级政府越来越多的重视，而文化产业发展也在全国各地呈现出如火如荼的发展态势，并且已经成为全国现代服务业，乃至整个国民经济发展的一支重要推动力量。

在这个背景下，我作为一名经济学者，不仅需要去关注文化与文化产业发展的命题，而且一直认为，文化与文化产业应该相得益彰。接下来，我以上海文化与文化产业为例，跟大家一起聊聊这个比较专业的话题。

1. 文化引申出来的四个问题

如今，要推进文化的大发展大繁荣，还要推进文化事业和文化产业的发展，那么，首先需要搞清楚文化的内涵、外延、支撑，以及与现代化国际大都市的关系。对于这四个十分重要的问题，需要进行必要的思考，也需要找到合理的答案。

第一个问题：上海文化的内涵是什么？

从广义上来说，文化是指人类在社会实践中所获得的物质、精神的生产能力和创造的物质、精神财富的总和。从狭义上来说，文化专指精神生产能力和精神产品，包括一切社会意识形式：自然科学、技术科学、社会意识形态。有时，文化又专指教育、科学、文学、艺术、卫生、体育等方面的知识与设施。

那么，上海文化的内涵指向又是什么呢？看来，应该是广义的文化，而不是狭义的文化。这是因为，狭义的文化内涵可以体现上海文化的积淀，但不足以支撑起上海文化这个主题。从这个角度去思考，只有物质和精神的组合，才能使上海文化的主题产生比较强有力的依托；只有文化积淀和文化发展的结合，才能使上海文化更具有积极的现实意义和深远的战略意义。

如果站在这个高度去审视，上海文化的内涵就应该充分体现出历史性、继承性、地域性、民族性和多样性，从而形成一种文化的亲和力和整合力，对上海经济与社会发展形成强有力的推动力。因此，上海文化必然是一种大文化，而这种大文化又必然要渗透到全市的经济生活与社会生活的各个领域，从而对全市的经济与社会发展起到重要的推动作用。

第二个问题：上海文化的外延是什么？

上海文化的内涵决定了其外延必须形成历史与未来的结合、传统与现代的结合、独特与综合的结合、继承与发展的结合，并且形成上海的大文化体系。如此，上海文化的主题才会具有生命力，才会真正对上海经济与社会发展起到重要的推动作用。

根据如此的要求，上海文化外延的确定和展示既要体现纵深感，又要显露宽领域。因此，客观上也就需要多视角地研究和深化上海文化的外延。从文化的多样性来看，上海文化的外延既要体现文化的整体性，又要体现文化的独特性。其主要体现在：文学艺术、建筑文化、江河文化、移民文化、国际难民文化、商业文化、体育文化、休闲文化、外来文化、宗教文化等。

从文化的历史性来看，应该主要体现在：文化禀赋、文化特色、红色文化、江河文化、建筑文化、宗教文化等。从文化的继承性来看，应该主要体现在：历史文化、传统文化、外来文化、江河文化、商业文化、休闲文化等。从文化的地域性来看，应该主要体现在：人文底蕴、江南文化、海派文化、外来文化、革命文化、民间民俗文化、国际难民文化、中外移民文化、影剧文化及艺术等。从文化的民族性来看，应该主要体现在：地域文化、外来文化、中西交流文化、移民文化、国际难民文化、建筑文化、宗教文化等。

第三个问题：上海文化的支撑是什么？

上海文化的内涵与外延，不仅需要精神的力量来支撑，而且需要外在的体现来张扬和传播。为此，这就需要做好一件十分重要的事情，就是寻找到相应的文化内涵的外在载体。换句话说，通过一些外在载体，才能来体现文化内涵。

根据如此思路，很有必要对文化内涵进行有系统的梳理和归类，赋予特定的外在载体，并进行相应的考证。例如，在文化禀赋方面有众多的文物保护单位及纪念地、革命遗址遗迹、名人寓所，以及其他遗址遗迹等；在文学艺术方面有众多的名人故居、文化遗迹、文化名人街和中外文化交流重要场所，以及文化名人留下的优秀成果等；在江河文化方面有长江、黄浦江、苏州河，以及市域范围内的众多河流所形成的水系等；在建筑文化方面有外滩建筑，优秀近代建筑有市级文物保护单位、优秀近代建筑保护单位，特色建筑有早期的领事馆建筑、宗教建筑和早期的花园住宅、郊区的古镇建筑等。当然，在体育文化、商业文化、民间文化、宗教文化、中外移民文化、国际难民文化等方面，也都能找到相应的外在载体。

第四个问题：怎么理解文化与上海的关系？

上海文化的内涵、外延、支撑等清楚了，那么，上海文化同现代化国际大都市的关系又是什么？应该充分认识到，作为一个现代化国际大都市，上海文化主要应该体现在两个方面，既是一种城市形态，又是一种城市精神。从这个角度来看，上海要进一步加快建设成为现代化国际大都市，就必须深化"城市"的内涵，优化"城市"的形态。换一句话来讲，既要完善城市内涵，又要改善城市形态。

上海文化建设和发展，有助于丰富上海现代化国际大都市的内涵。一个现代化国际大都市的建设，没有文化底蕴的支撑是难以想象的，没有文化创新的依托也是难以为继的。上海的文化，既能张扬积淀的优秀文化，又能在此基础上进行一系列的文化创新，从而产生更大的文化效应。因此，加强上海文化建设，推动上海文化发展，对于上海建设具有世界影响力的现代化国际大都市，既有历史和现实的意义，更有长远的发展意义。

一个现代化国际大都市或全球城市的建设，是一个庞大的系统集成，也是一个丰富多彩的组合体。从这个意义上来说，上海的每一个区域和每一个系统，就成为一个子系统，或者说组合体的一部分。因此，也就要求每个区域、每个系统，都应该有自己的特色、自己的主题、自己的抓手。唯有如此，未来的现代化国际大都市或全球城市才有可能更加精彩。

2. 文化与文化产业要相得益彰

总体来讲，上海文化必然是一种大文化，而这种大文化又必然要渗透到全市经济社会生活的各个领域，并且通过形成上海的大文化体系，对经济社会发展起到重要的推动作用。唯有这样，上海文化的亲和力、感召力、整合力、影响力才可以得到充分彰显。

那么，文化如何得以发展延伸？文化需要形成产业得以延伸，这就是文化产业发展的意义所在。文化是一个理念，也是一个主题，需要形成相应的抓手和载体；文化产业发展，又会使得文化可以持续地发展延伸；文化产业发展，最后还离不开各类文化主体的支撑。因此，我通过以下四句话的归纳，来简要地阐述文化与文化产业应该如何相得益彰。

第一，把文化资源梳理出来。

如今，红色文化、海派文化、江南文化构成了上海文化的三条主线。目前来看，红色文化资源梳理的比较到位，例如，中国共产党的一大会址、二大会址、四大会址等一系列红色资源。实际上，还有很多的文化资源，如果进行体系化的梳理，同样也是十分丰富的。例如，在建筑文化方面，除了著名的外滩建筑群之外，新天地石库门建筑、衡复风貌区建筑群，以及朱家角镇、七宝镇、枫泾镇的古镇建筑等，都精彩纷呈；在国际难民文化方面，在原摩西会堂旧址设立的上海犹太难民纪念馆等，产生了很大的影响；应该说，还有很多很多。当然，上海文化资源的梳理，既要体现整体性，又要体现独特性。

第二，把文化载体构建起来。

上海的各类文化资源，都能够找到相应的载体。例如，这么多的红色遗址遗迹、文物保护单位及纪念地、名人寓所，以及其他遗址遗迹等；这么多的名人故居、文化遗迹、文化名人街和中外文化交流重要场所，以及文化名人留下的优秀成果等；这么多的优秀近代建筑保护单位、早期的领事馆建筑、宗教建筑和早期的花园住宅等。由此可见，每一类的文化资源，实际上都能找到相应的外在载体。有人曾经问过我，有的文化名人在上海没有故居，那么就没有外在载体了，我的回答是：没有故居，确实很遗憾，但是文化名人留下了重要的作品，著作也是相应的载体呀。

第三，把文化产业发展起来。

上海文化如何得以发展延伸？一个重要的途径是通过形成产业得以

延伸，这是文化产业发展的意义所在。从上海未来发展的角度来看，文化与文化产业的联动还需要从多个方面着手进行。比如，强化海派文化的概念，并策划增强认同感和感召力的方案；在全市经济与社会发展战略中，融入文化理念和文化发展的内涵；对于城市形态的调整，既要研究文化内涵的注入，也要考虑文化产业发展的需要，还要结合全市产业结构调整和文化创意产业发展，构建完善文化产业园区或文化产业楼宇，吸引国内外文化企业向上海集聚。前些年，上海出台的"文创产业50条"，对文化产业整体发展起到了重要的推动作用。

第四，把文化主体培育起来。

文化产业的发展，离不开文化主体的培育。在上海文化产业发展过程中，文化主体的培育十分重要，尤其是文化主体的多元化，直接关系到全市文化产业发展的内涵、规模、结构、水平。首先，要厘清什么是文化事业、什么是文化产业。在一些情况下，文化事业和文化产业的边界不甚清晰，人们很容易把文化事业和文化产业的主体搞混了，往往会用办文化事业的理念和方式去指导文化产业发展，或者简单地把文化事业产业化，其结果都不会理想。因此，应该严格界定文化事业和文化产业，使其按照各自的规律进行发展。其次，对于文化多元主体的培育，应该实行分类指导，使其各司其职。文化主体不仅应该包括各级政府、各类企事业单位，还应该包括不同所有制、不同营运模式的文化主体。没有文化主体的多元化，就不会有丰富多彩的海派文化。对于文化产业发展，一般可以归为三类重要的文化主体：对于政府主体来讲，关键在于放松管制、积极引导、减少审批、提高效率；对于体制内的文化主体来讲，关键在于形成创新意识、创新动力、创新机制，强化市场意识和竞争能力；对于体制外的文化主体来讲，关键在于降低市场门槛、享受公平待遇、获得发展机遇。当然，还要高度重视小微文化主体的培育，尤其要推动小微文化企业的发展。

第九讲　动力结构："三驾马车"此消彼长

　　一个浅显的道理，经济增长是需要有动力拉动的；没有动力，就不可能有增长。这就好比汽车一样，有了发动机，汽车才能跑起来。当然，有增长，也就有正增长和负增长之分，还有中高速增长、微增长、零增长之说。那么，表明经济增长的综合性指标是什么？迄今为止，主要还是用国内生产总值增长率来表达，也就是我们通常所说的 GDP 增长率。进一步来说，GDP 增长的动力在哪里？从一般的经济学理论来讲，投资、消费、出口构成了推动经济增长的三股重要动力，因此，我们常常把投资、消费、出口比喻为拉动经济增长或 GDP 增长的"三驾马车"。应该说，"三驾马车"的这种说法，是对一个国家、一个地区、一个城市经济增长原理进行的最生动、最形象的表述。

　　"三驾马车"是经济增长的动力源头，已经在理论上、实践中达成了共识。如果换一个角度来看，这种经济增长的三大动力，实际上都来自需求，因此，投资、消费、出口也可以被称为三大需求。当然，这三大需求还可以进一步划分为内需和外需，或者是国内需求和国外需求，也可以被称为内需市场和外需市场。

　　接下来，还需要继续把握好内需和外需，或者内需市场和外需市场的内涵。按照经济学分析框架，内需包括投资和消费，而外需就是指出口，这样，"三驾马车"所对应的需求市场也就基本上搞清楚了。有的时候，在认识上还存在着一些误区，一些人往往以为消费就等同于内需，实际上，内需除了消费，还应该包括投资。因此，在"三驾马车"中，有两驾马车是内需，分别为投资和消费，还有一驾马车是外需，那就是出口。

一、"三驾马车"的作用此消彼长

"三驾马车"实际上反映了一个经济增长的动力结构问题。想想也是，由于存在着个体的差异，那么三匹马一起来拉一辆车，每一匹马所起到的作用和拉动的力量，肯定就会不一样了。通常的情况是：动态变化，此消彼长。

1. 动力结构具有时代烙印

从经济增长动力结构变化历程来看，自新中国成立之后一直到改革开放之前，由于在国际上受到全面封锁，国内生产力比较低下，物资普遍比较匮乏，再加上实行计划经济体制，使得中国的国际贸易发展受到了很大的影响。因此，尽管当时的中国，还是有一些产品用来出口，但在经济增长动力结构中的比重很低，这就说明了，出口对中国经济增长的拉动力量是很小的，外需也远远地不能成为拉动经济增长的主要力量。例如，20世纪50年代至70年代，全国出口占GDP比重的均值仅为4%。[1]

在这个大背景下，新中国成立之后，由于缺少外需市场的有力支撑，中国经济增长只能主要依靠内需市场来推动，也就是，只能主要依靠国内投资和国内消费来拉动经济增长。因此，从历史发展角度来讲，当时的这种经济增长的动力结构，充分体现出那个年代中国所面临国际环境的主要特征，以及计划经济体制下国内经济的基本特点。一直到改

---

1 数据来源：国家统计局。

革开放之后，尤其是确立了社会主义市场经济体制之后，这种动力结构情况才出现了根本性的变化。

2. 改革开放改变了动力结构

改革开放之后，中国经济社会发展发生了翻天覆地的变化，经济增长的动力结构随之出现了相应的变化。一方面，投资加大。由于在计划经济时期整个基础设施建设比较薄弱，城市化发展进程比较缓慢，工业化程度又不高，进而影响到了投资的增长。因此，在改革开放之后，一系列大规模的基础设施建设逐渐展开，再加上城镇化和工业化迅速推进，使得我国的投资增长迅速提升，而投资对于经济增长的拉动力越来越明显。同时，由于改革开放使得中国告别了短缺经济，再加上人民群众的生活水平开始逐渐提高，使得消费的总量和质量较以前有了明显的提高，消费对经济增长的作用也更加地凸显出来。另一方面，出口加速。由于改革开放使得中国的国门大开，大量的外资进入国内，从刚开始的"三来一补"，一直到全面引进外资。之后，随着中国外贸体制改革步伐的加快，尤其是中国加入世界贸易组织，中国经济进一步融入了经济全球化进程，不仅使得中国出口规模逐年快速增长、出口市场逐渐多元化、出口产品不断多样化，而且使得中国在全球对外贸易中的地位不断攀升。

得益于中国改革开放的深入推进，在推动全国经济增长的动力结构中，出口开始成为拉动经济增长的重要力量，贡献明显增强。数据显示，自中国于2001年12月加入世界贸易组织以来，我国出口占GDP比重的均值开始上升到24%。[1]

在改革开放之后一段比较长的时期内，中国经济逐渐形成了投资拉动和出口导向为主导的经济增长模式，也就是"投资拉动型＋出口导向型"的模式格局。在拉动我国经济增长的"三驾马车"中，由于投资对

1　数据来源：国家统计局。

经济增长的短期拉动效应比较明显，再加上国际市场对中国产品的实际需求，投资和出口对经济增长的贡献也日趋突出。在这种背景下，由于投资和出口对经济增长的权重上去了，消费对经济增长的作用就受到了一定程度的忽视，以至于出现了一定程度的弱化。一直到 2008 年全球金融危机爆发之后，全球政治经济形势发生了新的变化，全球化受到了一些阻碍，再加上单边主义和贸易保护主义的影响，我国开始逐渐把促进消费提升到一个重要地位。

近年来，面对百年未有之大变局，随着国际形势不稳定性、不确定性因素的逐渐增多，我国更是把转变经济增长方式作为重中之重，并且提出把振兴消费作为推动经济增长的主导力量。我们可以来看一组研究数据。[1]

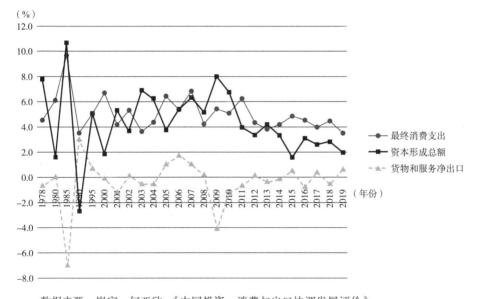

数据来源：崔寅、何亚欣：《中国投资、消费与出口协调发展评价》。

图 9.1　消费、投资与出口对国内生产总值增长贡献率示意图

1　崔寅、何亚欣：《中国投资、消费与出口协调发展评价——基于 1978 年—2019 年的数据分析》，《城市》2021 年第 10 期，第 3—14 页。

可见，拉动经济增长的"三驾马车"，不是一成不变的，而是随着全球经济形势发展的不断变化和国内经济发展转型的实际需要，不断地调整和完善。从这个意义上来讲，"三驾马车"对经济增长所起到的拉动作用，一定是此消彼长的。

二、投资没有好坏之分，关键是否有效

投资之于经济增长，确实具有比较强有力的推动作用。不论是基础设施投资，还是产业投资或房地产投资等，都在很大程度上对经济增长发挥着显著的拉动效应。基于此原因，在一个国家的经济发展过程中，当出口下降和消费不振时，难免会依赖投资，并且投资可能对经济增长起到决定性的稳定作用。

对中国经济而言，围绕投资对经济增长的推动作用，可以展开很多内容、很多角度的讨论。实际上，这么些年来，学术界以及社会各界对投资的讨论也不少。我认为，对于中国的投资，可以通过进一步理清楚以下六个方面的主要问题，使大家对投资有一个比较清晰的认识。

1. 第一问题：什么是投资？

一般来讲，对投资比较完整的表述，就是指全社会固定资产投资，也就是以货币形式表现的、在一定时期内全社会建造和购置固定资产的工作量以及与此有关费用的总称。与此同时，全社会固定资产投资的指标，实际上是反映一个国家固定资产投资的规模、速度和结构的综合性指标。当然，全社会固定资产投资的总体规模、增长速度、结构布局等，在一定程度上也反映了一个国家的整体财力和发展潜力。因此，任何一个国家、一个地区、一个城市，在任何时期，都会存在着一系列的投资；在经济社会发展进程中，如果没有任何的投资，几乎是不存在的，也是难以想象的。

2. 第二个问题：谁是投资主体？

在中国经济社会发展的不同历史阶段，投资主体带上了深深的时代烙印，也确实发生了很大的变化。新中国成立之后，一直延续到改革开放之前，与计划经济体制相适应，我国的投资主体主要为国有投资，还有集体经济的投资，这是与当时的公有制"一统天下"相对应的，而非公有制的投资主体，从总体上看是缺失的。但是，自改革开放之后，我国的投资主体开始出现了多元化的态势，如今，我国全社会固定资产投资按登记注册类型或者按所有制性质，可以划分为国有、集体、联营、股份制、私营和个体、港澳台商、外商、其他等，也就是公有制投资主体和非公经济投资主体的两个大类。一句话，投资主体呈现出多元化、多层次的整体格局。在这种发展态势下，也就有了现在所称的民间投资的概念，按照国家统计局的指标解释，民间固定资产投资主要是指具有集体、私营、个人性质的内资企事业单位以及由其控股（包括绝对控股和相对控股）的企业单位在中华人民共和国境内建造或购置固定资产的投资。这样，谁是投资主体，大家应该比较清楚了。

3. 第三个问题：资金来自哪里？

投资就是花钱，那么，钱从哪里来呢？主要来自这么几个渠道。首先，是国家预算资金。预算资金主要包括一般预算、政府性基金预算、国有资本经营预算和社保基金预算，也就是财政资金投入。其次，是国内贷款。当然，主要还是银行贷款，这是指固定资产投资项目单位向银行及非银行金融机构借入用于固定资产投资的各种国内借款。再次，是利用外资。内容也比较丰富，主要是指国内收到的境外资金，包括对外借款、外商直接投资、外商其他投资，但不包括我国自有外汇资金。最后，是自筹资金。这是指由各企事业单位筹集的用于固定资产投资的资金，包括各类企事业单位的自有资金和从其他单位筹集的用于固定资产投资的资金，但不包括各类财政性资金、从各类金融机构借入资金和国外资金。此外，还有其他的资金来源，也就是除了以上各种资金之外的用于固定资产投资的资金，包括社会集资、个人资金、无偿捐赠的资金及其他单位拨入的资金等。

4. 第四个问题：怎么进行投资分类？

除了投资主体的所有制分类之外，还有一些投资的分类。首先，固定资产投资按照隶属关系可以分为中央和地方。这是根据建设单位或企业、事业、行政单位的主管上级机关确定的，中央主要是指国务院各部、委、办、局、总公司以及直属机构直接领导的建设项目和企业、事业、行政单位的固定资产投资；地方是由省（自治区、直辖市）、地（区、市、州、盟）、县（区、市、旗）三级政府及业务主管部门直接领导和管理的建设项目、企业、事业、行政单位，同时，地方项目还包括不隶属以上各级政府及主管部门的建设项目和企业、事业单位，如外商投资企业和无主管部门的企业等。其次，固定资产投资按照建设性质可以分为新建、扩建、改建和技术改造、单纯建造生活设施、迁建、恢复、单纯购置，而农户投资不划分建设性质。再次，固定资产投资按照构成可以分为建筑工程、安装工程、设备工器具购置、其他费用等。当然，还有比较常见的分类就是基础设施投资，产业投资包括三次产业投资，产业投资还可以分为新建产业项目和更新改造等。

5. 第五个问题：投资有没有好坏之分？

在现实经济生活中，由于中国长期以来保持着比较高的投资增长速度，在一段时期内我国经济增长被冠上了"投资拉动型"的模式，引起了人们对投资的好坏之争。从理论和实践角度出发，实际上投资本身是没有好坏之分的，无所谓好投资，也无所谓坏投资。那么，应该用什么主要指标来衡量呢？我认为，关键还是在于投资的有效性考量。从投资的有效性或者投资的结果来看，可以划分为有效投资、低效投资、无效投资，甚至负效投资，当然，每一种投资的结果，还可以有不同程度之分。一般来讲，投资的有效性，既要在经济上考虑到投入的能力、投入的产出，特别要讲究投资的回报，也就是我们经常讲的投入产出率；同时，又要从社会角度出发，充分考虑到投资可能带来的环境问题、社会效益问题等，也就是在经济学上通常所讲的外部性问题。

一般来讲，依靠投资来推动经济增长，不仅是必须的，也是符合经济发展规律的。但是，需要注意的是，如果过度地依赖投资，也可能会导致地方债务大幅度上升，造成一定的债务风险。例如，要投资就会举债，有的地方政府如果财政收入有限，大量的举债尽管短期内能推动经济增长，但是长期会留下来一定的隐患。又如，有的投资效果不大，甚至成为无效投资，造成了资源的浪费，一些地方的开发区由于缺乏项目支撑而空置，一些地方由于房地产开发缺少人口支撑而出现了所谓空城，这实际上都是低效投资甚至无效投资带来的结果。此外，由于以往在生态环境保护方面缺乏比较刚性的约束，一些投资也带来了一定程度的环境污染。在这种情况下，过去的高投入、低效率的发展方式确实是难以为继的。因此，推动中国经济增长，除了要继续保持合理的投资速度、提高投资效率之外，还必须更多地依靠消费来推动经济增长。

6. 第六个问题：怎么推动民间投资增长？

为什么要关注民间投资？一是面对我国宏观经济下行的压力，保持一定的投资增长速度，仍然是稳定经济增长的重要措施之一。投资增速下降过快，不利于经济稳定增长。二是在我国固定资产投资结构中，民间投资占比已经超过了60%以上。民间投资增长的回落会导致整个投资增长下降，进而影响经济增长。三是民间投资增长的回落，说明民间资本对未来经济发展仍然在观望等待。

为什么民间投资会出现回落？归纳起来有三点。一是与全球经济持续低迷密切相关。由于发达经济体增长动力减弱，新兴市场和发展中国家面临增长阻力，使得我国经济增长的外部环境欠佳，尤其是出口形势比较严峻。二是与国内经济结构调整密切相关。目前，新旧动能转化仍在进行，产能过剩比较严重，市场空间相对有限，制约了民间投资增长。三是与民营企业发展状态密切相关。由于受到需求收缩、供给冲击、预期转弱"三重压力"的影响，一些民营企业生产经营出现了困难，融资难、用工难、创新难、转型难、成本高等情况没有得到根本性改观，再加上昔日"脱实向虚"的市场倾向，影响了民间投资的动力、能力、活力。

当前，我国经济下行的压力依然十分严峻，稳定经济增长仍然是第一要务。从短期来看，稳定经济增长需要保持投资的合理增长，但投资增长仅仅依靠财政和国有资本投入是远远不够的，因此，启动民间投资是必然的选择。从这个角度出发，关注民间投资，实际上就是关注经济增长。当然，推动民间投资增长还得"综合施策"。

一要"完善政策"。多年来，各级政府出台了一系列相关政策，也确实推动了民间投资的快速增长。但也应该看到，有些政策实际上并没有能够完全落地，其中有一些政策"不接地气"的原因，也有固有利益格局很难打破的原因。因此，可以对历年来出台的政策进行必要的评估，凡是没有实质性内容和具体措施的、凡是民间投资不能真正得到实惠的政策，还是少出或者不出为好。同时，也要打破一些固有的利益格局，否则，民间投资的动力就会受到挫折。

二要"拆除门槛"。应该充分认识到，越是面临经济下行压力，越是要拆除影响民间投资的各种门槛。目前，尽管政府职能转变取得了一定的成效，但民间投资依然不时会遇到一些"玻璃门""弹簧门""旋转门"等顽疾的阻碍，要么望而却步，要么转投国外。对此，不妨加快建立民间投资的市场准入"负面清单"制度，逐步消除各类显性或隐性的门槛，真正做到民间投资"法无禁止即可入"。

三要"打开大门"。俗话说"冰冻三尺，非一日之寒"，大门不敞也是民间投资下降的一个因素，尤其在一些垄断领域，民间投资成了"死角"。应该说，垄断领域长期以来已经形成的利益格局坚固，在此情况下，即使政策有所放宽，民间资本在短时间内恐怕也不敢贸然出手，除非政府给予民资更优惠的政策。放宽民间投资市场准入，放松民间投资的管制，不仅是必须的，而且是十分迫切的。

四要"腾出空间"。从总体上来说，应该在宏观层面上对民间资本进入的空间进行必要的规划，并且让民间资本同国有资本在各个领域能够进行公开、公正、公平的市场竞争。当前，可以推进 PPP 模式为抓手，激发起社会资本参与投资的热情；也可以结合混合所有制改革的深入，让民间资本参与到改革的进程。当然，各级地方政府可以根据中央总体精神，根据各地特点制定相应的实施细则或操作规则。

五要"营造环境"。在这个方面，还有很多工作需要推进。首先要针对民营企业生产经营的困难，结合供给侧结构性改革，切实降低实体经济生产经营成本，如降低社保成本、减轻税费负担、扩大小微企业税收优惠、加大职工培训补贴等。其次要针对民营企业融资难、融资贵的现状，稳妥地发展好民营银行以及相关的金融机构，不仅可以为民间投资开辟新领域，而且有利于解决民营企业融资难问题。再次要构建有利于民间投资的服务体系和服务平台，为民间投资提供全方位的服务。

六要"增强信心"。民间投资增长与否，关键在于民营企业家的决心；有没有投资决心，关键在于有没有发展信心。从这个角度看问题，如何增强民营企业家的发展信心，对于推动民间投资显得尤为重要。为此，应该抓好两个重要环节。其一，要重塑新型政商关系，在"亲"和"清"两个字上下好功夫，让民营企业家有发挥市场才能的空间，而不是去寻租套利。其二，要切实保障民营企业家的权利，包括知识产权、财产安全，使其能全心创业、安心发展、恒心安居。

三、消费增长有难度，但不得不为

应该说，在经过"十三五"时期的发展之后，中国的消费对经济增长的拉动作用每年都在逐渐提升，到 2021 年，最终消费支出对全国经济增长的贡献率达到 65.4%,拉动 GDP 增长达到 5.3 个百分点。[1] 但是,现在的现实情况主要是,全国消费增长态势还不够稳定,有时候也会出现一些起伏。实际上,消费要真正成为推动中国经济增长的主导力量,还有很多事情可以做,还有很多艰难险阻需要去攻克。

1. 五花八门的消费

从现实经济社会生活角度来讲,消费的分类方法很多,因而消费会呈现出丰富多彩的景象。按照消费对象可以分为有形商品消费和劳务消费;按照交易方式可以分为钱货两清的消费、贷款消费和租赁消费;按照消费目的可以分为生存资料消费、发展资料消费和享受资料消费。如果按照消费结构等继续去进一步分类,还会有很多的分类结果。一句话,消费的内涵十分丰富,"名堂"也特别多。

对消费而言,实际上还有另外一种分类方法,就是把消费主体分成三大类。第一类是政府消费,就是用财政资金支出的消费,或者也可以称之为公共消费。一般来讲,机关事业单位政府采购的各种办公用品、政府购买各类服务等,都是属于政府消费范畴。第二类是企业消费,就是用企业资金支出的消费。这里不仅仅是指国有企业,而是包括各种所有制的企业消费。例如,企业购买办公用品、购买职工劳动保护用品等。第三类是个人消费,在一定的前提下也可以被指为家庭消费。一句话,就是用个人收入或者家庭收入所支出的各类消费行为和消费活动。

当然,在很多时候讨论的消费问题,主要是针对个人消费而言,也就是通常所说的城乡居民消费。这是因为,城乡居民消费受到很多因素的影响,生产力的发展水平尤其是影响城乡居民消费的类型和水平的根本性因素。目前,由于我国还处在社会主义初级阶段,生产力总体水平还有很大的提升空间,再加上城乡之间、区域之间发展的不平衡,使得城乡居民消费主要还是处于生存资料消费、发展资料消费的类型,大量

1　国家统计局:《经济持续稳定恢复 "十四五" 实现良好开局》。

存在的是有形商品消费和钱货两清的消费，而劳务消费、贷款消费、租赁消费的水平还不高。同时，城乡居民的消费类型和消费水平还受到消费观念、消费习惯、家庭收入、物价水平、社会保障、消费政策，以及社会分配公平程度等很多因素的影响。

当前，在中国加快构建以国内大循环为主体、国内国际双循环相互促进的新发展格局的战略背景下，积极扩大内需、形成强大的国内市场、全力推动消费增长，已经成为促进经济稳定发展的一个十分重要的环节。但是，对于促进全国消费增长来说，这也不是一蹴而就的。目前来看，在促进全国消费增长方面，还面临着三个非常实际的问题，需要我们去关注、去讨论，也需要政府去化解。

2. 第一个问题：有没有钱去消费？

消费就是花钱，在一般情况下，花钱越多，说明消费越多，消费水平越高，消费能力越强；反之亦然，如果没有钱，怎么去消费呢？从这个角度去考察，消费与收入直接相关，也就是说，有没有钱去消费，就成为是否进行消费的一个重要前提。这个道理很浅显，也很现实，更不需要很复杂的论述。这样，从实践角度来讲，对于全国城乡居民消费来说，首先涉及的是收入问题，再深入一步，就是收入分配的问题。怎么办？我以为，需要积极地推进以下三个主要方面。

第一，要合理保持城乡居民的收入增长。

一般来讲，全国城乡居民收入需要与经济增长相对应，应该保持合理的增长水平。也就是说，收入增长应该与经济增长保持同步，不应该低于经济增长速度，但有时候可以高于经济增长速度，只有这样，才能够让城乡居民真正地分享到经济发展带来的好处。

首先来看城市居民，对于大多数城市居民来说，其收入来源主要还是工资性收入，在这种情况下，就需要及时地制定、发布，以及适时调整最低工资标准，更需要推动形成工资增长机制，使得城市居民的生活水平能够随着工资收入增长而不断地得到提高。再来看看农村居民，对于广大的农村居民来说，以往农村居民收入来源只有务农收入，也就是农业生产经营的收入，基本上很少有其他收入来源；但在改革开放之后，大量的农村劳动力，尤其是青壮年农村劳动力纷纷进入各类城市，开始从事制造业和服务业的各种类型工作，因此，也有了一定的工资性收入。在这种现实情况下，如何提高农村居民农业生产经营收入、保障进城农村劳动力的工资增长，成为农村居民提高生活水平的重要支撑。

第二，要推动增加城乡居民的财产性收入。

所谓财产性收入，一般是指城乡居民家庭拥有的动产和不动产所获得的收入。这些收入主要包括：出让财产使用权所获得的利息、租金、专利收入等，以及财产营运所获得的红利收入、财产增值收益等。例如，银行存款、买卖股票、投资基金、出租房屋，都是增加财产性收入的一些途径。

改革开放以来，中国城乡居民的收入来源已经逐步趋向多元化，收入构成也出现了新的变化，工资性收入已经不是唯一来源，财产性收入开始成为城乡居民尤其是城市居民家庭总收入构成中的一个重要组成部分。目前，在全国城乡居民家庭人均可支配收入中，财产性收入正在呈现出持续的增长态势，财产性收入占人均可支配收入比重也在逐年上升，但比重仍然还很低，反过来也说明未来增长潜力不小。[1]可以预见的是，随着城乡居民收入的持续增长和理财知识的普及，我国城乡居民家庭将会更加合情、合理、合法地拥有更多的财产性收入。当然，财产性收入与不同国家的国情有关。一些发达国家之所以家庭储蓄率低、投资多，其中很重要的因素在于：社会保障水平比较高，投资市场体系比较发达齐全，投资品种众多与投资服务比较完善，以及政府通过税收等优惠政策来提升居民投资的积极性等。而我国的城乡居民家庭，一般情况则是储蓄率高，选择投资的少。其主要成因与社会保障水平有待提高、投资市场起步晚、投资渠道狭窄、居民理财意识不强、专业理财机构不

1　国家统计局官网显示：财产性收入占人均可支配收入比重从 2001 年的 2% 上升到 2020 年的 8%。

多、理财服务水平不高等密切相关。

在这种情况下，中国城乡居民财产性收入能不能多起来？关键在于六个方面的"进一步"：要进一步提高城乡居民的收入，让城乡居民家庭有余钱用于投资，增加收入来源；要进一步提升社会保障水平，让城乡居民家庭有了余钱敢于投资，免去后顾之忧；要进一步普及理财知识，让城乡居民懂得怎么去理财，怎么能够让家庭财产保值增值；要进一步拓宽投资理财渠道，为城乡居民提供更多的投资机会，获得更多的投资空间；要进一步保护城乡居民投资的积极性，创造更加良好的投资环境；要进一步完善城乡居民投资的法律法规政策，为各类形式的投资活动保驾护航，让老百姓能够放心投资。

第三，要改革完善分配制度，积极推进共同富裕。

共同富裕是社会主义的本质要求，也是中国式现代化的重要特征。应该充分认识到，收入分配制度是中国经济社会发展中的一项带有根本性、基础性的制度安排，也是社会主义市场经济体制的重要基石。在实践中，推进共同富裕，关键在于收入分配制度的改革完善。

自改革开放以来，我国已经基本建立起了与基本国情、发展阶段相适应的收入分配制度，但仍然存在着收入差距扩大、收入分配秩序不规范、隐性收入、非法收入问题比较突出、部分群众生活比较困难等现象。因此，必须在不断创造社会财富、增强综合国力的同时，通过改革和完善收入分配制度来逐步解决这些问题，尤其要正确处理好效率和公平的关系，进一步构建好初次分配、再分配、三次分配协调配套的基础性制度安排。特别重要的是，要扩大中等收入群体比重，增加低收入群体收入，合理调节高收入，取缔非法收入，最终形成"中间大、两头小"的橄榄形分配结构，使全体人民朝着共同富裕的目标扎实迈进。

首先，初次分配要注重效率，兼顾公平，充分发挥好市场的作用。关键在于三个坚持。一要坚持按要素分配的机制。按生产要素分配是市场经济的内在客观要求，因此，有必要推动各种所有制经济依法平等使用生产要素、公平参与市场竞争、同等受到法律保护，形成主要由市场决定生产要素价格的机制，有必要完善劳动、资本、技术、管理等要素按贡献参与分配的初次分配机制，尤其要维护劳动收入的主体地位，健全技术要素参与分配机制。二要坚持促进就业机会公平。没有就业，就没有分配，因此，有必要实施好就业优先战略和积极的就业政策，维护平等就业环境，健全面向全体劳动者的职业培训制度，实现更高质量的就业。三要坚持改革工资决定和增长机制。工资是维持劳动者个人或家庭生活费用的基本保障，也是衡量劳动价值的重要体现，因此，有必要促进中低收入职工工资合理增长，完善工资指导线制度，适时调整最低工资标准，积极稳妥推行工资集体协商，依法保障被派遣劳动者的同工同酬权利，逐步缩小行业工资收入过大差距，完善机关事业单位工资制度。

其次，再次分配要注重公平，兼顾效率，充分发挥好政府的作用。关键在于三个机制。一要充分发挥税收的再分配调节机制。加大税收调节力度，可以按照"提低、扩中、限高"的要求来改革完善税收的征收、管理和处罚措施，建立综合与分类相结合的个人所得税制度，将各项收入全部纳入征收范围，建立健全个人收入双向申报制度和全国统一的纳税人识别号制度，依法做到应收尽收，同时推进结构性减税，减轻中低收入者税费负担，形成有利于结构优化、社会公平的税收制度。二要充分发挥社会保障的再分配调节机制。要全面建成覆盖城乡居民的社会保障体系，按照全覆盖、保基本、多层次、可持续方针，以增强公平性、适应流动性、保证可持续性为重点，不断完善社会保险、社会救助和社会福利制度，稳步提高保障水平，尤其要集中更多财力用于保障和改善民生，促进教育公平、扩大保障性住房供给、完善基本养老保险制度、健全全民医保体系、加强对困难群体救助和帮扶。三要充分发挥转移支付的再分配调节机制。为有效缓解社会收入差距，有必要进一步强化转移支付的再分配效应，尤其是政府转移支付大都具有福利支出的性质，如社会保险福利津贴、抚恤金、养老金、失业补助、救济金以及各种补助费等，能够显著增加贫困群体的获得感。

最后，三次分配可以充分发挥补充的作用。关键在于三个环节。一要大力发展慈善事业。慈善事业是从慈爱和善意的道德层面出发，通过自愿捐赠等行为，对社会物质财富进行第三次分配，它既起着安老助孤、扶贫济困的社会救济作用，又起着梳理社会人际关系、缓解社会矛盾、稳定社会秩序的作用，有利于提高精神文明和社会道德水平，很有必要大力发展。二要积极培育慈善组织。目前来讲，除了政府发起兴办的慈善组织之外，还要积极培育和发展民间的慈善组织，鼓励更多民间机构和社会人士依法独立开展慈善事业，同时要加强慈善组织的公信力建设，引导公益慈善组织向专业化、多元化方向发展。三要优化慈善发展环境。要加强慈善事业的宣传，增强全社会慈善意识，完善慈善事业法律法规，落实社会捐赠免税减税政策，增强企事业参与慈善事业的社会责任感，壮大慈善事业人才队伍，促进国际合作与交流，同时要加强慈善组织的监督管理。

3. 第二个问题：有了钱敢不敢消费？

有了钱，乃至钱比以前多了不少，这只是说明，中国城乡居民因为收入增长而提高了消费能力，但有了钱，是不是一定会相应地去参与消费、增加消费？那就不一定了。这是因为，是否参与消费，是否增加消费，实际上还受到很多因素的影响。这些因素汇集起来，就是人们还有没有后顾之忧，以及这些后顾之忧的程度。因此，有了钱敢不敢消费？就成为摆在城乡居民面前的一个十分重要的现实问题。

目前来讲，影响中国城乡居民敢不敢消费的重要因素之一，首先是在于城乡社会保障水平仍然还有进一步提高的空间。也就是说，社会保障水平的高低，成为城乡居民消费水平高低的一个重要考量。当然，还有住房、就业、教育、医疗卫生等其他的一些因素，也会在一定程度上对城乡居民的消费产生很大影响。在这种情况下，我们应该抓住以下两个十分重要的环节，积极化解这些影响消费增长的不利因素。

第一，要不断提高城乡居民的社会保障水平。

一般来说，社会保障由社会保险、社会救济、社会福利、优抚安置等组成，其中，社会保险是社会保障的核心内容。新中国成立以后，我国逐步建立起适应计划经济体制的社会保险制度，主要内容包括国有企业职工的养老和劳保医疗制度、机关事业单位的养老和公费医疗制度。当时的一些保障制度，与我国的历史发展阶段和经济体制特征密切相关。

在改革开放之后，从1986年开始，中国逐渐真正地启动了具有历史意义的社会保险制度改革。经过历年来的改革完善和不断进步，至今为止，我国已经形成了"广覆盖、保基本、多层次、可持续"的全国社会保障的总体方针和基本格局。

从城市来看，社会保险的保障对象是全体劳动者，资金主要来源是用人单位和劳动者个人的缴费，政府给予资助。目前，社会保险的主要内容被普遍地称为"五险一金"，分别为养老保险、医疗保险、失业保险、工伤保险、生育保险，再加上一个公积金。这"五险一金"涉及两个关键因素，一个是缴费的费率，另一个是缴费的基数。从理论上来讲，费率越高、基数越高，说明社会保障资金的规模就会越大，而社会保障程度提高的基础就会越强，但是，在现实经济生活中，也不是越高越好。这是因为，如果社会保险缴费的费率和基数定得太高，企业的社会保障成本压力也会相应地增加，因此，"五险一金"怎么缴，还要考虑到企业的承受能力，如果社保成本过高，企业的生存和发展就会受到很大的影响。

从农村来看，尽管受到城乡二元结构的现实影响，但是，经过不懈的努力，我国还是初步建立起以保障农村居民年老时的基本生活为目的的新型农村社会养老保险，简称"新农保"，以及农村的医疗保险等，有时候也简称为"新农合"，即农村新型合作医疗保险。当然，我们也应该清醒地认识到，由于我国农村社会保险起步晚、水平低，再加上农村社会保险制度还在逐渐改革完善过程中，因此，对于我国农村社会保障整体水平来说，在未来仍然有进一步提升的空间。

从总体上来讲，自从改革开放以来，中国已经建立了与我国的基本国情、发展阶段相适应的社会保险制度，并且已经发挥出社会保险对经济社会发展的重要作用。但是，我们也要充分地认识到，在我国社会保险制度改革完善过程中，仍然还存在着参保人员没有全覆盖、城乡社会保险待遇存在着较大差距、企业与机关事业单位同类退休人员养老保险待遇差距过大、社会保险统筹层次低且区域比较分散等一系列矛盾，迫切需要在我国经济社会发展进程中得到进一步的化解。

第二，要不断地解决好一系列民生问题。

应该充分地认识到，一些十分现实的民生问题解决得好不好，不仅直接关系到老百姓敢不敢消费的问题，而且还直接关系到我国消费增长的问题。因此，除了以上说到的社会保障水平的整体情况之外，还有一系列的民生保障问题需要得到有效的解决。

目前，在我国的一些城市尤其是一、二线城市，普通老百姓面临着一个最大的压力，就是住房问题，一路走高的房价使得一些需要购买商品房的城市家庭只能选择储蓄而不选择去消费。因此，高房价成为了抑制消费的一个重要因素，为了买房只能牺牲其他消费了。在一些城市里，老人要为子女准备婚房，因而需要不断地存钱，一些年轻人即使收入较高，但是买了房以后还要还按揭，基本上口袋里的钱也不多了，再加上还要生育孩子，就更不敢乱花钱了。如何解决这个问题，我在第五讲已经有了比较详细的论述，这里不再赘述。

还有，教育也是一个令人普遍关注的问题。如今，千军万马都要过中高考的"独木桥"，每个家庭的孩子都不能输在起跑线上，孩子更意味着一个家庭的未来。这不仅造成了学生沉重的学业负担，大量的校外补课费用也大大增加了学生家长的经济负担。这些年来，从上到下，一直在不断地倡导和推进"减负"，但由于中高考的"指挥棒"摆在家庭面前，实际情况却是"学生减负，越减越重"。现在，从中央到地方，终于开始下"猛药"解决这个问题了，让教育回归初心。总之，只有解决住房、教育等一系列民生问题老百姓才敢于去消费，才能有效地促进消费增长。

4. 第三个问题：有没有消费的欲望？

也可以说，是有没有消费的冲动。如果城乡居民有了钱，也敢去于消费，这只是说明有了潜在的消费能力，那么，老百姓是否一定会去消费呢？答案是：不一定。这是因为，消费除了需要有消费能力，也就是有钱和敢于消费之外，实际上还受到供给的影响，也就是，有没有老百姓喜欢消费的商品和服务。从这个角度出发，老百姓愿不愿意去消费，实际上也是一个十分重要的供给问题，必须重点去关注以下两个大问题。

第一，我们生产的产品能否满足人们现实的消费需求。

我们可以先来看一种现象。例如，随着人们生活水平的逐渐提高和国内外旅游业的蓬勃发展，中国人到境外买东西成为了一股潮流。以前，当出国还是一件比较稀罕事情的时候，也许主要买的是一些奢侈品，如化妆品、手表等；如今，对一部分中国人来讲，出国旅游是常见的事情，因此，除了在国外购买一些奢侈品之外，还有很多日常生活的小商品也进入了采购清单，如婴儿奶粉、婴儿尿片、电饭煲、雨伞、牙刷牙膏、肥皂等。这些案例无非是说明，国内的供给还不能适应当下的消费需求，进而导致大量的消费都去了国外，这就是我们通常所说的"消费外流"问题。因此，国内的产品和服务如何满足国内的需求，就成了一个大问题，这个问题化解了，国内消费就会有很大的增长。

第二，我们推出的供给能否满足人们潜在的消费需求。

大家知道，人们的消费需求是分层级的，也就是，需求是不断地递进的。马斯洛曾经把人类需求描绘成金字塔内的五个等级，从底部向上的需求分别为：生理（食物和衣服）、安全（工作保障）、社交需要（友谊）、尊重，以及自我实现。[1] 通俗来讲，人们基本生活得到满足了，接下来，一定是希望吃得越来越好，穿得越来越好，用得越来越好等；再进一步，物质需求满足了，一定还会有精神需求。

1　马斯洛的需求层次结构是心理学中的激励理论，包括人类需求的五级模型。

因此，要不断适应这些迎面扑来的新需求，就必须不断地推出新的供给，也就是要提升供需的匹配度，或者说，需要达成供需适配。经济学经常讲，需求创造供给，有了新的需求，需要新的供给去满足。这个话说得确实不错，但在现实经济生活中，实际上还有一种反过来的现象，那就是，新的供给创造新的需求，或者，新的供给引导新的需求。例如，因为生产商创造性地开发生产出了手机，消费者才产生了对手机的需求，因此，新的供给显然引导出了新的需求。从这个角度出发去思考，我国的消费升级和消费增长，还是应该从供给端和消费端"双管齐下"。

四、因为出口，加快了制造大国进程

随着改革开放的不断深入，特别是中国加入了世界贸易组织以来，中国的对外贸易获得了快速的发展，并且已经成为全球国际贸易第一大国。一般来讲，对外贸易也就是进出口贸易，其中，出口总额多而进口总额少，被称为贸易顺差；进口总额多而出口总额少，被称为逆差。同时，大家还可以经常在各类媒体上看到有货物贸易和服务贸易的两大分类。实际上，进出口贸易方式的分类还有很多，这里不再赘述。

1. 出口的历史演变

新中国成立之后，一直到改革开放之前，从总体上来看，中国的对外贸易规模还是比较小的，能级也是比较低的，在那个年代，对于大多数中国人来说，"进出口"似乎是一个十分陌生的名词。在这种格局下，出口对全国经济增长的带动能力就可想而知了。

这是什么原因呢？一方面是因为国际环境的困扰。在新中国成立之初，西方国家妄图孤立新生的中华人民共和国，对中国采取了全面的经济封锁，使得我国的经济发展难以与全球经济进行必要的、全面的交流、合作和贸易。当时，中国除了与一些社会主义阵营国家和发展中国家存在着贸易往来之外，与西方发达国家之间几乎停止了贸易关系。在这种情况下，我国出口的外部国际环境确实是十分不利的，也是难以大规模开展国际贸易的。另一方面是因为国内资源的制约。在新中国成立之初，我国不仅百废待兴，经济发展相当薄弱，而且物质极不丰富，远远不能满足国内的生产生活需要，因此，开展对外贸易缺乏必要的物质基础，确实也存在着"巧妇难为无米之炊"的状况。接下来，由于长期实行计划经济体制，再加上在此期间发生的大跃进运动、三年自然灾害、"文化大革命"运动等因素，我国的经济社会发展受到了很大程度的影响，尽管工业化在持续推进、工农业产品产量在逐渐增加，但仍然不能根本摆脱短缺经济的状况，因此，我国的出口贸易无法得到迅速的发展。

在改革开放之后，中国的对外贸易发生了翻天覆地的变化，尤其是出口突飞猛进，出口规模越来越大、方式越来越多、产品越来越丰富、市场越来越多元，进而使得出口对全国经济增长的推动作用越来越显著。正是因为如此，在很长一段时期内，我国经济增长被冠上了"出口导向型"的增长模式。

这是什么原因呢？一方面，是因为外部环境发生了重大的变化。改革开放之后，我国开始启动了引进外资的重大举措，因此，在初期，"三来一补"和"两头在外"等方式直接推动了我国的对外贸易发展，使得出口得到了初步的发展。之后，由于社会主义市场经济体制的确立，尤其是中国加入世界贸易组织，再加上开放程度的不断提高，我国进一步加快了融入全球经济发展的进程，对外贸易迅猛发展，使得出口成为对外贸易的一个重要抓手。另一方面，是因为内部因素发生了重大变化。得益于改革开放，我国的生产力得到了空前的释放，工业化、城镇化、信息化、农业现代化不断推进和不断进步，使得物质资源和服务资源得到了极大的丰富，再加上全国外贸体制的不断改革完善，直接推动了出口进入"快车道"，并且使得我国逐渐发展成为全球第一的贸易大国和全球的制造大国。

我们通过以下的主要年份中国出口增长整体态势示意图（图 9.2），可以比较直观地来看一看，我国出口增长的发展变化和整体态势。

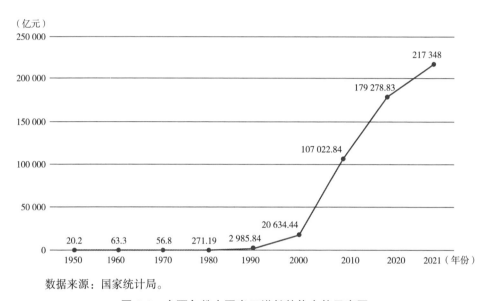

数据来源：国家统计局。

图 9.2　主要年份中国出口增长整体态势示意图

2. 出口的主要问题

长期以来，尽管我国的出口呈现出快速发展的态势，也取得了很大的成绩。但与此同时，我们也应该清醒地认识到，我国出口的一系列结构性问题开始逐渐地显现出来，不仅直接影响到出口的质量，而且直接影响到出口的可持续发展。

这些主要问题突出地表现在以下三个方面：

第一，劳动密集型出口产品比重大，低技术含量、低附加值的出口产品比重高，说明出口产品结构不尽合理。长期以来，我国充分抓住经济全球化发展的机遇，推动出口快速发展，成为全球的出口大国。但是，大量的出口产品在一定程度上还存在着档次低、竞争能力弱、经济效益差等现象，不仅消耗甚至破坏了资源，而且容易造成国际贸易摩擦。统计数据显示，2021 年，全国货物出口额为 217 348 亿元，其中高新技术产品出口额为 63 266 亿元，仅占全国货物出口额的比重为 28.11%。[1] 因此，这种国际贸易优势应该是不可持续的，需要进一步进行结构调整。

第二，出口市场主要集中于发达经济体国家，分布不平衡，说明出口市场结构不尽合理。目前，在我国的出口市场中，欧美、日本等发达经济体国家比重很高，而发展中国家的比重相对比较低。应该说，这种出口市场结构的形成有其客观的市场因素，但是，也比较容易受到国际政治经济形势发生变化带来的影响（参见图 9.3）。

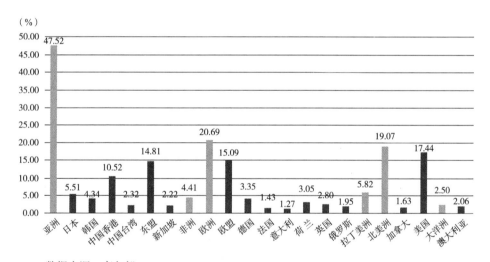

数据来源：商务部。

图 9.3　2020 年中国出口分国别（地区）比例

第三，出口方式主要为货物贸易，服务贸易发展明显不足，说明出口方式不尽合理。目前，在我国的全部出口中，还是以货物出口为主；

1　根据国家统计局《中华人民共和国 2021 年国民经济和社会发展统计公报》计算，2022 年 2 月 28 日。

在货物出口中，还是以传统的劳动密集型产品出口为主。一句话，目前我国的出口方式还是以货物出口为主，而附加值比较高、发展前景比较好的服务出口发展的比重仍然还比较低。例如，2021年，全国货物出口和服务出口的总额为242 786亿元，其中，货物出口额为217 348亿元，服务出口额为25 435亿元，而服务出口额仅占货物出口和服务出口总额的10.48%。[1]这充分表明，尽管我国是一个出口大国，但服务出口仍然还有很大的提升空间。

3. 出口的未来方向

在经济全球化的发展进程中，国际贸易仍然是中国融入全球化发展的重要途径之一。但是，2008年全球金融危机爆发之后，国际政治经济形势已经发生了深刻的变化。面对百年未有之大变局，我国经济发展的战略格局进行了一些重大调整，尤其是扩大内需成为推动经济增长的主要抓手。在这种背景下，我国的出口贸易需要进行一系列的调整和提升，从而推动出口的持续稳定增长。

这些出口战略的调整和提升主要应该围绕着以下四个方面展开。

第一，推动出口发展模式转变。长期以来，我国在一定程度上确实存在着依托高消耗、高污染、低效益、低效率"两高两低"的出口增长模式，如今，在推动经济高质量发展的时代背景下，这种出口增长方式再也不可能继续维持下去了，必须转变到低消耗、高效益、高效率且环境友好型的出口增长模式上来。尽管这种出口增长方式转变需要付出代价，但是，这种转变是必须的、迫切的，也是把我国出口增长推向健康、稳定、可持续发展的根本途径。

第二，推动出口产品升级换代。长期以来，我国的出口增长，主要还是依赖劳动密集型制造业产品的出口，其中一些产品的能级比较低，

1　根据国家统计局《中华人民共和国2021年国民经济和社会发展统计公报》计算，2022年2月28日。

附加值也不高，因此，尽管我国产品出口的规模很大、品种不少，但这种出口产品的整体状况必须得到根本性的改变。未来应该不断地提高出口产品的技术含量，提高出口产品的档次和附加值，同时，还要进一步增加高新技术产品的出口，进一步提高出口产品的国际竞争力。

第三，推动出口市场多元化发展。当前，世界正面临百年未有之大变局，国际政治经济形势正在发生着一系列十分深刻的变化，反全球化、贸易保护主义盛行，单边主义抬头，地域政治格局发生变化，局部冲突时有发生，使得经济全球化面临着前所未有的挑战。在这种情况下，我国出口除了要稳定好传统出口市场份额之外，还要积极开拓新兴市场，如中东欧、东南亚、非洲等很多国家和地区都可以成为中国产品进一步拓展的市场。

第四，推动服务贸易创新发展。长期以来，我国出口主要以货物贸易为主，服务贸易尽管有了一些发展，但总体上发展还是比较滞后。如今，我国经济社会的快速发展，经济实力的不断壮大，以及现代服务业的蓬勃推进，不仅为我国服务贸易的推进提供了越来越好的支撑条件，而且也为改善我国对外贸易结构提供了很好的机遇。例如，越来越多的中国人去海外旅游，就可以带动国际旅游的发展。又如，随着我国基础设施建设能力和水平的不断提高，我国可以为其他国家提供相应的工程建设服务等。因此，未来推动服务贸易创新发展还有很大的空间。

第十讲　所有制结构：彰显"两个毫不动摇"

"两个毫不动摇"是指：毫不动摇地巩固和发展公有制经济，毫不动摇地鼓励、支持、引导非公有制经济发展。

"两个毫不动摇"是中国共产党对多年来坚持和发展社会主义基本经济制度成功经验的高度概括。应该说，正是坚持了"两个毫不动摇"，才能创造出我国改革开放和社会主义现代化建设的时代奇迹；也只有继续坚持"两个毫不动摇"，才能为实现第二个百年奋斗目标和中华民族伟大复兴的中国梦发挥新的更大作用。

一、两个概念很重要

改革开放已经过去四十多年了，中国经济社会发展已经发生了一系列翻天覆地的变化。在这些十分深刻的发展变化中，我国的所有制结构也呈现出很大的变化。应该说，改革开放之后全国所有制结构的变化，不仅出现在城市里，而且发生在农村里，尽管城市和农村呈现出来的方式不尽相同，但所有制变化的基本趋势是一致的。

从法律层面来讲，中国所有制结构的变化，也可以称之为城乡产权结构的变化。应该说，在过去计划经济年代，我们常常用"所有制"来表述，很少听到"产权"的说法，但是，在改革开放之后，社会各界用

"产权"的表述就比以前多了。在这种情况下，就出现了"所有制"和
"产权"两个重要概念。

1. 第一个概念：所有制

这里所说的所有制，主要是指生产资料所有制，具体是指人们在
生产资料所有、占有、支配和使用等方面所结成的经济关系。从表面上
来看，生产资料所有制是人对物的占有关系，实质上，它是通过对物的
占有而发生的人与人之间的关系。从政治经济学角度出发，生产力和生
产关系之间具有辩证关系，生产力决定生产关系，生产关系又反作用于
生产力。其中，生产力的状况决定着生产关系的性质，生产力的发展决
定着生产关系的变革；当生产关系适合生产力状况的时候，就能促进生
产力发展；当生产关系不适合生产力状况的时候，就会阻碍甚至破坏生
产力的发展。在生产关系中，生产资料所有制是核心，是经济制度的基
础。生产资料归谁所有，由谁支配，不仅直接决定生产过程中人与人的
关系，而且决定着分配关系、交换关系和消费关系。

2. 第二个概念：产权

产权，也就是财产所有权。进一步来说，产权是经济所有制关系的
法律表现形式，是指合法财产的所有权，这种所有权表现为对财产的占
有、使用、收益、处分。在市场经济条件下，产权具有经济实体性、可
分离性，产权流动也具有独立性。同时，以法权形式体现所有制关系
的科学合理的产权制度，是用来巩固和规范市场经济中的财产关系、约
束人的经济行为、维护市场经济秩序、保证市场经济顺利运行的法权工
具。在现实经济生活中，产权的分类方法很多，例如，按照产权占有主
体性质的不同，可以分为私有产权、政府产权和法人产权；按照产权客
体流动方式的不同，可以分为固定资产产权和流动资产产权，等等。

总而言之，产权与所有权二者之间既有联系又有区别，但是，不论
是所有制，还是产权；不论是推动完善所有制结构，还是促进完善产权

结构和产权制度，实际上都是我国市场经济体制建设的重要内涵之一，也是推动我国市场经济健康稳定发展的重要力量。因此，在基本上理清楚了所有制和产权的概念之后，我们可以从所有制这个概念出发，具体探讨中国所有制结构发展变化的历史进程和主要特征。

二、所有制结构演变的历程

新中国成立以后，经过20世纪50年代初期的"一化三改造"，长期以来在全国的城市和农村，实行的基本上都是公有制经济的形式，包括国有经济和集体经济，也就是，生产资料归全体人民或部分劳动群众共同所有的经济形式，并且其在我国国民经济中占有主体地位。其中，国有经济对应的是全民所有制，集体经济对应的是集体所有制。因此，在改革开放之前的很长一个历史时期内，我国的所有制结构相对显得比较单一。

从城市的角度来讲，一直推动实行的是公有制经济形式。当时，在全国各类大中小城市中，公有制经济主要存在着两种形式。第一种形式是国有经济，也可以称之为全民所有制经济。在企业层面，具体表现为国有企业，或者称之为全民所有制企业。第二种形式是集体所有制经济，实际上也是合作经济的主要形式之一。在企业层面，具体表现为集体所有制企业。

从农村的角度来讲，一直推动实行的也是公有制经济形式。不过，与城市相比较，农村主要实行的都是集体所有制经济。当时，全国农村实行了自下而上的生产队、生产大队、人民公社"三级所有，队为基础"的集体所有制经济。

因此，在当时的城市和农村，除了公有制经济"一统天下"之外，几乎找不到非公有制经济的踪影，而且这种现象一直延续到改革开放之前。

在改革开放之后，由于很好地解决了到底是姓"社"还是姓"资"的问题，我国的所有制结构开始发生一系列显著的变化，尤其是确立了社会主义市场经济体制以来，随着中国特色社会主义基本经济制度的发展完善，所有制结构得到了不断的丰富完善，并且有力地推动了市场经济健康稳定发展。在这个发展变化过程中，产权的概念也开始浮出"水面"，引起了全社会的广泛关注和热烈讨论。于是，产权问题得到了越来越多的重视，产权结构得到了越来越多的关注，产权制度得到了越来越好的完善，产权理论也得到了不断深入的阐述。

要说改革开放之后，中国所有制结构最大的、最核心的一个变化，便是非公有制经济开始正式站上了历史舞台。

1. 来自城市的变化

先来看城市，最早出现的私有制经营形式应该是工商个体户，这种私有制形式，也可以称之为个人所有制。在我国改革开放初期，工商个体户成为全国城乡尤其是各类城市中的第一批吃"螃蟹"者，也成为改革开放之后全国第一批先富起来的人。因此，在很多历史资料记载和经济发展历程描述中，如果大家发现有"万元户"的称谓，主要指的就是这部分人群。在那个时候，人们的月工资收入还只有几十元，如果有"万元"的收入，确实是一件非常了不得的事情，也会令人津津乐道。

随着改革开放的深入推进，越来越多的民营企业纷纷涌现出来，以面广量大的姿态登上了历史舞台，因此民营经济这个概念也开始逐渐得到确立。一般来说，在全国的各类城市经济发展进程中，民营企业存在着三个方面的主要来源。第一，来源于工商个体户群体。一部分工商个体户在发展壮大之后，开始进行了公司化运作，也就逐渐地演变成为民营企业。第二，来源于各类社会人员自主创业。一部分科技人员、管理人员乃至公务员，也包括一般的劳动者，通过自主开办公司，成为一些创业型的民营企业。改革开放之后，曾经在社会上出现过的体制内人士"下海"经商潮，就是这种景象的具体反映。第三，来源于公有制企业的改制。一部分中小国有企业、集体所有制企业在经过改制、改造、改组之后，逐渐发展成为民营企业。

2. 来自农村的变化

再来看农村，一直以来的集体经济经营方式也发生了很大的变化，尽管农村的情况比较复杂，但其发展演变的脉络还是比较清楚的。改革开放之后，农村普遍推行了联产承包责任制，也就是说，除了土地仍然还是集体所有、有的农村基层还拥有一些集体资产之外，农业的生产经营活动都开始由农民自主决定了，而农业生产资料如一些农业生产装备，已经基本上都属于农民私人所有。

同时，由于大量的农业劳动力从土地上被解放出来，农村地区也出现了一些工商个体户，同时刚刚开始的农村工业化又出现了大量农村集体所有制的乡镇企业。之后，随着农村改革开放的深入发展，昔日的乡镇企业也进行了一系列的改制，很大一部分都已经转制成为民营企业。当然，除了一些乡镇企业转制成为民营企业之外，还有一部分农民积极创办了一些制造业领域的民营企业，且中小型加工业的民营企业还不少。至于在服务业发展领域，基本上都是以民营的中小型服务企业为主。此外，农村还发展了一批各种形式的、民营的农业企业等。

3. 所有制结构出现了新格局

在这种发展大背景下，我国经济基本上可以划分为两个大类，即公有制经济和非公有制经济，而非公有制经济一般也被简称为非公经济。其中，所谓公有制经济，主要是指国有经济、集体经济，以及在混合所有制经济中的国有成分和集体成分。简单来说，公有制经济可以分为国有经济和集体经济，也就是存在着两种公有制的经济形态；非公经济主要是指各类民营企业和个体工商户，也就是私人所有制的一种经济形态。实际上，在改革开放之后，一方面我国还存在着大量的外资企业，这些外资企业尽管没有被划入非公经济的范畴，但其资本性质应该也是属于非公的。另一方面，在国资国企深化改革的推进过程中，也发展形成了一批混合所有制企业。

改革开放之后，中国的所有制结构开始呈现出多元化、混合化的主要特点和基本趋势。根据中国社会科学院经济研究所测算，截至 2018 年末，在 146 万亿元的经营性社会总资产中，排在第一位的资产是以股份有限公司和有限责任公司形式存在的，为 77.6 万亿元，占全部社会总资产的 53.06%，这体现了公有制经济的重要实现途径，也在一定程度上体现了混合所有制经济已经占相当大的比重。排在第二位的是私营企业资产，为 33 万亿元，占 22.54%。外资企业资产排在第三位，为 27.6 万亿元，约占 18.88%。同时，国有企业和集体企业资产之和为 7.8 万亿元，占总资产的 5.36%。[1]

三、所有制结构的基本特征

经过四十多年的改革开放，中国经济发展的所有制结构已经发生了根本性的变化，过去在计划经济年代形成的公有制经济"一统天下"的格局，已经逐渐转变为公有制经济和非公有制经济共同发展的整体格局。如今，我国的所有制结构或者产权结构呈现出以下两个方面的主要特征。

1. 公有制经济和非公有制经济"双轮驱动"

应该充分地看到，自改革开放以来，公有制经济和非公有制经济开始共同推动着中国经济的快速增长，并且已经成为我国所有制结构的主要特征。这充分说明，非公经济已经成为我国国民经济发展的重要组成

---

[1]　中国社会科学院经济研究所课题组、黄群慧：《"十四五"时期我国所有制结构的变化趋势及优化政策研究》，《经济学动态》2020 年第 3 期，第 3—21 页。

部分，而且为全国经济增长起到了重要的推动作用。在这种情况下，对于我国的民营经济发展，也就有了"56789"的说法和描述。这主要是指，民营经济在中国经济发展中贡献了 50% 以上的税收、60% 以上的国内生产总值、70% 以上的技术创新成果、80% 以上的城镇劳动就业，还有 90% 以上的企业数量。[1] 由此可见，在我国经济发展中，非公经济的作用是显而易见的，公有制经济和非公有制经济已经呈现出共同发展的基本态势。

在所有制结构发展变化进程中，中国确立了"两个毫不动摇"的基本方略和大政方针。1997 年 12 月，党的十五大把"公有制为主体、多种所有制经济共同发展"确立为我国的基本经济制度，明确提出"非公有制经济是我国社会主义市场经济的重要组成部分"。2002 年 11 月，党的十六大提出"毫不动摇地巩固和发展公有制经济""毫不动摇地鼓励、支持和引导非公有制经济发展"。2007 年 10 月，党的十七大提出要"坚持和完善公有制为主体、多种所有制经济共同发展的基本经济制度，毫不动摇地巩固和发展公有制经济，毫不动摇地鼓励、支持、引导非公有制经济发展，坚持平等保护物权，形成各种所有制经济平等竞争、相互促进新格局"。2013 年 11 月，党的十八届三中全会提出，公有制经济和非公有制经济都是社会主义市场经济的重要组成部分，都是我国经济社会发展的重要基础；公有制经济财产权不可侵犯，非公有制经济财产权同样不可侵犯；国家保护各种所有制经济产权和合法利益，坚持权利平等、机会平等、规则平等，废除对非公有制经济各种形式的不合理规定，消除各种隐性壁垒，激发非公有制经济的活力和创造力。2014 年 10 月，党的十八届四中全会提出，要"健全以公平为核心原则的产权保护制度，加强对各种所有制经济组织和自然人财产权的保护，清理有违公平的法律法规条款"。2015 年 10 月，党的十八届五中全会强调要"鼓励民营企业依法进入更多领域，引入非国有资本参与国有企业改革，更

---

1 十三届全国人大二次会议国家发展改革委主任何立峰答记者问。

好激发非公有制经济活力和创造力"。

2017年10月，党的十九大把"两个毫不动摇"写入了新时代坚持和发展中国特色社会主义的基本方略，将其作为党和国家一项大政方针进一步确定下来；同时，阐明了"三个没有变"，即非公有制经济在我国经济社会发展中的地位和作用没有变，毫不动摇鼓励、支持、引导非公有制经济发展的方针政策没有变，致力于为非公有制经济发展营造良好环境和提供更多机会的方针政策没有变。

在这个过程中，我们可以清晰地看到，自改革开放尤其是确立了社会主义市场经济体制以来，党中央不断明确和强调的"两个毫不动摇"和"三个没有变"已经成为指引我国所有制结构发展变化的基本方向和根本准则。这意味着通过公有制经济和非公有制经济的"双轮驱动"共同推动我国经济社会的健康稳定发展。

2. 所有制结构呈现多元化混合化发展趋势

随着改革开放的不断深入推进，我国的所有制结构逐渐呈现出多元化、混合化的变化趋势。这说明我国所有制的具体内涵越来越丰富、所有制的表现形式越来越多样。对此，我们可以通过两个视角来作一些必要的解读。第一，从宏观经济层面的角度来看，我国的所有制结构呈现出公有制经济和非公有制经济"双轮驱动"的主要特点和基本态势，前文已有具体的阐述。第二，从微观经济层面的企业角度来看，所有制的表现形式确实已经呈现出越来越多元化，也越来越混合化的迹象。我们如果不仔细进行一些剖析，真的可能有"雾里看花"的感觉。

我国企业的所有制结构主要存在着三种表现形式。第一种是独资企业。目前，我国除了集体经济的企业之外，主要存在着三类资本形式，分别是国资、民资、外资，其相对应的就是国有独资企业、民营独资企业、外商独资企业。第二种是合资企业。这种合资，一般来讲专指中外合资企业，但实际上，既有国有资本与外资的合资企业、民营资本与外资的合资企业，也有国有资本与民营资本的合资企业，甚至可能还有国有资本、民营资本与外资的合资企业。而国有资本与民营资本的合资企业，目前还更多地被称为混合所有制企业。第三种是比较典型的股份公司，乃至公众公司，也就是上市公司，实际上也是比较典型的混合所有制企业。在上市公司股权结构中，有不同所有制性质资本的投入，还有私人资本的投入，也就是广大的股民。

这充分表明，改革开放的不断深入，再加上市场经济体制的不断发展完善，推动完善和丰富了我国的所有制结构，与此同时，也促进了我国产权制度的深化改革。正是在这种大的发展背景下，我国微观经济层面的企业所有制结构发生了一系列重要的变化，也使得企业所有制结构体现出越来越多元化、混合化的趋势。

四、深入推进国资国企改革

在中国特色社会主义建设进程中，国有资产和国有企业在我国经济社会发展方面担当着十分重要的角色，发挥着举足轻重的作用，国有企业更是国民经济的重要力量、重要支柱、重要基础。因此，深化国有资产和国有企业的改革，成为坚持和完善社会主义基本经济制度的根本要求，成为坚持和发展中国特色社会主义的必然要求。从这个高度出发，一方面，要不断深化国有资产改革，加强和改善国有资产监管，促进国有资产保值增值；另一方面，要不断深化国有企业改革，提高国有企业的效率，增强国有企业的活力，做强做优做大国有经济。

1. 国有资产改革三个关键环节

从深化国有资产改革来讲，应该抓住三个关键环节。第一，抓好国有资产的分类分级管理。一般来讲，国有资产主要是指国家全部占有或部分占有的社会资产类型，按照运作方式不同，目前我国的国有资产可以划分为三种资产形式，分别为经营性国有资产、行政事业性国有资产和资源性国有资产，因此，这就需要根据不同的性质，明确不同的运行目标，制定不同的分类以及分级管理措施。第二，抓好国有资产战略性布局。在推动国民经济发展方面，要促进国有资产向重要行业和关键领域集中，尤其要把国有资产的布局结构与产业结构的优化升级结合起来，也要把完善国有资产布局结构与推动构建新发展格局结合起来。第三，抓好国有资产监督管理。要坚持放管结合，推进职能转变，从管企业向管资本方向转变，建立权力和责任清单，改革完善国有资本授权经营体制，不断优化国有资产监管机构职能和监督方式，更多运用法治化、市场化的监管方式，当然，还需要有效防范国有资产流失。

2. 国有企业改革三个重要环节

从深化国有企业改革来讲，同样需要抓住三个重要环节。第一，积极稳妥推进混合所有制改革。尽管国企改革是一个长期的、艰难的探索过程，但从未停止过改革的步伐，从企业承包经营责任制开始，到中小企业改造、改制，公司制股份制改革，建立现代企业制度，及以国有大型企业为重点的改革。近年来，混合所有制改革又成为国有企业改革的突破口，国有企业通过与非国有资本合作新设企业、增资扩股、改制上市等方式，发展形成了一大批混合所有制经济企业。下一步，还是要继续加大分类推进混合所有制的力度，尤其要推动重点领域混合所有制改革的进程。第二，积极稳妥推进分类改革。根据国有企业分类管理的要求，我国现有的国有企业已经划分为三种类型，分别为具有政策性国有企业、公益性国有企业和完全竞争性领域国有企业，需要采取不同的改革方法。此外，对不同性质的垄断行业也要采取不同的改革办法，坚决打破行政性垄断。第三，积极完善企业治理结构。以增强企业的生命力和核心竞争力为主线，健全市场化管理机制，建立职业经理人制度，积极探索建立与市场接轨的经理层激励制度、差异化薪酬体系，形成分类分层的企业领导人员管理体制等。

五、推动民营企业健康稳定发展

我国经济社会发展的实践已经充分证明，通过大力发展民营经济，可以达到加快经济发展、改善经济结构、提升经济效益、增加社会就业、提高人民群众收入的目的。目前，民营经济发展已经成为我国国民经济发展中不可或缺的重要组成部分和重要推进力量，民营企业能否健康成长和稳定发展，紧密地关系到全国经济的增长速度与发展质量，关系到繁荣地方经济和保证充分就业。同时，推动我国民营经济的健康稳定发展，也是"两个毫不动摇"的充分体现。

当前，尽管民营经济得到了快速发展，为我国经济社会发展作出了积极的贡献，但是，面临世界百年未有之大变局以及国内经济社会的发展转型，民营经济仍然还存在着一些发展中的瓶颈问题，这些问题迫切需要得到有效的化解。因此，这就需要从推动完善中国特色社会主义基本经济制度的高度出发，进一步形成公有制经济和非公有制经济平等竞争、相互促进、相得益彰、共同发展的整体格局。基于如此思考，对我国民营企业发展问题，我们可以从以下四个方面进行系统的梳理。

1. 民营企业发展面临"六个瓶颈"

应该说，在改革开放之后，尽管全国民营企业得到了快速的发展，取得了很大的成绩，作出了很大的贡献，赢得了社会的认同，但是，我们也应该清醒地认识到，全国民营企业在发展过程中，确实也遇到了一些瓶颈、一些问题、一些矛盾。其中，比较突出地表现在以下六个方面：

瓶颈之一：传统思维影响。

由于受到长期以来的传统计划经济体制的影响，在一些地方、一些领域，在有些情况下，仍然会出现以往一些重国企、轻民企的传统经济思维的束缚。例如，在一些城市或一些地方，由于一些大型国有企业与跨国企业占据了部分领域、行业的龙头地位，各种经济社会资源向大型国有企业和跨国企业倾斜，再加上还有可能存在着一些行业垄断的因素，甚至可能设置了一定的门槛，这就对以中小微型企业为主要特征的民营企业发展产生了一定程度的影响。因此，这种在各种规模企业、各种所有制企业之间出现的重视不均、分布不均的现象，在一定程度上造成经济生态的失调，进而使得民营企业发展空间受到一定程度的挤压。

瓶颈之二：政策落实不力。

近年来，国家以及各个地方政府都出台了一系列鼓励民营企业发展的政策和措施，这些政策措施发挥了十分重要的积极作用，受到广大民营企业的普遍欢迎和赞赏。但也应该清醒地看到，有时候，在一些政策和措施的执行过程中，确实还存在着兑现难、协调难、入座难、享受难、落实难"五难"的现象。其主要原因在于：有的政策措施制定比较仓促，出台程序简单化，使得政策措施本身存在着缺陷；有的政策措施的配套细则未能及时跟进，部门协调不力，使得政策措施的落实打了折扣；有的因为衙门作风尚存，工作人员机械办事，在思想感情上和民营企业存在隔阂，使得政策措施落实到位比较难。总之，政策措施的落地问题，应该成为一个重要环节去抓好。

瓶颈之三：调整转型困难。

目前来看，我国面广量大的民营企业主要分布在一般的传统制造业和传统服务业的领域，因此，这就导致很多民营企业调整转型的难度比较大，确实还存在着不少的困扰。随着我国经济结构调整和产业能级提升，国内外市场竞争的日趋加剧，再加上目前很多民营企业面临着"需求萎缩、成本上升"的双重挤压，使得一些原来从事传统制造业的中小微民营企业受到十分严峻的挑战。在这种情况下，传统的民营企业，尤其是中小微民营企业，如何比较顺利地跨过发展转型这个坎，确实是一个很大的问题和很严峻的考验。

瓶颈之四：融资难题未解。

长期以来，民营企业融资难、融资贵是一个"老大难"的话题。应该说，民营企业融资难，有政策导向的因素，有来自商业银行的因素，也有来自民营企业自身的因素。例如，有的政策导向上的"重大轻小"依然存在，导致中小微民营企业金融服务的弱化；作为市场主体的商业银行的运营目标，导致为民营企业提供金融服务的动力不足；而民营企业整体态势的一些特点，又导致金融服务深度导入的受阻。于是，民营企业陷入了融资渠道少、融资规模小、融资成本高、融资条件脆弱的怪圈。尽管近年来金融服务实体经济的力度在不断增强，金融对民营企业的支持力度在不断增强，但是在化解民营企业融资难、融资贵问题方面，仍然需要付出更多的努力。

瓶颈之五：品牌影响有限。

从总体上来看，经过数十年的发展，我国民营经济已经有了很大的发展，无论是企业数量还是经济规模，都已令人刮目相看。但是，在民营企业发展的进程中，具有很强社会影响力和市场竞争力的产品还是不多，知名品牌也相对比较缺乏。例如，在制造业产品市场上，面临着全球巨头的国际品牌、国有企业知名品牌的激烈角逐；在服务业尤其是在现代服务业的众多领域，民营企业也缺乏一大批具有很强市场影响力的品牌。此外，不少的民营科技企业，虽然机制灵活、产出效率较高，但无论是规模还是品牌，与占有绝对优势的外企和国企相比，都缺乏足够的自立自强能力。从未来发展趋势来讲，民营企业在品牌意识的强化、品牌的培育方面还大有文章可做。

瓶颈之六：人才支撑不够。

目前来看，许多民营企业都普遍反映缺乏各类人才，进而影响了其生存和发展。人才支撑严重不足这种现象普遍存在，其实质就是民营企业还缺乏引进、培养、使用各类人才的物质条件和制度安排。例如，拿企业的自主创新来讲，很多民营企业尤其是中小微民营企业，尽管动力很足，但由于总体实力不足和资源有限，其在企业的人才拥有、人才培养、人才使用、人才储备等方面比较薄弱，还难以完全依靠自身的力量形成自主研发体系和创新能力，从而使得民营企业创新能力的提升显得困难重重。

2. 民营企业发展需要"六个突破"

从未来发展角度来讲，面对国际经济形势复杂多变和国内经济高质量发展的态势，为了进一步推动我国民营企业健康稳定发展，还需要各级政府、社会各方、企业自身的共同努力，共同呵护。因此，还特别需要在以下六个方面予以有效的突破。

第一，政策落实方面的突破。

目前来看，对于民营企业扶持政策措施的改进和完善，还有一些具体的工作可以继续予以推进。例如，要进一步完善政策制定机制，让民营企业能够参与政策制定的过程，让政策相关方都能充分地表达意见；要进一步强化政策的事前和事后协调，各个政府部门之间要继续强化统筹协调，不同部门之间要予以积极配合；要进一步把握好政策出台的节奏，而出台政策的政府部门要相对集中，以便于企业了解，也便于部门操作；要进一步把好出台政策的法律关，一些应急性政策措施的出台也要注意与现行的法律法规相衔接；与此同时，还要加强政策出台之后的反馈机制建设，提高政策措施的及时纠错和进化能力。

第二，发展环境方面的突破。

从总体上来看，当前民营企业发展的大环境还是比较良好的，但是，还有进一步提高的空间，尤其是各级政府在公共服务、办事效率、社会法制环境的打造，以及产业政策优化调整等方面，特别是要加快有关扶持民营企业的地方性法律法规的出台。有时候，民营企业并不需要特殊的照顾，只是需要政府和有关部门在市场准入、金融借贷、税收减免、用人用工、社会地位等方面，能够基本做到一视同仁，公平公正。同时，对民营企业的各类扶持政策，还应该偏重于引导企业优化结构、产品升级换代，并创造各种规模、各种所有制企业和谐共生的良好发展环境。

第三，政府服务方面的突破。

民营企业发展，离不开必要的政府服务。为此，要进一步健全完善民营企业服务体系建设，优化民营企业政策支持环境，鼓励各类服务机构、中介组织、行业协会等积极为民营企业提供必要的服务；要进一步建立面向民营企业需求的公共服务平台，及时定期地公布扶持政策、重大项目、行业发展、产品信息等，解决民营企业尤其是中小微民营企业信息不对称问题。与此同时，各个行业协会也要通过各种方式、各种途径及时分析行业发展态势，为民营企业提供各种专业性的服务。此外，还要进一步关注市场经营主体准入中的前置审批多、环节繁复的问题，创造公平、公正竞争的市场秩序，并为民营企业平等准入、公平竞争创造良好的市场环境。

第四，企业融资方面的突破。

应该充分认识到，解决民营企业融资难问题，需要多管齐下。具体来讲，国家要在大型国有商业银行的贷款结构中，对于中小微企业的贷款予以比较明确的、动态的比例规定，从而使得贷款能够进入中小微企业。同时，各级政府要建立健全为民营企业融资服务的机构或担保基金，解决好中小微企业担保难的问题。作为国有银行来讲，也要把支持实体经济、服务实体经济、支持中小微企业发展作为重要任务来抓，设置专门的中小微企业贷款部门、贷款指标，完善中小微企业贷款的考核体系。当然，民营企业尤其是中小微企业自身也要积极推进生产经营，完善财务制度，加强信用建设。

第五，企业转型方面的突破。

在这个方面，确实还有很多的难点、堵点，需要去攻克。首先，要从扶持重点制造业民营企业着手，集聚科研、开发、生产资源，研发科技含量高、市场前景好的龙头产品，形成以新产品为核心的民营企业集群。其次，要改变对民营服务业企业的松散型服务管理模式，充分发挥行政推动力的作用，把大量零散分布的民间服务业组织起来，实现民营服务业由"游击队"向"正规军"的转变。再次，要鼓励民营企业资本和民间资本向重点领域、重要行业的集聚发展，加强科技创新和研发投入，加大品牌产品的培育力度，提高产品的科技含量，形成具有高附加值的新一代品牌产品，提高民营企业的整体竞争力和市场影响力。

第六，人才支撑方面的突破。

人才短缺，直接影响到民营企业的健康稳定发展，在这个背景下，首先，要围绕"十四五"发展，制定民营企业人才资源开发与发展规划，不仅要有明确的数量、质量目标，还要有相应的政策、措施。其次，要制定特殊的民营企业人才政策，打破常规，调动民营企业人才的积极性，强化竞争机制、激励机制，创造良好的民营企业人才发展环境。再次，政府要赋予科技型民营企业和企业集团引进人才的权利，也可以根据民营企业投资规模、纳税情况，发放一定的大城市和特大城市的户籍指标。最后，在引进具有核心人才的同时，也要引进相关的技术、管理、营销人员，进而为民营企业创新、开发、生产提供系统化的人才支撑。

3. 服务民营企业要着力于"六个一"

在我国国民经济发展的过程中，如何进一步服务好民营企业健康稳定发展，不仅是推动全国经济持续增长的现实需要，而且是坚持"两个毫不动摇"的根本要求。从这个认识高度出发，还是要着力于从以下六个方面来服务好民营企业发展。

第一，让出一定市场空间。

任何企业得到良好发展，关键还是在于市场空间，民营企业也不例外。因此，在全国"十四五"时期的规划发展中，可以对国内一些可能存在着的垄断领域和行业进行必要的分析和梳理，在此基础上，针对我国民营企业的基本特点和发展现实，对民营资本进入比重和进入规模作出一个比较合理的设计，进一步扩大民营企业进入的市场领域。例如，在医疗、教育、养老、交通、文化等公共服务领域，对民营企业成分进入的比重，还需要规定一些量化指标，从而为民营企业发展提供更为广阔的空间和市场。

第二，形成一些服务体系。

目前，尽管在我国民营企业快速发展进程中，已经出现了一些大企业和大品牌，但从总体上来看，民营企业主要还是以中小微民营企业为主。与此相对应的是，民营企业尤其是中小微民营企业发展，缺乏比较完整的支持服务体系。在这种情况下，就特别需要各级政府通过设立整套的公共服务平台予以扶持。这个整套的服务体系可以包括：信息搜集整理、政策宣传解读、市场动向指引、行业行为协调、贷款融资支持、员工教育培训等。应该说，服务体系越健全、服务体系越完善，越有利于全国民营企业健康稳定的发展。

第三，培育一批龙头企业。

应该充分认识到，在我国民营经济发展领域，龙头型、头部型民营企业的数量、质量、规模和品牌，不仅直接关系到全国民营经济的整体发展水平，而且直接关系到我国经济发展方式的转变和自主创新能力的提高。为此，在我国"十四五"规划发展的进程中，为了进一步推进国民经济高质量发展，很有必要对促进全国民营企业的规模化、集约化、科技化、品牌化，设定一些基本方向和前进目标，同时，还应该采取一系列必要的政策和措施，加快培育我国民营经济各个领域的龙头企业、头部企业、品牌企业，充分地彰显民营经济的市场力量。

第四，形成一套对话机制。

在我国的现实经济发展进程中，广大民营企业的企业家身处经济发展的前沿阵地，不仅天天在为企业生存发展而不懈努力，而且对国内外经济形势和经济发展环境有着最为直接的感受，对各级政府推出的各项政策措施也最为敏感，因此，从这个角度来讲，一些民营企业家对鼓励发展民营经济提出的意见建议，应该可以为党和政府的重大决策提供一些重要的参考和依据。为此，各地政府可以与重点骨干的民营企业家建立必要的对话机制。

第五，降低一点税费负担。

当前，我国民营企业发展还面临着一些瓶颈，其中一个重要的影响因素就是各地民营企业普遍反映的税费负担偏重问题，这尤其对民营中小微企业发展有影响。为此，尽管近年来为民营企业减税降费、减轻负担的力度不小，对其稳定发展起到了很好的推动作用，但是，还是应该结合税制的结构性改革，积极创造必要的条件，进一步降低民营企业发展中的税费负担，并且制定一些实质性的政策规定，给予民营企业更多的政策支持。

第六，完善一下监管机制。

从全国来看，民营企业发展的整体态势是健康的，也是稳定的，对国民经济发展起到了十分重要的作用。但是，我们还需要清醒地看到，目前一些民营企业的违法经营、欠薪逃债等行为也时有发生，造成了不良的社会影响。这种现状的出现，当然与民营企业自身因素直接相关，同时，也与政府监管体系的薄弱和监管的不到位有一定的关系。为此，各级政府应该不断完善必要的监管机制，包括建立健全民营企业家和中高级管理人员的教育培训机制、企业经营者行为监督机制、企业诚信考核机制、企业资金流动监管机制等。实际上，政府的监管机制到位了，同样有利于广大民营企业的健康稳定发展。

4. 民营企业需要"六个"自我完善

中国民营企业的健康稳定发展，除了政府制定必要的政策措施、提供必要的公共服务、营造良好的市场环境，以及社会予以全力支持之外，还需要其自身在发展过程中不断地自我完善。从当前与未来发展趋势来看，民营企业发展需要进行六个方面的自我完善。

第一，要把握发展大势。

当今之中国，国际化、市场化、信息化、法制化、数字化的水平不断提高，程度不断加深，国内经济正在发展转型，国际经济形势复杂多变，对于民营企业尤其是中小微民营企业来讲，需要更好地把握好瞬息万变的市场经济发展环境，更多地从过去的"低头拉车"转向"抬头看天"。例如，随着中国经济融入全球经济程度的加深以及对外依存度的提高，一些民营中小微企业过去不太关注的国外输入型的因素，如国际原油价格波动、人民币汇率变动、全球大宗商品价格上涨等因素，也开始影响它们的日常生产经营活动。这充分说明，民营企业尤其是民营中小微企业，很有必要进一步增强对国内外经济环境变化的预见能力和把握能力。

第二，要加快能级提升。

在当前中国经济转型发展的形势下，民营企业尤其是民营中小微企业必须加快发展转型，不断地提升企业的能级。实际上，民营企业能级提升是多方位的、多方面的，包括企业的技术能级、管理能级、品牌能级、产品能级等，关键是要形成企业的核心竞争力。具体来讲，制造业企业提升技术能级，就是要提高企业自身的核心技术、研发能力、生产制造工艺水平，服务业企业要提升服务内涵和服务水平；提升管理能级，就是要提高决策管理、流程管理、营销管理、成本管理、行政管理等水平，使管理能够高效率；提升品牌能级，就是要提高品牌意识、完善品牌策略、强化品牌推广；提升产品能级，就是要提高产品的附加值和市场竞争力。

第三，要积极调整结构。

从现实经济发展的角度来讲，任何一个企业，是不可能改变经济形势发展的整体方向的，只有适应经济形势发展才能得以立足。因此，面对国内外经济形势发展的变化，民营企业尤其是民营中小微企业，应该从被动应对转向主动调整。例如，经济发展的历史，实际上也是要素成本逐渐抬升的历史，成本上升具有刚性的特征。劳动者的工资也不可能永远停留在一个水平上，这是一个十分简单的道理。那么，与其说等企业成本上去了穷于应付，还不如提早调整经营方向和产品结构。同时，还需要加强企业管理，尤其是成本管理，要整合好企业的内部资源，提高工作效率，削减不必要开支，确保资金周转顺畅。

第四，要加快推陈出新。

实践证明，一个企业要保持长久的生命力，唯有不断地进行自主创新。这些创新主要包括技术创新、产品创新、服务创新、经营创新、管理创新。也就是说，要进行不断的推陈出新，才能使得企业发展与国内外经济形势和市场发展的基本趋势相契合。应该说，善于创新是民营企业尤其是民营中小微企业的主要特点，因此，民营企业特别是民营中小微企业要积极利用创新来打造自身的产品特色、服务优势，从而提升企业的核心竞争力。同时，要通过创新产品，提升企业的竞争优势和利润率；通过创新服务，寻找差异化特色，领先并服务于市场的需求；通过创新管理，以更优化的内部流程机制参与市场竞争。

第五，要努力开拓市场。

一般来讲，民营企业的经营决策比较快速，经营机制比较灵活，创新动力也比较充足。换句话说，也就是它们具有"船小掉头快"的基本特点，这应该是民营企业的一个很重要的优势。当前，我国正在加快形成以国内大循环为主体、国内国际双循环相互促进的新发展格局，因此，民营企业应该进一步加强市场调研、市场分析，根据不同的消费者需求，积极制定最优的营销战略和策略，在巩固现有市场的基础上，发现新的市场机会，开拓新的市场领域，占领新的市场高地。当然，在开拓市场的过程中，民营企业还要注重市场的深化和细化，注重走专业化、定向化的道路。

第六，要构建自律机制。

俗话说，"不以规矩，不能成方圆"。任何事物的产生和发展，除了他律，也需要自律。从推动我国民营企业持续发展的角度来看，除了各级政府要持续优化营商环境之外，也特别需要构建必要的企业自律机制。应该充分认识到，增强企业自律意识，加强企业自律建设，可以让民营企业能够得到更好、更加健康稳定的发展。当然，民营经济的创新发展和民营企业的生产经营，不应套用国有企业的组织形式和管理模式，要建立健全与其自身特点相适应的自律组织和体系，作为民营企业协调利益、加强自律的制度保障。

六、积极吸引和利用外资

在新中国成立之后，一直延续到改革开放之前，由于受到当时国际政治经济环境的影响，在中国大地上，几乎难以寻觅到外资的踪影。改革开放之后，中国进入了吸引和利用外资的历史新阶段。在改革开放初期，通过对外开放政策的积极探索，以及经济特区和沿海开放城市的设立，中国打开了利用外资的大门。政策的不断完善和投资项目的成功示范，大幅提升了外商投资中国的信心，促使大量的中外合资企业、中外合作企业、外商独资企业等"三资"企业开始登上了中国经济发展的历史舞台。如今的中国，已经构建了全方位吸引和利用外资的格局，推动全国开放型经济的蓬勃发展。

1. 吸引外资：从无到有，从小到大

中国在吸引和利用外国资本方面，经历了一个从无到有、从小到大的过程。随着改革开放的不断深入、开放型经济的不断发展，以及经济全球化的不断深入，越来越多的、来自世界各国的外资纷纷进入中国。2019 年 9 月，工业和信息化部在国新办新闻发布会上宣布，我国已成为全球投资首选目的地。商务部的中国商务环境调查报告同样指出，中国积极的国内消费市场前景以及逐步改善的营商环境，使中国继续成为全球投资的首选目的地。在这种发展态势下，我国吸引和利用外资的规模不断地扩大，外商投资领域不断扩展，外商投资项目的数量不断地增加，大投资、大项目也不断地增多，进而使得外资成为了我国经济发展中的一支重要力量（参见图 10.1）。

2. 外资结构：从少到多，逐渐丰富

在中国"十三五"发展期间，外资企业贡献了全国六分之一以上的税收、四成以上的对外贸易，吸纳了全国十分之一的城镇就业。预计在"十四五"期间，我国累计实际吸收外商直接投资 7 000 亿美元，到

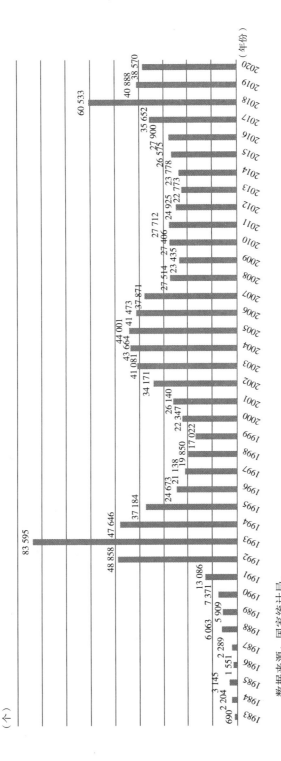

图 10.1　改革开放以来中国合同外资数量

数据来源：国家统计局。

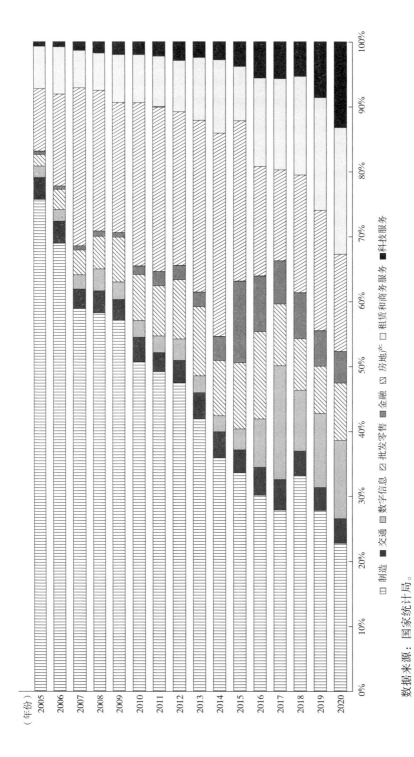

数据来源：国家统计局。

图 10.2　近 20 年中国按行业分外商直接投资实际使用金额占比（变动趋势）

2025 年高技术产业吸收外资占比提升到 30%。[1] 根据商务部的数据显示，2021 年全年实际使用外资 11 493.6 亿元，首次超过万亿元，同比增长 14.9%。从行业结构看，高技术产业实际使用外资同比增长 17.1%，其中高技术制造业增长 10.7%，高技术服务业增长 19.2%，为我国产业转型升级、创新驱动发展作出了积极贡献。同时，服务业实际使用外资金额 9 064.9 亿元人民币，同比增长 16.7%。[2]

随着中国对外开放的不断深入发展，外资结构开始不断丰富。主要表现在四个方面：第一，在外资来源方面，从改革开放初期的中国港澳台地区，逐渐扩展到世界上越来越多的国家和地区；第二，在区域布局方面，从改革开放初期主要进入东南及东部沿海地区，逐渐布局到中部、西部、东北地区等。第三，在产业结构方面，从改革开放初期的制造业开始，逐渐扩展到很多的服务业领域；第四，在企业结构方面，从改革开放初期的小投资、小项目的探路，逐渐扩展到世界 500 强、全球或地区总部、研发中心等。

---

1 商务部：《"十四五"商务发展规划》。
2 国家发展改革委外资司：《持续扩大高水平对外开放 利用外资规模创历史新高》，《中国经济导报》2022 年 2 月 8 日（002），DOI：10.28095/n.cnki.ncjjd.2022.000511。

第十一讲　市场结构：令人眼花缭乱的市场

市场很重要，市场也很复杂。

一般来讲，市场是社会分工的产物，也是商品生产的产物。一句话，哪里有商品交换，哪里就会有市场。反过来，市场的不断发展完善，也推动着社会分工和商品经济的进一步发展。在市场经济条件下，市场通过供求信息的反馈，直接影响着人们去生产什么、生产多少，以及商品的上市时间、上市价格等，进而实现商品的生产者、经营者、消费者等主体各自的经济利益，可谓各取所需。从这个角度来认识，市场是经济发展的落脚点，也是确保经济增长的归宿点。

当然，市场的规模和市场的容量，主要还是取决于三个要素：购买者、购买力、购买欲望。与此同时，由于各种、各类市场很多，因此，也就存在着很多的市场分类方法，存在着不同内涵的市场。这无非是说明，我国的市场结构是十分丰富的，也是精彩纷呈的。其中，还有一些市场，发展成为一一相对应的市场，或者说是，一一相对应的市场关系。接下来，我们进行一些具体的梳理和分析。

一、国内市场和国际市场"双轮驱动"

对于任何一个国家来说，国内市场加上国际市场，就构成了这个国家的市场总规模。因此，两个市场各自的规模越大，整个市场的总规模就越大。当然，国内市场和国际市场的规模不可能是等量齐观的，而是存在着一定的规模差异。这种规模差异，取决于一个国家经济发展阶段的特征、经济增长的方式，以及市场结构的选择。例如，一个国家的经济增长方式主要选择了出口导向型，那么，这个国家的国际市场规模占市场总规模的比重就会显得比较高，反之亦然。

对中国来讲，国内市场和国际市场的增长，同样是一个动态发展变化的历史进程，并且呈现出市场规模总量不断增加、两个市场占比不断变动的基本特点。在这个发展进程中，我国的国内市场和国际市场发生动态变化的一个十分重要的"分水岭"，实际上还是改革开放。

1. 改革开放之前，国内市场几乎"一统天下"

新中国成立之后，一直到实行改革开放之前，中国经济发展主要是以国内市场为主，国际市场的份额比较小，是比较典型的"一头重，一头轻"。当然，也不是说，在那个年代就没有任何的出口产品了，而是说，当时的出口产品的占比还相当低。例如，1952 年，我国出口总额为27.1 亿元人民币，而全社会消费品零售总额为 276.8 亿元人民币；即使到 1978 年，我国出口总额也仅为 167.7 亿元人民币，而全社会消费品零售总额为 1 558.6 亿元人民币。[1] 由此可见，在这么长的一段历史时期内，全国的出口总额与全社会消费品零售总额的比值，大致一直保持在 1∶10左右。

这种市场结构状况是怎么形成的？主要有以下两个核心原因。

第一个原因，外部封锁。

新中国成立之后，几乎所有的西方资本主义国家都对新生的社会主义中国实行了全面的经济封锁，并且试图孤立刚刚诞生的社会主义新中国，因此，由于国际上的全面经济封锁，中国在一定程度上被迫

1　国家统计局编：《中国统计年鉴 1999》和《中国统计年鉴 2021》，中国统计出版社。

关上了国门。在这种情况下，即使我国能够生产和提供再多、再好的产品，实际上，也是不可能大规模地走向国际市场的。在那个年代，由于国际贸易受到很大的阻碍，我国除了与一些社会主义阵营国家和发展中国家还存在着贸易往来之外，与西方资本主义国家几乎停止了贸易关系，更不可能全面地推动实施出口战略。因此，当时中国所面临国际大环境的现实状况，应该是我国走不进国际市场的主要因素之一。

第二个原因，内部不足。

新中国成立之初，我国的生产力水平不高，各种物资普遍匮乏，还远远地不能满足日益增长的国内市场的基本需求，这就使得我国形成了比较典型的短缺经济状态。同时，在我国长期以来实行计划经济体制下，再加上各类物资极不丰富，人们的很多生活必需品都要凭票购买，也可以称之为票证经济。因此，在那个年代，我国生产的各种物品，除了能够低水平地满足国内市场需求之外，实际上也没有多少剩余物品可以大规模地用于出口。在这种背景下，对于我国来讲，大量的出口既没有物质基础，也难以成为现实。因此，在那个特殊的历史年代，出口也不可能成为推动国民经济发展的主要抓手之一。

2. 改革开放之后，国内和国际市场"双轮驱动"

1978 年，党的十一届三中全会拉开了中国改革开放的大幕，之后，中国的市场结构发生了一系列的重大变化。在逐渐满足国内市场需求的基础上，中国产品走向国际市场的步伐越来越快，规模越来越大，产品越来越多，出口的国家和地区也越来越广，进而在很长的一个时期内，在一定程度上形成了出口导向型的经济发展方式。

在改革开放之后，为什么中国的出口开始快速地增长了起来？我们可以从以下五个方面进行一些比较深入的分析。

第一，中国面临的国际环境发生了空前的变化。

在改革开放之后，中国向全世界打开了大门，而西方资本主义国家也逐渐取消了对中国的全面封锁。这就意味着，国际市场逐步从昔日的对中国封闭，开始转向了对中国开放。在这个历史发展阶段，一个具有标志性的重要事件，就是中国和美国于 1979 年 1 月 1 日正式建立了外交关系，与此同时，中国与一些西方发达国家之间的交流交往开始逐渐增加，经济和贸易活动也明显开始增多，与外部世界的链接得到了明显的加强。因此，改革开放为中国产品走向国际市场创造了一个十分良好的外部环境，为中国融入全球化发展创造了有利条件。

第二，中国生产力发展水平得到了空前的提高。

中国最终选择了改革开放，极大地解放了社会生产力，释放了巨大的生产潜力，开拓了巨大的市场空间；在很短的一段时间内，全国彻底地告别了以往的短缺经济时代，不仅全面取消了各种各类的购物票证，而且也从卖方市场转变成为了买方市场。在这种发展背景下，我国的各类市场主体纷纷涌现，推动全国的物质生产充满了动力、提升了能力，使得各类生活物资和生产物资开始大大地丰富了起来，不仅极大地满足了国内市场的各类需求，而且为中国产品走向国际市场创造了重要的物质基础。因此，只有在我国各类社会产品日益丰富的基础上，国内市场和国际市场的"双轮驱动"才能真正地变成现实。

第三，中国制造业优势与国际市场得到了空前的链接。

在改革开放之后，来自世界各国的外资和外商纷纷进入中国兴办起了大大小小的"三资企业"，也就是中外合资企业、中外合作企业、外商独资企业。在那个年代，刚刚进入中国的"三资企业"还是以制造业企业为主，主要从事产品加工。因此，在当时，"三来一补"和"两头在外"是两个重要的概念。所谓"三来一补"，是指来料加工、来件装配、来样加工和补偿贸易；而"两头在外"，是指原料进口，生产在国内，销售为出口。之后，我国制造业发展的比较优势越来越多地呈现出来，与国际市场也越来越紧密地联系了起来。在这个大背景下，全国逐渐涌现出一大批以出口为导向的外资、国资、民资的制造业企业，使得越来越多的中国产品走出了国门，走向了世界。

第四，中国对外贸易体制改革得到了不断的深入。

在改革开放之前，与计划经济体制相对应，中国的外贸体制实行的是由外贸部门统一领导、统一管理，各专业外贸公司统一经营，实行指令性计划和统负盈亏的高度集中的外贸体制。可以想象，这种外贸体制必然存在着"统得过死、独家经营"等严重的弊端，也束缚了对外贸易的开展。因此，改革开放之后，通过了一系列的改革，推出了一系列的举措，如简政放权，政企分开，外贸承包，取消补贴，改革外贸计划体制、外汇管理制度、关税制度等，大大地释放了外贸出口的动力、活力、潜力，尤其是在出口体制机制方面的松绑，使得各类企业都获得了外贸出口自主权，进而带动了我国出口的快速增长。

第五，中国加入世贸组织深化了国际贸易发展。

世界贸易组织是一个总部设在瑞士日内瓦的、独立于联合国的永久性国际组织，也是当代世界最重要的国际经济组织之一，其成员之间的贸易额占了世界的绝大多数，因此，世界贸易组织也被称之为"经济联合国"。从1986年开始，在经过长达15年之久的谈判之后，中国于2001年12月11日正式入世，进而成为世界贸易组织的一个十分重要的成员国。应该充分认识到，加入世界贸易组织后，我国进一步加快融入了经济全球化发展的进程，与世界各国之间的国际贸易、国际合作、国际交流的广度和深度得到了不断的拓展，这为我国出口增长创造了十分有利的条件。

当然，在开拓国际市场蓬勃发展的同时，国内市场也获得了长足的发展。改革开放之后，中国逐渐告别了短缺经济时代，各类物品大为丰富，再加上人们的收入水平和生活水平的不断提升，进而为国内市场的开拓和发展奠定了重要的物质基础。在这里，我们可以来通过一组数据，看一下我国在国际市场和国内市场两个方面的发展现状。数据显示：2021年，我国全年货物进出口总额391 009亿元，其中，出口217 348亿元，进口173 661亿元，货物进出口顺差43 687亿元；全年服务进出口总额52 983亿元，其中，服务出口25 435亿元，服务进口 27 548 亿元，服务进出口逆差 2 113 亿元；全年社会消费品零售总额 440 823 亿元，按经营地统计，城镇消费品零售额 381 558 亿元，乡村消费品零售额 59 265 亿元。[1]

二、生产资料市场和生活资料市场"齐头并进"

通俗地讲，企业购买生产资料是为了生产商品，没有生产资料就不会有生产过程，也不会有最终的生产成果；个人购买生活资料是为了生存和发展，没有生活资料就没有生存的物质条件，更谈不上有未来发展。因此，生产资料市场是进行生产资料交换的场所，这个市场的购买者主要是生产性企业；而生活资料市场是进行生活资料交换的场所，这个市场的购买者主要是个人消费者，于是，生活资料市场也可以被称为消费品市场。

1. 市场发展演变

在过去计划经济体制下，生产资料都是按照计划分配到每一个生产单位，生产单位根据生产计划，利用分配到的各种生产资料，生产各类产品。与此相对应，当时全国上下都有被称为"物资局"的政府管理部门，同时构建了一个非常强大的生产资料分配系统，也就是从上到下的生产资料批发体系，一些不同层级的物资供应公司、供应站、生产资料公司担当起了这个职能。这个体系从国家层面开始，一直延伸到基层，国家层面的是"一级批"，跨省级层面的大区为"二级批"，省、市、自治区层面成为"三级批"，再下面是地级、县级，因而就基本保障了生产资料的分配。当然，这个体系有时候也承担着一些生活资料的分配功能。

1　国家统计局：《中华人民共和国 2021 年国民经济和社会发展统计公报》，中国统计出版社 2022 年版。

在改革开放之后，我国经济发展逐渐从计划经济体制转变到以计划经济为主、市场调节为辅，最后向市场经济体制不断转化。在这个大背景下，生产资料开始不再由计划体制来进行分配，而是转向由市场来配置，同时，生产资料价格也逐步由计划来决定开始转向由市场来决定。在这种发展转变的情况下，一些地区性、全国性的生产资料市场应运而生，一些地方也纷纷设立了生产资料综合交易市场，用于满足相关生产厂家的生产需要。发展到后来，全国出现了一些生产资料的交易市场、交易中心、交易所，如能源交易所、石油交易所等，使得生产资料市场配置的广度和深度都有了进一步的扩展。

生活资料市场与生产资料市场一样，同样经历了这么一个发展变化的过程。在计划经济年代，主要生活资料实行的是配给制，购买必须凭票，因而被冠上了"票证经济"的称号，实际上就是实行计划供应。在那个年代，根据每一个家庭的人口数量多少，分为大户、中户和小户，然后，再分别配给相应的粮票、布票，还有油票、糖票、肉票、鱼票、豆制品票等，用于购买家庭的日常生活物资。当然，一些家庭使用的耐用消费品，实际上也是凭票供应的，如手表、自行车、缝纫机等。

随着我国生产力水平的不断提高和市场经济体制的确立，我们终于告别了短缺经济时代，生活资料开始极大地丰富了起来。在这种情况下，我国逐渐取消了各种各样的购物票证，老百姓的物质生活得到了很大的改善。时至今日，可以说，人们所需要的吃的、穿的、用的等涉及日常生活的各类商品，只要你能想得到的，一般都能够在市场上买得到。

当然，任何事物发展都存在着两面性，当人们的生活资料极大地丰富了之后，卖方市场也逐渐地转变为买方市场。何为卖方市场和买方市场？卖方市场是指商品供不应求，买主争购，卖方掌握买卖主动权的市场；买方市场是指商品供过于求，卖主之间竞争激烈，买主处于主动地位的市场。这个态势看清楚了，对于为什么如今企业之间的竞争会如此激烈，也许你也会找到答案了。

2. 市场价格的决定

与生产资料市场和生活资料市场的发展相对应，所有的生产资料和生活资料的价格决定机制也发生了很大的变化。价格如何决定？是由计划体制，即由政府"有形的手"来决定，还是由市场机制，即由市场"无形的手"来决定？在这个价格决定问题的背后，实际上反映了我们到底要选择什么样的经济体制，也就是，选择计划经济体制还是选择市场经济体制。什么样的经济体制，就会有什么样的价格决定机制。

在计划经济条件下，我国的生产资料价格、生活资料价格都是由计划体制来决定的，即由政府来决定，因此，全国上下都设立了物价局，对物价进行管制。在改革开放之后，我国逐渐对计划经济体制进行了改革，1982年提出"以计划经济为主、市场调节为辅"，1984年又提出"有计划的商品经济"，在理论和实践两个层面为进一步打破计划经济体制创造了重要条件。因此，在20世纪80年代出现了价格"双轨制"，这是指同一种商品由国家统一定价和市场调节价两种定价体制并存的价格管理制度，并且成为在经济体制转轨过程中的一种过渡性的政策和措施。由于价格存在着"双轨制"，在那个时候，也曾经出现了一些"倒爷""官倒"以及腐败现象，从而在社会上引起了比较大的反响。

到1992年，我国第一次明确提出了建立社会主义市场经济体制的目标。随着价格体制的深入改革，如今，在我国除了一些关系国计民生的重要产品如水、电、气、油价等，价格仍然由政府指导或确定之外，其他几乎都开始由市场来决定，从而最终实现了价格机制由计划价格向市场价格的"转轨"，并且开始充分地让市场发挥配置资源的决定性作用。当然，也不是说政府在价格方面就无所作为了，对于哄抬物价、恶意炒作价格、垄断价格等，政府都需要予以坚决的打击。

在经济全球化推进的条件下，全球商品在国与国之间的流通开始日趋频繁，国际贸易规模得到了不断的扩展，因此，国际贸易的商品价格决定权问题也随之出现。全球大宗商品包括黄金、原油等金融属性强、避险保值功能强的商品；有色金属，如铜、铝、镍、锌、铅、锡等；农产品，如大豆、玉米、小麦、橡胶、糖、棉花等。我国在很多商品方面是生产大国和需求大国，因此，需要进一步提升全球大宗商品价格的话语权和定价权。

三、商品市场和要素市场"交相辉映"

什么是商品？从经济学角度来讲，商品是为了出售而生产的劳动成果，或者说，商品是用于交换的劳动产品，因此，商品是人类社会生产力发展到一定历史阶段的产物。例如，一个农民种了一些蔬菜，如果自己吃了，这些蔬菜就不是商品；如果卖出去，这些蔬菜就成了商品。既然有商品，就存在着交换，因此，也就形成了商品市场。

这里讲的要素，实际上是指的生产要素。什么是生产要素？这也是经济学中的一个基本范畴，主要包括人的要素、物的要素及其结合因素。也就是说，人类进行社会生产所必需具备的条件，就是劳动者与生产资料的结合，如果没有两者之间的结合，就不可能有社会生产活动。因此，只要存在着社会生产活动，就需要得到生产要素的投入，而进行生产要素的交换，也同样形成了生产要素市场。

1. 商品市场趋于丰富

一般来讲，商品市场比较容易理解。我们到小商店、小超市、农贸市场、批发市场、大中型百货公司，乃至大型商业综合体等去购买日常生活所需要的各种商品，这些大大小小的购物场所，实际上都属于商品市场。同时，一般来说，在这些市场中所交换的商品，基本上都是现货交换，因此，也可以称之为现货市场。除此之外，还有一些更高层面的商品市场，例如，各类商品期货市场等。目前我国的商品期货交易所包括上海期货交易所、郑州商品交易所、大连商品交易所。

从历史发展的角度来看，这些商品市场的呈现形式已经越来越多样，市场的内涵越来越丰富，市场的规模也有大有小，尤其是导入了连锁经营模式后，使得连锁便利店、连锁超市、连锁药店、连锁大卖场、商业综合体等纷纷面世，再加上互联网时代的电子商务平台、电商直播等的快速发展，消费者购物越来越方便，而且有了新的消费体验。一句话，林林总总的、层层叠叠的商品市场，可以从不同层面上来满足人们不同的消费需求。

2. 要素市场横空出世

随着我国改革开放的不断深入发展，尤其是与市场经济体制相对应，生产要素市场开始逐渐发展壮大了起来，而生产要素市场，也可以简称为要素市场。当然，生产要素的内涵是随着时代的发展和进步而不断丰富的，除了劳动、土地、资本，还有技术、信息、数据等也开始作为独立的生产要素投入生产活动。同时，这些生产要素开始进行市场交换，进而产生了各种各样的生产要素价格，并逐渐构建形成生产要素市场体系。

目前，在充分发挥市场对资源配置起决定性作用的进程中，我国已经逐渐建立起一系列区域性、全国性的生产要素市场，并且已经基本构建形成了要素市场体系，进而对全国社会生产活动提供了重要的发展基础。在劳动要素方面，有劳动力市场、人才市场等；在土地要素方面，有房地产市场、土地市场等；在资本要素方面，有货币市场、证券市场、票据市场、信贷市场、保险市场、融资租赁市场、外汇市场等；还有技术市场、信息市场、产权市场、数据市场，等等。应该充分认识到，生产要素市场的培育和发展，不仅是发挥市场在资源配置中的决定性作用的必要条件，也是进一步发展中国特色社会主义市场经济的必然要求。

四、有形市场和无形市场"有降有升"

在人类开始跨入了信息化时代之后，生产方式和生活方式随之发生了根本性的变革，各种各样的新生事物扑面而来，对产业链、供应链、物流链、消费链等都产生了十分深远的影响。其中，互联网不仅从根本上改变了人们的生产方式和生活方式，而且在很大程度上改变了流通方式，尤其是市场销售方式。当前，数字化转型又进一步加速了生产方式、生活方式、治理方式的变革。

1. 有形市场面临挑战

在人类社会发展进程中，自从有了商品交换，就出现了各种各样的有形市场。因此，在很长的一个历史时期内，几乎所有的商品市场都是有形的，商品也都是"看得见，摸得着"的。因此，在这种有形市场内进行商品交换，人们的心里也就比较踏实。而这种市场销售方式，实际上都是实体型的销售形式，买卖双方是面对面的，各种商品也显得非常直观。如果借用现在的一句话来表达，就是线下销售、线下消费。

长期以来，人们已经习惯了这种实体型市场的销售方式，逛逛商店、商业街，在走走、看看、玩玩之间，完成购物行为。如今，在互联网日益渗透到人们的日常生活之后，人们的消费方式、消费习惯以及购物方式都发生了非常明显的变化。在这个背景下，以往这种长期不变的有形市场的销售方式，遇到了前所未有的挑战。很多的实体型市场都受到了互联网无形市场带来的竞争压力。

2. 无形市场扑面而来

随着互联网时代的到来，电子商务蓬勃发展，市场销售方式开始从线下走到了线上，进而形成了非常庞大的无形市场。这种市场的特征主要是，"看得见，摸不着"或"看不见，摸不着"，当然，这里的"看得见"，主要是通过手机、电脑、电视的屏幕看见的。如果说，对这种全新的市场销售方式，刚开始人们还有一些怀疑，还有一些忐忑，还有一些不理解，还有一些难以接受，但是，凭借其市场的全球化，交易的快捷化、虚拟化、透明化和标准化，以及成本的低廉化等多项优势，电子商务以非常迅猛的速度进入人们的日常生活。想想也是，你只要打开手机，刷刷单，轻轻松松地坐在家里，所购买的各种商品都可以直接地送到你手中，那么，何乐而不为呢？

因此，这些年来，线上销售的市场规模不断扩大，销售领域不断扩大，消费群体不断扩大，在消费规模中的比重逐年提高，并且成为一种势不可挡的潮流。2016 年，我国全年网上零售额 51 556 亿元，比上年增长 26.2%；其中网上商品零售额 41 944 亿元，增长 25.6%，占社会消费品零售总额的比重为 12.6%。2021 年，我国全年实物商品网上零售额 108 042 亿元，按可比口径计算，比上年增长 12.0%，占社会消费品零售总额的比重为 24.5%。[1] 在短短的五年时间内，网上零售额和占社会消费品零售总额的比重，几乎都已经翻了一倍。当然，在我国电子商务发展进程中，同样还存在着一些值得关注、需要解决的现实问题，需要我们不断地去化解。

3. 近二十年前的预言成真

大约二十年前，我应邀在一个关于上海大都市商业发展的高层论坛上作过一次重要的演讲，主要是对大都市商业发展的未来趋势进行一些分析和讨论。

"三点一线"的预判。

在这次高层论坛上，我直接提出了大都市消费者未来购物，将会呈现出"三点一线"基本态势的预判。"三点"是指：第一个点，是家门口的便利店或小超市；第二个点，是离家附近的菜市场或农贸市场；第

1　国家统计局：《中华人民共和国 2016 年国民经济和社会发展统计公报》《中华人民共和国 2021 年国民经济和社会发展统计公报》，中国统计出版社。

三个点，是大卖场或称之为购物中心（Shopping mall），也就是商业综合体。"一线"是指：线上购物，也就是电子商务平台。

我还指出，除了"三点一线"之外，其他所有类型的商业载体，可能会面临十分严峻的挑战，有的商业载体甚至可能会因此而终结。在那个时候，有些人还将信将疑，如今想想，现实确实如此。

"两句话"的预判。

在那次高层论坛的演讲中，我还曾对大都市商业载体的形态问题提出两个比较犀利的观点，也是两句话的预判。

第一句话："块状的，比条状的好"。什么意思？答案是：商业载体的形态呈现块状结构的，就会比较稳定；商业载体的形态呈现条状结构的，稳定性就会比较差，因为其功能比较容易被替代。这种例子是很多的，以往的一些专业街，曾经风靡一时，然后，就销声匿迹了。其主要原因，除了一个全新专业街的出现可以替代原来专业街的功能之外，还有一些块状结构起来了，也可以替代条状结构的功能。例如，在上海，最早出现的是乍浦路美食街，后来出现了黄河路美食街，前者就渐渐黯淡了。接下来，上海又涌现了一大批块状结构的载体，如新天地、徐家汇、静安寺、陆家嘴，以及各类大型商业综合体，于是，黄河路美食街的吸引力也下降了。最终，这两条美食街都辉煌不再。从中可以看出，块状结构比之条状结构，具有明显的优势。

第二句话："越综合，越持久"。什么意思？答案是：一个商业体，如果所有消费类型的功能都具备了，就会存在得越持久，也就是说，具有满足综合性消费需求的商业载体比较可持续，而功能单一的可能比较难以持续。例如，一些大型的购物中心，由于汇集了购物、餐饮、电影、教育、培训、娱乐等众多功能，就比较容易吸引消费者。而一些原来的百货公司如果不能转型成为综合性商业载体，可能渐渐地会走向消亡。因此，任何一个城市，如何去适应经济社会迅速发展的不断变化，如何根据消费方式的改变和消费趋势的变化去谋划好城市的商业发展战略，的确是一篇大文章。

五、还有个人、企业、政府三个市场之分

一说到消费者，大家往往马上就想到个人消费者，这确实不错，但实际上，市场上存在着三种类型的消费主体，即个人、企业、政府。与此相对应，也就分别存在着三个市场，那就是：个人市场、企业市场、政府市场。简而言之，个人市场就是由个人掏钱形成的市场；企业市场就是由企业掏钱形成的市场；政府市场当然就是由政府掏钱形成的市场。为什么要搞清楚这个问题？这是因为，很多人以为消费者就是个人，个人消费形成了消费市场。其实，应该说是个人、企业、政府这三种类型的消费主体，才构成了一个完整的消费市场。

1. 个人市场需要提升

对于个人市场，由于其与我国城乡居民个人收入和消费密切相关，也与经济增长动力密切相关，因此，我在前面的第九章中，已经就相关内容作出了比较详细的分析和阐述，这里就不再赘述。

同时，个人市场的主要内涵，一般是指对个人或家庭生活资料的需求和消费，也就是个人及家庭一般日常生活所必需的各类消费品。这些生活类消费品，有很多是满足一次性使用的或一次性消费的，例如，食品及一次性使用的各类用品；也有一部分消费品是可以满足中长期使用的，例如，衣服、鞋帽等，还有手机、电脑、电视机、洗衣机、冰箱、微波炉等家用电器的生活用品，以及"大件"的消费品，比较典型的是私家车。与此同时，除了人们的物质消费之外，个人市场还有一个重要组成部分，就是精神消费，例如，人们去看电影、戏剧、话剧、歌舞剧，唱歌，跳舞，阅读书刊，旅游等各类休闲娱乐。个人在精神消费方面的内涵确实非常丰富。

2. 企业市场特征明显

对于企业市场，凡是从事农业、制造业、服务业的各种企业，都可

以归类于企业市场的范畴。任何一家企业，只要进行生产活动或者提供各种服务，实际上都需要购买相应的商品或服务，并将这些购买的商品或服务用于生产其他的商品或提供其他的服务。否则，生产活动就不可能进行，新的服务也不可能提供。

从这个角度出发，企业市场至少具有三个比较明显的特点。第一，企业市场里面最需要的是生产资料，而不是生活资料。这是因为，企业进行任何的生产活动，都需要购买机械设备，购买原材料等。当然，有的生产资料使用是长期性的，如各类设备；有的生产资料使用是一次性的，如生产服装的面料等。第二，企业市场里面也有对生活资料的需求，如职工食堂做饭所需要的米面、肉类、鱼类、蔬菜等，有的企业向职工发放的劳保用品等。因此，不是说企业就不需要生活资料了，而是生活资料占企业市场的比重比较低而已。第三，企业市场还有一个重要特点，有时候各类企业是互为市场的。例如，甲企业生产的产品是乙企业的生产原料，而乙企业生产的产品，恰好又是甲企业所需的生产设备。如此种种，举不胜举，实际上反映的是产业配套，或者说是产业链的上、中、下游的关系。最后，企业给劳动者发放工资和奖金，劳动者拿到手后又转化到了个人消费市场。

3. 政府市场需要了解

对于政府市场，由于我国目前存在着五个层级的政府，分别是中央政府、省级政府、地级政府、县级政府，以及乡（镇）级政府，大家往往对政府市场了解不多、接触较少。实际上，政府市场的内涵相当丰富，因此，更值得多讲一些相关的内容了。

首先，政府市场规模与政府收入规模密切相关。

那么，政府收入来源在哪里呢？我们一般称之为政府的财政收入。而财政收入，主要是指政府为履行其职能、实施公共政策和提供公共物品与服务需要而筹集的一切资金的总和。如果按照政府取得财政收入的形式进行分类，财政收入又可以分为税收收入、收费收入、国债收入、国有财产收入、国有企业运营收入，以及其他收入等。换句话说，主要就是税收收入和非税收收入，也就是两大类型收入。

第一块，也是在财政收入中最大的一块，就是税收收入。 税收收入，是政府收入中最主要的形式，也是政府履行其职能的主要财力支柱。从税收结构来看，目前我国按照征税对象可以分为五种类型的税收，分别为流转税、所得税、财产税、资源税和行为税。例如，流转税中的增值税、消费税、关税等，所得税中的企业所得税、个人所得税，财产税中的土地增值税、房产税、契税等，资源税中的城市土地使用税等，行为税中的印花税、城市维护建设税等。一般来讲，尤其是在我国经济社会发展的现阶段，在财政收入中，如果税收收入的比重越高，说明经济发展比较稳定，税源比较稳定，税收收入有比较扎实的保障，进而财政收入呈现出比较健康的态势；相反，在财政收入中，如果非税收收入比重比较高，其结果可想而知。同时，这个比重的高低，也从一个角度上反映了一个地区营商环境的优化程度。

第二块，是收费收入。 收费收入，主要是指政府机关或事业单位在提供公共服务、实施行政管理或提供特定公共设施的使用时，向受益人收取一定费用的收入形式，但这种收入方式，绝不能作为财政收入的主要形式。在收费收入中，具体还可以分为使用费和规费两种。使用费，主要是指政府对公共设施的使用者按照一定标准收取费用，如对使用政府建设的高速公路、桥梁、隧道的车辆收取的使用费。规费，主要是指政府对公民个人提供特定服务或是特定行政管理所收取的费用，包括行政收费，如商品检测费；司法规费，如民事诉讼费、刑事诉讼费、财产转让登记费等。当然，还有罚没收入，主要是指市场监督管理、税务、海关、公安、司法等国家机关和经济管理部门对违法、违纪、违章行为实施经济处罚，而获得的一种惩罚性收入，包括罚金、罚款和没收赃款、赃物及其变价款。如今，我们经常所说的"减税降费"，其中就包括了收费收入中的"费"。

第三块，是国债收入。 国债收入，主要是指国家以信用方式从国内、国外取得的借款收入，或者说是国家通过信用方式取得的有偿性收入，而且国债收入还具有自愿性、有偿性和灵活性的显著特点。这里需要说明的是，尽管发行国债意味着政府债务的增加，但同时也增加了政府的收入。此外，由于国债在形式上是有偿的，债权人预期不仅可以收回本金，而且可以得到一定的利息。总而言之，国债收入已经成为政府筹集社会闲散资金、增加政府财政收入的一种有效手段。

第四块，是国有财产收入。 国有财产收入，实际上就是国有财产所有权带来的收益，主要是指政府凭借其所拥有的国有财产而取得的租金、利息和变价款等收入，当然，具体还可以分为国有动产收益和国有不动产收益两大类。国有动产收益主要是指债券、股票、储金、基金等的收益，而国有不动产收益是指以取得财政收入为目的的国有财产，如土地、森林、矿山、水力资源等的收益。目前来看，尽管国有财产收入在财政收入中的比重不高，但在政府实施经济和社会政策中仍然发挥着重要的作用。

第五块，是国有企业运营收入。 国有企业运营收入，主要是指国家以国有资产所有者代表的身份，采取国有企业上缴利润、租金、股市红利以及资产占用费等形式取得的财政收入。从这个角度来讲，国有企业经营绩效的一部分，可以转化为政府的财政收入，因此，国有企业在一定程度上成为政府积极调节经济和推行社会政策的不可缺少的物质手段之一。

第六块，是其他收入。 其他收入，主要是指除了上述各类收入形式以外的其他各种收入形式，例如，基本建设收入、事业收入、捐赠收入等。同时，由于在不同国家和不同发展阶段在上述收入形式中包含的具体内容各不相同，其他收入形式反映的具体内容也各不相同。一般说来，为了政府预算编制和管理的需要，可将那些性质不清的零星杂项收入归于其他收入。

应该说，在政府收支分类改革之后，"收入分类"比较全面地反映了政府收入的来源和性质，不仅包括预算内收入，还包括预算外收入、社会保险基金收入等应属于政府收入范畴的各项收入。

最后，我们还是回到政府市场规模与政府收入规模的关系上来，结论应该是比较清晰的：政府收入规模越大，也就意味着政府市场的规模也越大。实际情况也是如此，每一年的政府财政预算都保持着一定的增长水平，这就说明，政府每一年花掉的钱呈现逐年增长的态势，因此，政府市场规模也随之水涨船高。

其次，政府收入用到哪里去了？

一般可以用财政支出来表述。而财政支出，通常是指国家为实现其各种职能，由财政部门按照预算计划，将国家集中的财政资金向相关部门和相关方面进行支付的活动，因此也被称为预算内支出；同时，由于我国目前还存在预算外资金，因此也必然存在着预算外支出。在这种情况下，财政支出的概念也就有了狭义与广义之分，狭义的财政支出仅指预算内支出，广义的财政支出则包括了预算内支出和预算外支出。

从政府财政支出的具体内容来看，如果按照财政部的政府财政支出的分类，目前，我国同时使用支出功能分类和支出经济分类两种方法。

第一种，按照支出功能分类。这个方法，就是按照政府主要职能活动进行分类。主要包括：一般公共服务支出、外交支出、国防支出、公共安全支出、教育支出、科学技术支出、文化旅游体育与传媒支出、社会保障和就业支出、卫生健康支出、节能环保支出、城乡社区支出、农林水支出、交通运输支出、资源勘探工业信息等支出、商业服务业等支出、金融支出、援助其他地区支出、自然资源海洋气象等支出、住房保障支出、粮油物资储备支出、灾害防治及应急管理支出、预备费、其他支出、转移性支出、债务还本支出、债务付息支出、债务发行费用支出等33类。[1]

第二种，按照支出经济分类。这个方法，就是按照支出的经济性质和具体用途所作的一种分类。主要包括：机关工资福利支出、机关商品

---

[1] 财政部：《2021年政府收支分类科目》，2022年7月。

和服务支出、对个人和家庭的补助、对企业补助、对事业单位的补贴、转移性支出、债务利息及费用支出、债务还本支出、预备费及预留、其他支出等 15 类。

总而言之，政府财政预算收入的来源很多，而政府财政预算支出的用途也很广。因此，各级人民政府不仅每年都必须制定财政预算报告，而且报告每年还必须经过同级人民代表大会的审议通过。例如，在 2022 年 3 月 5 日至 11 日举行的第十三届全国人民代表大会第五次会议上，表决通过并批准了国务院财政部的《2021 年中央和地方预算执行情况与 2022 年中央和地方预算草案的报告》。我本人作为第十一届、第十二届、第十三届的全国人大代表，已经连续十五年对我国的财政预算报告投下了表决票。

第十二讲　城乡结构：从城乡分治走向融合发展

在这个世界上，任何一个国家，无论是发达国家，还是发展中国家，都客观地存在着城市和农村之分。因此，从人类社会的经济社会发展演变历程来考察，在城市和乡村之间，既存在着一系列的明显差异，又存在着互动发展的未来趋势。具体到中国来讲，对于这种一直以来的、现实存在着的城乡差异，在很多时候、很多场合，往往都是用城乡二元结构来表达，而逐步化解甚至消除城乡二元结构的过程，也就意味着城乡之间逐渐进入了互相融合发展的理想境界。

一、城乡二元结构的核心问题是什么

从经济学角度来说，所谓城乡二元经济结构，主要是指以社会化生产为主要特点的城市经济和以小农生产为主要特点的农村经济，两者互相并存的经济结构，以及所引起的一系列的城乡差异。应该充分认识到，在任何一个国家，无论发达与否，实际上都存在着不同程度的城乡二元结构，只不过发展中国家呈现出的情况比较严重而已。因此，城乡二元结构的客观存在，既是一些发展中国家经济结构中存在着的突出矛盾，也是这些发展中国家相对贫困和落后的重要原因之一。

一般来讲，城乡二元结构主要表现为：城市经济以现代化的大工业生产和服务业为主，而农村经济以典型的小农经济为主；城市的产业结构比较完善，服务功能比较强大，而农村的产业结构比较单一，服务功能比较薄弱；城市的道路、通信、医疗、卫生、教育和文化等基础设施和社会事业比较发达，而农村的基础设施和各项社会事业发展相对比较落后；城市的人口比较集聚，而农村的人口比较分散；城市的人均消费水平远远高于农村，而有的农村地区和一些农户家庭还相对比较贫困；还有，城市和农村之间的社会保障水平也存在着一定的差异，等等。

当然，对于每一个不同的国家来说，城乡二元结构的具体表现形式，有共性的地方，也有个性的地方；有差异程度比较高的，也有差异程度比较低的。应该说，在新中国成立之后，城乡差异是客观存在着的现象，城乡二元结构同样经历了一个不断发展变化的过程。在这个发展进程中，一个最为显著的特征，就是要不断地破除城乡二元结构，从城乡分治逐渐走向城乡融合发展。

1. 城乡二元结构的核心差异在哪里

新中国成立以后，在我国经济社会发展进程中，尽管城市和农村的经济发展和社会建设都取得了很大的成绩，但与此同时，也逐渐形成了比较明显的城乡二元结构。我国的城乡二元结构，尽管存在着很多的内涵，也体现在很多方面，但是，其中最为核心、最为关键、最难以突破的，还是在于土地制度和户籍制度的城乡分治。因此，土地和户籍的城乡差异，构成了我国比较典型的城乡二元制度。

首先，是城乡土地的二元制度。

在中国，无论是城市，还是农村，所有土地都实行公有制，但是，公有土地又被分为国有土地和集体所有土地。按照我国现行的土地制度，城市土地属于国有性质，即国有土地；农村土地则属于集体所有性质，即集体土地。在这种情况下，城市土地和农村土地，或者说，国有土地和集体土地的价值和用途管制就出现了根本性的差异。例如，国有土地可以上市交易，实现土地的价值；而集体土地不能上市交易，也就难以实现土地价值。但是，集体土地一旦被征用为国有土地之后，就可以上市交易。

其次，是城乡户籍的二元制度。

中国的户籍管理制度经历了一个不断发展变化的过程，大致分为三个主要阶段：从新中国成立初期的户籍自由迁徙，到 1958 年全国开始实行的户籍限制迁徙，一直到改革开放之后开始的户籍迁徙逐渐放开和户籍制度改革。

第一个阶段，户籍自由迁徙时期。1951 年 7 月，公安部公布《城市户口管理暂行条例》，规定了对人口出生、死亡、迁入、迁出、"社会变动"（社会身份）等事项的管制办法，成为新中国成立之后的第一部户口管理条例，并且基本上统一了全国城市的户口登记制度。1955 年，《国务院关于建立经常户口登记制度的指示》的发布，统一了全国城乡的户口登记工作，规定了全国城市、集镇、乡村都要建立户口登记制度，户口登记的统计时间为每年一次。[1] 因此，从新中国成立初期一直到 1958 年前，尽管我国已经颁布了户口管理条例，但还是实行着户口自由迁徙政策。全国城乡居民的居住和迁徙是自由的，不受任何限制，只要办理迁出迁入相应手续即可。

第二个阶段，户籍限制迁徙时期。1958 年 1 月，全国人大常委会通过《中华人民共和国户口登记条例》，第一次明确将城乡居民区分为"农业户口"和"非农业户口"两种不同的户籍。这个《条例》不仅奠定了我国户籍管理制度的基本格局，而且基本确立了"农"与"非农"的二元户籍格局。到 1964 年 8 月，《公安部关于处理户口迁移的规定（草案）》出台，又集中体现了户口迁移的两个"严加限制"：对从农村迁往城市、集镇的要严加限制；对从集镇迁往城市的要严加限制。从中可以看出，从 1958 年开始一直到改革开放之前，我国城乡居民的户

1　参见《城市户口管理暂行条例》和《国务院关于建立经常户口登记制度的指示》。

口迁徙受到了严格限制，因而也就基本上固化了全国人口在城乡之间的流动。

第三个阶段，户籍迁徙逐渐放开和户籍制度改革时期。在改革开放之后，1984年10月，《国务院关于农民进入集镇落户问题的通知》颁布，这表明我国户籍严控制度开始有所松动。1985年7月，《公安部关于城镇暂住人口管理的暂行规定》出台，标志着城市暂住人口管理制度逐渐走向健全；同年9月，作为人口管理现代化基础的居民身份证制度开始颁布实施。1997年6月，《国务院批转公安部小城镇户籍管理制度改革试点方案和关于完善农村户籍管理制度意见的通知》出台，规定已在小城镇就业、居住、并符合一定条件的农村人口，可以在小城镇办理城镇常住户口。1998年7月，《国务院批转公安部关于解决当前户口管理工作中几个突出问题意见的通知》让户籍制度进一步松动。根据此通知，实行婴儿落户随父随母自愿的政策；放宽解决夫妻分居问题的户口政策；对身边无子女需到城市投靠子女的老人予以落户；对在城市投资、兴办实业、购买商品房的公民及随其共同居住的直系亲属，凡在城市有合法固定的住房、合法稳定的职业或者生活来源，已居住一定年限并符合当地政府有关规定的，可准予落户。[1]

2010年5月，在全国范围内首次提出实行居住证制度，进一步深化户籍制度改革。2011年3月，《国务院批转公安部关于推进小城镇户籍管理制度改革意见的通知》的颁布，规定对办理小城镇常住户口的人员不再实行计划指标管理。这标志着小城镇户籍制度改革全面推进。2012年2月，《国务院办公厅关于积极稳妥推进户籍管理制度改革的通知》指出，要引导非农产业和农村人口有序向中小城市和建制镇转移，逐步满足符合条件的农村人口落户需求，逐步实现城乡基本公共服务均等化。2013年11月，《中共中央关于全面深化改革若干重大问题的决定》指出，要"创新人口管理，加快户籍制度改革，全面放开建制镇和

1　参见《国务院批转公安部关于解决当前户口管理工作中几个突出问题意见的通知》。

小城市落户限制，有序放开中等城市落户限制，合理确定大城市落户条件，严格控制特大城市人口规模"。2014 年 7 月，《国务院关于进一步推进户籍制度改革的意见》正式发布。意见规定，要进一步调整户口迁移政策，统一城乡户口登记制度，全面实施居住证制度，加快建设和共享国家人口基础信息库，稳步推进义务教育、就业服务、基本养老、基本医疗卫生、住房保障等城镇基本公共服务覆盖全部常住人口。到 2020 年，基本建立与全面建成小康社会相适应，有效支撑社会管理和公共服务，依法保障公民权利，以人为本、科学高效、规范有序的新型户籍制度，努力实现 1 亿左右农业转移人口和其他常住人口在城镇落户。[1]

2. 城乡二元结构的基本态势和化解方向

在新中国成立以后，怎么发展城市，怎么建设农村？这是摆在我们面前的两个十分现实的重大问题，换一句话来说，也就是我们国家如何推进工业化、城镇化，如何促进农业发展这两个重大现实问题。因此，应该充分地认识到，对于这两个重大现实问题的不断探索和有效化解，也就形成了我国城乡二元结构的基本态势和化解方向。接下来，我们可以一起来集中讨论两个比较宏观、比较具体的问题。

第一个问题：城市和农村，谁支持谁？

从历史发展演变进程来考察，中国的城市和农村，走的是一条从"农业支持工业、农村支持城市"，再到"工业反哺农业、城市支持农村"的发展道路。一般来说，这么一条工业与农业、城市与农村之间的发展道路，基本上符合世界各国经济社会发展的普遍规律。这是因为，当一个国家处在工业化初期时，一个比较普遍的倾向，就是农业支持工业和农村支持城市；而在工业化达到相当程度之后，或者说在后工业化时期，工业反哺农业和城市支持农村，也是一个比较普遍的做法。

那么，新中国成立之后，在全国经济社会历史发展的进程中，农业

1　参见《国务院关于进一步推进户籍制度改革的意见》。

是怎么支持工业、农村又是怎么支持城市的呢？应该充分认识到，予以支持的方式很多，采取的办法也有不少，但是，主要还是通过以下两个途径来实现的。

第一个途径是工农产品剪刀差。何为工农产品剪刀差？这主要是指工农业产品在交换的时候，工业品价格高于价值，农产品价格低于价值所出现的差额，如果用图来表示的话，就会呈现出一把剪刀张开的形态，因而被称为工农产品剪刀差。这种现实存在着的工农产品剪刀差，实际上表明的是工农业产品价值之间的不等价交换。自新中国成立以来，特别是从 1953 年到 1986 年期间，由于我国对农产品实行的是统购统销政策，再加上全面实行工农产品的计划价格，实际上，也就是通过工农产品之间的价格"剪刀差"，为我国经济社会发展提供了积累，更为工业化、城镇化汲取了大量的投资，并且奠定了工业现代化和快速城镇化的重要基础。当然，随着我国改革开放的深入以及社会主义市场经济体制的确立，尤其是工农业产品基本实现了市场价格之后，工农产品剪刀差得到了逐渐地缩小，下一步，我们还需要进一步朝着工农业产品等价交换的方向迈进。

第二个途径是土地增值收益。长期以来，我国的土地增值收益取之于农，主要用之于城，进而有力地推动了工业化、城镇化的快速发展，但也应该看到，土地增值收益直接用于农业和农村的比例偏低，对农业和农村发展的支持作用发挥不够。造成这种情况的根源，还是在于土地制度的城乡分治。由于农村土地是集体所有的土地，不能直接上市交易，因此，只有通过征地方式，把农村集体土地征下来，变成了国有土地，然后再进行"招拍挂"上市交易，最终拿回了土地出让金。在土地出让金中，拿出一部分来补偿相关的农村集体经济组织，这是"小头"，而土地从集体土地变性成为国有土地之后，土地增值收益的"大头"还是被城市拿走了。这种现象，被称为"同地不同权不同价"，也表明集体土地和国有土地处于不同等的法律地位，集体土地只有占有和使用权而没有充分体现处分和收利权，我在前面第五章中已经有过比较详细的表述。因此，党的十八届三中全会提出了我国土地制度的改革路径，其核心是实现"同地同权同价"，实现集体经营性建设用地进入建设用地市场，保障农民权益不受侵犯，下决心解决土地增值收益长期以来"取之于农，主要用之于城"的问题。

第二个问题：工业化和城镇化是否带动了农业现代化？

长期以来，农业为我国的工业化和城镇化作出了很大的贡献，那么，在全国工业现代化快速推进和城镇化迅速发展之后，工业和城市对农业、农村发展提供了哪些支持，带来了哪些变化呢？或者，我们又怎么来考察"工业反哺农业、城市支持农村"？

应该说，经过这么多年的发展和积累，我国经济整体发展水平已经初步具备了"工业反哺农业、城市支持农村"的财力和条件，而且力度确实也在不断加大。例如，有了强大的经济实力，就加大了对农业发展基础设施建设的投入，扩大了对农业生产以及农产品的各类补贴，并且最终取消了农业税；有了现代的工业生产能力，就为农业机械化、设施化、科技化提供了一系列的农业装备和涉农产品，并且吸纳了庞大规模的农业转移劳动力；有了快速的城镇化，就为广大的农业人口进入各类城市提供了重要的载体，并且为进城的农村人口提供了各种类型的就业机会和就业岗位，等等。

另一方面，在"工业反哺农业、城市支持农村"的方针和政策的推进过程中，老的问题解决了，新的问题、新的矛盾又逐渐冒出来，尽管这些问题与"工业反哺农业、城市支持农村"的方针政策没有直接关系，但也需要引起高度关注。例如，大量的农村年轻劳动力进入城市，在一些农村地区出现大量留守的老人、妇女、儿童；一些地方甚至出现了农田撂荒、村落凋敝的景象；还有农村基层组织和基层治理，也面临着比较严峻的挑战。因此，只有真正地了解了农村的新情况和新问题，才能真正理解为什么目前以及在未来很长一个时期内，乡村振兴是如此的重要、如此的迫切。

与此同时，大量的农村劳动力离开农村进入城市之后，又形成了一个十分庞大的"离土又离乡"的群体，这部分人群，也被统称为务工人员或"农民工"。如今，老一代"农民工"成为了历史，已经被"新生代农民工"所替代。当然，在"离土又离乡"的群体中，还应该包括一部分随着农村劳动力一起进入城市的非劳动年龄的农村人口。在城乡二元结构不断显现和逐渐化解的进程中，在城市的内部，又出现了一种新的二元结构，似乎问题又开始变得复杂起来。

二、城市内部又出现了新的二元结构

原来的城乡二元结构，说的是，城乡之间的分治，并且存在着明确的地理空间的分割，也就是，城是城，乡是乡。而新的二元结构，则集中出现在城市内部，并且逐渐形成了城市人口的两大阵营。目前，在各类城市的常住人口中，一部分人口是拥有城市户籍的，另一部分人口尽管在城市内已经长期工作和生活，却并没有因此而转变为城市户籍，迄今为止仍是农村户籍。应该清醒地认识到，在我国各类城市，这种现象似乎普遍存在，特别是在一些大型、特大型、超大型城市表现得尤为突出。

1. 新的二元结构的现实状态

那么，在一个城市内部，我们怎么来考察常住人口中的两大阵营？一个比较直观的、比较粗略的方法，就是通过查阅这个城市的人口基本数据。

对于一个城市来讲，有两个人口数据十分重要。一个是常住人口的数据，即在一个城市居住时间超过 6 个月，无论是否拥有这个城市的户籍，都被归为常住人口；另一个是户籍人口的数据，就是拥有这个城市户籍的常住人口，也就是这个城市常住人口中的户籍人口。如果大家把这两个人口数据的含义搞清楚了，接下来，我们可以再来看看其中的端倪，并且掌握一些带有规律性的现象。

在一般情况下，大中型城市的常住人口的规模往往要大于户籍人口的规模，尤其是在一些特大型、超大型城市更是如此。特别是近两年，基于新冠肺炎疫情防控的需要，各地政府大力推行网格化管理，进一步盘实了城市的实际管理人口。例如，北京、上海的实际管理人口已超 3 000 万人，广州、深圳的实际管理人口已超 2 200 万人（参见表12.1）。[1] 当然，从全国来看，也会有一些例外，例如，可能有个别的三、四线小城市，由于一些人口转移到了大中城市，因而出现了户籍人口大于常住人口的情况。

表 12.1　中国典型城市实际管理人口与常住人口对比

城市	实际人口（万人）	常住人口（万人）	户籍人口（万人）	常住人口/实际人口（%）	户籍人口/实际人口（%）	户籍人口/常住人口（%）
北京	3 065	2 189	1 397	71.42	45.58	63.82
上海	3 000	2 487	1 469	82.90	48.97	59.07
广州	2 200	1 868	985	84.91	44.77	52.73
深圳	2 200	1 756	551	79.82	25.05	31.38
杭州	1 013	950	461	93.78	45.51	48.53
南京	1 045	932	723	89.19	69.19	77.58
成都	2 233	2 094	1 520	93.78	68.07	72.59
郑州	1 300	1 260	899	96.92	69.15	71.35
西安	1 500	1 295	978	86.33	65.20	75.52
武汉	1 500	1 233	916	82.20	61.07	74.29

数据来源：《保利 2021—2022 年房地产行业白皮书》。

1　数据来源：《保利 2021—2022 年房地产行业白皮书》，2022 年 4 月 8 日。

2. 新的二元结构的主要特征

这样，在我国的很多大中城市尤其是特大、超大型城市中，逐渐出现了一部分规模大小不等的，但没有城市户籍的常住人口；而在这部分没有城市户籍的常住人口中，很大一部分都来自农村。在一般的情况下，城市规模越大，这部分人群的规模也越大，占这个城市常住人口的比重越高。

在这种态势下，由于我国户籍制度的城乡分治，也就在很多城市中产生了新的二元结构。其主要特征突出表现在：在同一个城市中，有城市户籍的常住人口与没有城市户籍的常住人口，在很多方面出现了一些"不一样"的情况。例如、在就业方面，有的招工单位过度强调当地城市户籍身份，产生了就业不平等和就业歧视；在社会保障方面，有的单位可能降低了非城市户籍劳动力的社会保障标准；在教育方面，有的地方非城市户籍外来人口孩子念书的公平待遇打了一些折扣；在医疗卫生方面，有的地方非城市户籍外来人口的医疗费用结算可能比较烦琐；在各项城市福利方面，城市户籍与非城市户籍的常住人口，也许还存在着一定的差距。

不过，近年来，从国家层面到城市层面，采取了一系列的政策措施，不断地去化解新的二元结构所造成的各种影响，因此，我们也应该看到，在城市常住人口中的户籍人口和非户籍人口之间存在着的各种差距，正在逐渐地缩小乃至消除。

三、需要关注"新生代农民工"

我曾经在2010年3月16日的《解放日报》上发表过专栏文章，希望全社会都能来关注"新生代农民工"。这是因为，在2010年发布的中共中央一号文件中，已经明确要求"采取有针对性的措施，着力解决新生代农民工问题"，并且提出了让新生代农民工市民化的命题。实际上，如何解决这个问题，不仅需要政治智慧，而且需要具体的政策措施。

1. 改革开放之后的三次"民工潮"

改革开放后，伴随着经济社会的快速发展和快速变化，全国经历了三次"民工潮"。

第一个阶段，主要是 20 世纪 80 年代，也就是在改革开放初期和农村乡镇企业发展的高峰时期。当时，由于全国农村改革广泛地推动了起来，不仅极大地解放了农业生产力，而且释放出大量的农村剩余劳动力。随之，以乡镇企业为代表的农村工业化开始萌芽并得到了蓬勃发展，使得大量的农村剩余劳动力进入了当地的各类乡镇企业，纷纷转变为产业工人，并且汇集形成了第一波的"民工潮"，或者说是"务工潮"，呈现出"离土不离乡"和"进厂不进城"的显著特征。也就是说，这些大量的农村劳动力，尽管进入了各类乡镇企业，但仍然没有离开农村；尽管进入了各种类型的工厂，但仍然没有进入城市。

第二个阶段，主要是 1990 年之后，大量的农村劳动力开始进入各类城市务工的时期。随着城市工业化快速推进和城镇化开始启动，客观上需要大量的劳动力；再加上不少的乡镇企业在发展进程中出现了一些瓶颈，接纳农村劳动力的能力降低，使得农村劳动力开始离开农村进入城市，进而掀起了第二波的"民工潮"，呈现出"离土又离乡"和"进厂又进城"的特征。但是，在这个发展阶段，很多农民工进入城市的主要目的，仅仅是为了打工挣钱，而不是为了在城市扎根。因此，很多农民工年龄增大以后，还是回到了农村，用城市打工赚的钱在一定程度上改善他们的生活。

第三个阶段，是进入 21 世纪之后。1980 年以后出生的农村年轻劳动力开始站上了历史舞台，大量的"80 后、90 后"开始逐渐进入劳动年龄，于是，这些年轻人纷纷离开农村进入城市打工，形成了第三波的"民工潮"。他们也被称为"新生代农民工"，而且现在"00 后"也开始加入这个庞大的劳动力群体。与老一辈的"农民工"相比，很多"新生代农民工"不再暂居在城市打工，而是倾向于长期在城市工作、居住、生活，且有着举家向城市迁移的倾向，实现真正意义上的"离土又离乡"和"进厂又进城"。

"民工潮"的产生，主要是源于我国改革开放的不断深入，并且伴随着我国工业化和城镇化的推进过程而不断发展。同时，"民工潮"的不断兴起和发展壮大，不仅突破了数十年来牢不可破的城乡二元分割状态，而且对整个经济社会结构变化产生了十分深刻和深远的影响。因此，我国的"农民工"，尤其是"新生代农民工"问题，也逐渐得到了各级政府、社会各界的高度重视和广泛关注。

2. "新生代农民工"的四个主要特点

回过头来，考虑到"农民工"，尤其是"新生代农民工"问题的重要性和特殊性，我们有必要对"新生代农民工"这个群体进行深入地了解和分析。

第一，"新生代农民工"是一个日渐庞大的群体。

这个庞大的群体的规模到底有多大？截至 2019 年，全国农民工总量约为 2.9 亿人，1980 年及以后出生的新生代农民工逐渐成为农民工主体，已占全部农民工总量的一半以上。[1] 2020 年北京市监测数据显示，新生代农民工占比达到 50.1%，男性占比高于女性，新生代农民工中男性占比为 66.3%。[2] 居民服务、修理和其他服务业，制造业，建筑业，批发和零售业，住宿和餐饮业，共吸纳 67.2% 的新生代农民工就业。同时，这个庞大的群体约占全国总人口的十分之一、全国城镇人口的六分之一、全国城镇就业人员的三分之一。[3] 如此规模的庞大群体，当然是不容回避、不能忽视的。

---

1 数据来源：人力资源和社会保障部。
2 数据来源：《2020 年北京市外来新生代农民工监测报告》。
3 根据《中国统计年鉴 2021》数据估算。

第二，"新生代农民工"也是一个处于社会边缘的群体。

这个庞大的群体，具有一个共同的显著特征是：出生并成长于我国的改革开放年代。接下来，我们还可以进一步来考察这个群体的来源结构。在这个群体中，大致的来源有三种情况，尽管都带有"农村"的印记，但出生、成长乃至打工的经历还不完全一样。其中：一部分人在农村出生、长大，成年之后到城市打工；一部分人在农村出生，但随着打工的父母在城市长大，直至自己成年之后继续在城市打工；还有一小部分人，则是随着打工的父母在城市出生、成长、打工。从当前及未来发展趋势来看，这个群体的青年人，既不愿回到农村，又难以融入城市，从而成了城市与农村"两不靠"的"边缘一代"。显然，对于这个游离于城市和农村两大区域之外的年轻人群体，必须高度重视。

第三，"新生代农民工"还是一个具有多元需求的群体。

在这个庞大的群体中，很多青年人的人生规划倾向就是离开农村，融入城市。同时，与他们父母辈的老一代"农民工"相比，这个群体受教育程度相对比较高，职业期望、物质与精神需求也比较高。因此，这些青年人特别向往城市的生活方式，在经济待遇、社会地位、生活品质以及个人理想等方面，都有着更高的追求。他们的需求发展是多元化的，并且具有比较明显的时代特征。当一个城市不能满足多元化需求的时候，他们可能会转移到另外的城市。

第四，"新生代农民工"更是一个不可或缺的群体。

在这个群体中，有的在各类制造业企业中辛勤工作，有的在各类服务业岗位上贡献力量，有的在为城市各项建设添砖加瓦，有的选择走上了个体工商户的发展道路，有的还创业成功最终发展成为各种类型的企业家。从这个角度出发，我们应该十分清醒地认识到，这个庞大的群体不仅助推了城市经济增长，创造了城市经济价值，提供了各种社会服务，还为城市经济社会生活带来了生气，营造了幸福。实际上，这个群体已经成为我国各类城市正常运转的重要组成部分，离开了他们，城市的经济社会发展都会受到不同程度的影响。

但是，我们也应该清醒地认识到，与一些拥有城市户籍的城市新生代相比，这个群体最为缺失的可能还是平等的权利。例如，在一些城市中，可能存在同工不同酬、同工不同权、同工不同福利的现象。当然，这些存在的差异正在逐渐缩小，在有的方面甚至已经实现了完全的平等，但是，仍然需要我们进一步的努力。

3. 化解"新生代农民工"问题的三个关键

综上所述，对于"新生代农民工"这样一个十分重要的、特殊的、庞大的群体所带来的一系列社会问题，中央和各个地方高度重视。应该充分地认识到，如果这个群体的问题不能得到有效、及时的解决，将有可能对我国经济社会健康发展产生诸多影响，对我国推进和谐社会建设形成阻滞。

当前的核心问题主要表现是："新生代农民工"这个庞大的群体渴望能够融入城市，但城市却没有全面准备好，也没有主动地去完全接纳这个群体。那么，已经准备好的方面，就可以去兑现；还没有准备好的方面，就应该进一步进行改革创新。

在我看来，如何有效地化解我国的"新生代农民工"问题？最重要的，还是应该通过方方面面的努力，不断地进行各项制度性改革，不断地积极创造各种制度性条件。具体来讲，应该要进一步走好关键性的三步。

第一步："落户"。

城乡户籍二元结构，已经成为影响农业转移人口包括"新生代农民工"在城镇落户的主要因素，因此，中央一直强调并要求"促进符合条件的农业转移人口在城镇落户并享有与当地城镇居民同等的权益"。这充分表明，农业转移人口在城镇落户的大门已经正式开启，应该结合我国城市化发展的进程，进一步深化户籍制度改革，建立健全相应的体制机制，允许符合条件的"新生代农民工"在一些城镇落户，让这个群体的青年人能够真正地成为城市的新市民。

第二步："接轨"。

在一些城市中，"新生代农民工"在就业等方面，确实还存在着一些不平等的现象。在这种情况下，各个地方还是应该按照城乡一体化发展的总体要求，顺应经济社会发展形势变化的趋势，进一步深入改革城市的劳动就业制度、收入分配制度、社会福利制度以及相应的体制机制等。只要全社会上上下下、方方面面共同努力，这个"接轨"工作还是可以做到的。

第三步："共享"。

如今，"人民城市人民建，人民城市为人民"已经越来越深入人心，而"新生代农民工"也在人民城市中，是所有人民中的一分子，应该分享到城市经济社会发展带来的各种好处。从这个角度出发，各个城市需要通过各项政策措施，逐步把这个群体完全纳入城市的社会建设和社会保障体系中，让他们能够公平、公正、公开地共享城市改革发展和城市文明进步的各项成果。

四、城乡一体化：关键在于五个统筹

在中国，不断地破解城乡二元结构、推进城乡一体化发展，始终是现代化国家建设中需要化解的两个重要问题。应该充分地认识到，解决好这两个方面的问题，从理论到实践都具有重要的意义。基于如此思考，我的基本观点大致可以表述为：怎么化解城乡二元结构？关键在于推动城乡一体化发展。怎么推进城乡一体化发展？关键在于城乡统筹发展。

从2004年开始，中共中央的"一号文件"已经连续十九年聚焦"三农"问题，反映了中央十分强调并要求促进城乡统筹发展。从历史发展轨迹来看，我国的城乡二元结构已经得到了一定程度的化解，城乡统筹发展也已取得了一定的成效，特别是打赢了脱贫攻坚战，全面建成了小康社会。但是，城乡二元结构问题尚未得到彻底的化解，还存在着不少的瓶颈，如城乡发展不平衡、区域发展不平衡、增长方式不平衡、收入增长不平衡等一系列问题也开始不断地显露出来。可见，进一步推进城乡统筹发展，对我国经济社会发展再上新台阶具有重要意义，为此，需要进一步抓好城乡统筹五个方面的"着力点"。

1. 第一个着力点：统筹全域规划，搭建城乡协调发展的基本构架

城乡统筹发展的重要基础，在于全域范围内的城乡规划统筹，关键在于将城市和乡村的"两张皮"变为"一张皮"，并在此基础上形成城乡一体化发展的基本构架。为此，一要用城乡协调发展的战略理念与战术视角，去统领全国、省级、地级、县级的总体规划，从而进一步推进整个规划区域范围内经济与社会要素的合理配置。二要进一步创新规划理念，淡化城乡及行政区域界限配置，使各种资源在无地域差别的范围内进行优化配置，按市场规律自然流动。三要实行规划的全覆盖，各专业规划宽要到边、深要到底，并充分体现出城乡之间和专业之间的规划衔接。此外，在总体规划的框架体系下，各区域规划、各专业规划及各产业规划之间，应该在推进城乡一体化方面进一步形成合力。

2. 第二个着力点：统筹空间布局，推进经济社会资源配置的匹配化

在现实经济社会生活中，由于受到城市形态和交通基础设施的制约，城乡之间经济社会要素的流动，实际上是严重不匹配的。主要表现在：城市的吸引力强，而乡村的吸引力弱，使得各种经济社会发展的优势资源主要集中在了城市，不仅造成了一些城市的"城市病"突出，而且加剧了一些乡村的"空心化"。这种现实态势已经充分表明，空间布局的城乡统筹事关重大，而资源配置的城乡统筹同样重要。在这个前提下，我们需要花很大的力气，不断地推动城市和乡村，尤其是交通网络建设形成相互依托、相互推动的总体格局，通过空间布局的城乡统筹，促使各类资源在城市和乡村之间的科学合理配置。

3. 第三个着力点：统筹产业发展，推进产业结构和产业布局的优化

从产业发展角度来讲，有必要通过城乡协调来进一步优化城市和乡村之间的产业结构和产业布局，并且充分地体现出"工业反哺农业、城市支持农村"的方针政策。为此，要根据城市和乡村的资源禀赋和产业特色，优化城市和乡村的产业结构，科学合理地进行城乡产业布局。在这个发展进程中，特别要进一步推进城乡产业之间的融合发展，通过产业融合发展，促进城乡融合发展。例如，可以结合全国各地乡村振兴的战略目标和现实需要，推动实施农业发展的"接二连三"，也就是，要进一步推动农业与第二产业、第三产业的深度融合发展，如今，在全国各地乡村发展起来的农产品加工、民宿、观光农业、休闲农业等，都是很好的案例。

4. 第四个着力点：统筹社会发展，逐渐缩小城乡之间的差别

随着工业化和城市化的快速发展，农村在基础设施、就业、社保、公共卫生、基础教育、文化事业等方面滞后于城市发展水平的矛盾也开始不断显露出来，进而在一定程度上影响到了农村的社会发展和全面进步。为此，要进一步加大对农村基础设施和公共设施的建设投入，推进和完善农村的各项社会事业发展，为缩小城乡差距打下比较好的基础。例如，对于从农村中分离出来的劳动力，应该统筹组织就业问题，增强城市对农村劳动力的吸纳能力，并鼓励农村富余劳动力能够进城就业。同时，各级政府还要积极创造条件，在收入、教育、医疗、卫生、文化、社会保障、基础设施和人居环境等方面，进一步缩小城乡之间的差距。

5. 第五个着力点：统筹体制机制，增强城乡协调发展的制度保障

从我国目前的城乡发展现状来看，城市与农村的功能各异，再加上城市与城市、农村与农村之间也要不少的差异，这就使得在同一层面的

政府在管理职能和体制上会存在着很大差异，而所承担的任务、责任和负担也不尽相同。这种状况的存在，不仅说明了城乡一体化发展任务仍然还比较艰巨，而且充分表明，各级政府必须采取相对应的制度安排，才能更加有效地推进城乡一体化发展。为此，这就需要进一步根据城市和农村的功能定位、运行特点、资源禀赋等综合因素，进一步统筹好城乡之间协调发展的体制机制，只有这样，才能最终形成城乡之间的发展合力。

第十三讲 城镇化：改革开放前后景象迥异

城镇化，往往也被称为城市化，主要是指一个国家或地区，随着社会生产力的发展、科学技术的进步、经济结构的变化、产业结构的调整，以及空间结构的变迁等，其社会形态由以农业为主的传统乡村型社会向以工业和服务业等非农产业为主的现代城市型社会逐渐转变的历史发展过程。从全球范围来看，几乎所有的国家或地区，都会时间或长或短地经历这么一个历史发展过程，有的国家或地区已经基本完成了这个过程，更多的国家或地区仍然还在这个过程中。

中国的城镇化有三个方面比较显著的特征。具体表现在：一是城市建设占用的土地越来越多，比重越来越高；二是从事农业的劳动力越来越少，农业劳动力转移到工业和服务业的越来越多，在劳动力总量结构中，从事第一产业的劳动力比重不断下降，从事第二产业和第三产业的劳动力比重不断上升；三是农村常住人口越来越少，城市常住人口越来越多，城市常住人口在总人口中的比重不断提高。

一、中国城镇化发展历程

新中国成立之后，中国的城镇化经历了一个从比较缓慢推进到逐渐快速提升的发展过程。在这个历史发展过程中，一个十分重要的"分水岭"就是改革开放。这是因为，在改革开放前后，城镇化发展的总体态势迥然不同，城镇化发展的整体结果迥然不同。如果可以用比较形象的语言来表达这种"迥然不同"，那么，比较缓慢地推进，所指的是从新中国成立一直到改革开放之前；逐渐地快速提升，所指的是改革开放之后。

1. 改革开放之前，城镇化发展缓慢

新中国成立之后，百废待兴，物资匮乏。尽管我国还是比较快地恢复了国民经济，但是，当时的整体生产力发展水平低下、城市经济和社会事业发展不快、农村经济社会发展更是比较落后，再加上开始实行了全面的计划经济体制，以及十分严格的城乡户籍制度，使得全国人口的户籍迁徙受到了严格的限制。因此，在全国城乡之间，人口流动基本上是静止的，要么被固化在城市，要么被固化在农村；而且，在不同城市之间、不同农村之间，人口流动基本上也是静止的，也是被固化的。在这个时代背景下，我国城镇化的发展进程，也就必然受到了一定程度的阻滞，并且在客观上使得各类城市和各地农村都不能得到很好的发展。

那么，在改革开放之前，中国城镇化发展进程到底缓慢到何种程度呢？在这里，我们通过一组数据的对比，可以找到这个答案。根据国家统计局的数据，在 1950 年，我国城镇人口数量占总人口的比重为 11.18%；到 1978 年，比重为 17.92%，因此，从 1950 年一直到 1978 年，在近三十年全国经济社会发展的历史时期，我国城镇人口数量占总人口的比重仅仅提高了 6.74 个百分点。[1] 如果再按照每年平均进行计算的话，可想而知，在这个历史阶段，城镇化年均增长速度就显得更加低了。由此可见，由于受到各种因素的综合影响，我国城镇化率在当时提高的速度是相当缓慢的。当然，改革开放后，全国的城镇化推进速度逐

1　国家统计局编:《中国统计年鉴 2021》，中国统计出版社 2021 年版。

渐进入快车道。

2. 改革开放之后，城镇化快速发展

改革开放之后，中国的城镇化发展开始不断地提速，并且呈现出波澜壮阔的发展势头。四十几年以来，我国城镇化发展也从启动到加快，从传统的城镇化到新型城镇化。在这个历史发展进程中，我国城镇化大致经历了以下三个主要阶段。

第一个阶段：自我国改革开放初期开始，一直延续到社会主义市场经济体制确立之前。

在这个历史发展时期，我国改革从农村开始发端，随着农业生产力的不断释放，长期以来被束缚在土地上的农村剩余劳动力开始纷纷离开土地，加入了农村工业化的进程，伴随着各地乡镇企业的迅速发展，除了大部分"离土不离乡""进厂不进城"的农村劳动力之外，一部分农村劳动力也开始"自带干粮"进入了当地的一些小城镇。可是，在那个时期，由于受到各种限制，农村转移劳动力只能就近进入当地的一些小城镇，而要进入各类大中城市仍然会显得比较困难。即使这样，这也标志着我国城镇化的大门已经开启。

第二个阶段：在我国进入20世纪90年代，尤其是确立了市场经济体制之后，一直到党的十八大之前。

1992年邓小平发表了南方谈话，对我国建立社会主义市场经济体制起到了十分关键的作用，同时，党的十四大又进一步明确提出要建立社会主义市场经济体制。从此开始，我国经济社会发展开始进入一个"黄金时期"，原来一系列限制"农民工"流动的政策措施相继得到了消除，大量的农村转移劳动力开始进入各类大中城市。数以亿计的"农民工"成为中国制造的主力军，为中国经济创造了巨大的"人口红利"。在这个大背景下，我国城镇化发展开始逐渐步入了快速发展的轨道，城镇化和工业化、现代化互相支撑，相互促进，使得城镇化率得到了大幅度提升。

第三个阶段：在党的十八大之后，我国进入了推动新型城镇化建设的新发展时期。

到党的十八大召开之前，经过三十多年的改革开放，我国的城镇化水平得到了大幅提升。但与此同时，在全国城镇化快速发展的过程中，城镇化质量不高的问题也在不断地显现出来，例如，大量"农民工"难以在城市尤其是大中城市落户，各类城市中的"城中村""棚户区"改造相对滞后，有的小城镇出现了破败现象，再加上大中城市、小城镇发展不平衡，城镇体系和布局不尽完善等。这就充分地表明，长期以来我国"重物轻人"的城镇化发展模式已经难以为继，城镇化需要寻找新的发展路径。在这个大背景下，党的十八大明确提出了"新型城镇化"的论述，特别强调要着力提高城镇化质量，推进以人的城镇化为核心的新型城镇化建设。

应该说，在我国实施改革开放之后，经过三个阶段的不断推进和快速发展，全国的城镇化建设取得了很大的成绩，城镇化率得到了显著的提升，并且为经济社会发展创造了强大的动力（参见图13.1）。

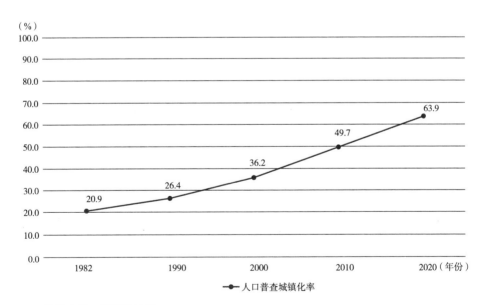

数据来源：国家统计局。

图13.1 改革开放以来中国历次人口普查城镇化率

当然，如今我国要推进以人的城镇化为核心的新型城镇化建设，还有很多的问题需要化解，还有很多的障碍需要攻克，涉及一系列亟待突破的制度性改革和体制机制创新，主要包括户籍制度改革、土地制度改革、行政体制改革、财税体制改革，以及城乡一体化发展的制度性安排等。应该说，在所有这些需要深化改革的事项中，户籍制度改革和土地制度改革的呼声，尤为迫切、尤为重要、尤为关键。

从总体上来讲，在党的十八大之后，"新型城镇化"不仅已经成为全国上下、社会各方密切关注的焦点之一，而且在全国城镇化建设实践中进行了积极的探索。确实，着力于推动新型城镇化建设，不仅是我国现代化建设的历史任务，也是全面建成小康社会的重要抓手，更是扩大内需的最大潜力所在，以及推动经济社会发展的强大引擎。在这个发展背景下，全国各地的新型城镇化建设正在如火如荼地展开，也取得了一些良好的进展。但应该清醒地认识到，在我国新型城镇化推进过程中，仍然还有一系列问题需要去继续探索，也需要去寻找答案。

二、中国城镇化发展需要讨论的十个问题

面对我国新型城镇化推进过程中存在着的一系列矛盾和问题，当然需要我们去关注，也需要去讨论。从这个角度出发，考虑到我国新型城镇化涉及的内容很多，需要研究的问题也不少，因此，也就不可能在此予以完全的覆盖。我想还是集中围绕新型城镇化过程中十个方面的重要问题，展开一些比较深入但又比较概括的思考，提出一些相应的观点。

1. 城镇化发展的空间有多大

目前，我国城镇化发展水平已经有了很大的提升。2021年，我国

的常住人口城镇化率为 64.7%，户籍人口城镇化率为 46.7%。[1] 如果按照户籍人口城镇化来作些国际比较的话，那么，尽管我国户籍人口城镇化率与世界平均水平的 56.6% 相对比较接近，[2] 但还是远远低于发达国家 80% 的平均水平，略高于人均收入与我国比较相近的中高收入发展中国家的平均水平。也就是说，我国城镇化的未来发展还有很大的增长空间；也进一步预示着，广大的农村人口向各类大中小城市流动转移的过程还远远没有结束。

2. 城镇化率有什么特殊内涵

在城镇化发展进程中，与世界上很多国家城镇化的不同之处在于，我国现行的城镇化率指标，实际上存在着两个重要的概念及内涵。一个是常住人口城镇化率，就是全国城镇常住人口占总人口的比重；另一个是户籍人口城镇化率，就是全国城镇户籍人口占总人口的比重。在每一个省、市、自治区，每一个不同的城市，甚至是每一个县，同样存在着这两个城镇化率的概念及内涵。长期以来，由于我国实行的是户籍管理制度，又推行的是城乡分治，因此，也就出现了这两个城镇化率的概念及内涵。目前，在我国的常住人口城镇化率和户籍人口城镇化率的数值之间，仍然还有占全国总人口 18% 左右的城镇常住人口，尽管他们已经在各类城镇工作或生活，时间也许有长有短，但是，他们的户籍实际上并没有落在城镇，而仍然留在农村。

3. 城镇化水平差异有什么特点

中国是一个发展中大国，幅员辽阔且人口众多，因此，在各个地区之间，城镇化发展水平客观上存在着一些十分现实且明显的差异。2020年我国东部地区常住人口城镇化率达到 73.35%，而中部地区、西部地区

---

1 数据来源：国家发改委新闻发布会。
2 数据来源：联合国人口司。

分别仅为 59.73% 和 56.94%。[1] 这就表明，城镇化率高低与经济发展水平呈正比；在超大型城市、特大型城市、大城市、中小城市、小集镇等各个层面的城镇中，不同规模城镇区域的城镇化率是逐级递减的，在一般情况下，城镇化率水平与城镇规模呈正比。因此，在全国城镇化未来发展进程中，我们可以从总体上作出一些判断，全国人口流动转移的主要特点表现在：中西部地区向东部地区流动，欠发达地区向发达地区流动，农村地区和中小城镇人口向大城市以及特大型城市集中，而且这种基本态势仍然在不断地延续。

4. 城镇化发展目标怎么确定的

根据 2014 年 4 月发布的《国家新型城镇化规划（2014—2020年）》，到 2020 年，我国的常住人口城镇化率达到 60% 左右，户籍人口城镇化率达到 45% 左右，户籍人口城镇化率与常住人口城镇化率差距缩小 2 个百分点左右，努力实现 1 亿左右农业转移人口和其他常住人口在城镇落户。也就是说，按照当时我国城镇化的发展目标，平均每年的常住人口城镇化率要提高 1 个百分点以上，户籍人口城镇化率要提高1.5 个百分点以上。回过头来看一下，到 2020 年，这些目标已经基本上实现了。下一步，在"十四五"时期，我国新型城镇化发展又进一步明确了新目标、新任务。主要体现在：要深入推进以人为核心的新型城镇化战略，以城市群、都市圈为依托促进大中小城市和小城镇协调联动、特色化发展，使更多人民群众享有更高品质的城市生活，到 2025 年末，常住人口城镇化率提高到 65%；特别要加快农业转移人口市民化，完善城镇化空间布局，建设现代化都市圈，优化提升超大特大城市中心城区功能，推进以县城为重要载体的城镇化建设。[2]

1　数据来源：《中国统计年鉴 2021》。
2　《中华人民共和国国民经济和社会发展第十四个五年规划和 2035 年远景目标纲要》。

5. 城镇化过程中，人从哪里来

城镇化的实质，就是大量的农村人口向各类城镇转移落户，或者说是越来越多的农民转变为市民，因此，农民就是我国新型城镇化发展进程中的主体。对于我国城镇化过程中的转移人口规模问题，中央政府早在 2014 年已经明确提出了 3 个"1 亿人"的目标：促进约 1 亿农业转移人口落户城镇，改造约 1 亿人居住的城镇棚户区和城中村，引导约 1 亿人在中西部地区就近城镇化。[1] 2022 年 5 月，中共中央办公厅、国务院办公厅印发的《关于推进以县城为重要载体的城镇化建设的意见》进一步提出，到 2025 年，以县城为重要载体的城镇化建设取得重要进展，县城短板弱项进一步补齐补强，公共资源配置与常住人口规模基本匹配，特色优势产业发展壮大，市政设施基本完备，公共服务全面提升，人居环境有效改善的发展目标，这为下一阶段的工作开展指明了方向。可以这么说，在我国新型城镇化发展进程中，农业转移人口的数量问题相对比较容易解决，一般来讲，很多农民尤其是农村的年轻人都愿意进入城市生活和工作，但最为关键的是，大量的农村转移人口如何实现真正的"市民化"，城镇的基本公共服务如何向常住人口进行无差异的全覆盖，户籍制度如何进一步加快改革进程，恐怕还有很多难题需要破解。

6. 城镇化过程中，人往哪儿去

对于这个问题，也许还是应该从两个方面去思考。一方面是人口布局，应该鼓励和引导更多的农村转移人口就近城镇化。应该看到，以往的农村转移人口主要是向东部地区、发达地区、大城市特大型乃至超大型城市流动，进而造成了年复一年"春运"无比壮观的景象，也产生了农村大量的空巢老人和留守儿童。因此，在新型城镇化建设中，应该把

---

[1] 《2014 年政府工作报告》。

更多的农村转移人口引导到就近城镇化的轨道上去。这样做，不仅使得一部分农村转移人口能够就近地照顾到农村的家庭，而且有利于各地的各类城市能够得到共同发展。另一方面是城镇布局，应该特别需要因地制宜和因城而异，实现全国各地城镇化的均衡发展。目前，尽管各类专家学者存在着不同的观点，但长期以来，我一直秉持着自己的观点和建议，主要体现在两个方面。从城市规模来看，特大型超大城市的城市规模应有一定的"天花板"，不能无限发展；大城市的数量应适当增加，我们应推动其有序发展；中小城市应有规模发展，尤其是推动以地级城市及县城为依托的中小城市发展；小城镇不宜遍地开花，应走适当集中之路。从地域分布来看，应在我国的中西部地区大力发展城市群、都市圈，尤其要增加大城市特大城市的密度，充分发挥大城市特大城市以大带小的作用，更多地承载当地的农村转移人口，进而更好地带动本地经济社会发展。

7. 城镇化过程中，钱从哪里来

推进城镇化发展，必然会带来全国性的人流、物流、资金流、技术流、信息流等"五流"的快速流动，更会带来十分巨大的投资需求，因此，如果没有巨量的资金投入，新型城镇化也是难以想象的。在这个方面，我们首先应该清醒地认识到，对于大规模的新型城镇化建设的资金投入，仅仅依靠各级政府投入是远远不能满足需要的，因此，必须推行政府投入和社会资本投入"两条腿"走路的办法，尤其是要通过政府投入撬动社会资本来共同参与建设。例如，在新型城镇化建设中，大量的各类基础设施建设投入，需要形成政府资金和社会资本共同投资的体制机制。这就需要各级政府制定相应的政策和措施，积极引导和鼓励社会资本进入城镇基础设施建设领域，可以通过特许经营、股权融资、项目融资，以及PPP等方式，广泛吸引社会资本参与，同时，还需要建立政府、企业、个人共同投资的多元化投融资机制。

8. 城镇化建设中，有没有产业支撑

在城镇发展进程中，按照一般的规律来讲，任何一个城镇，如果缺少必要的产业体系作为重要的支撑，城镇化也是很难想象的。从这个角度来看，积极做好城镇和产业的规划协调，加快推进"产城融合"发展，是我国新型城镇化建设的必由之路。例如，一些地方在城镇化过程中，出现了"空城"现象，实际上就是由于产业发展不足，缺少稳定的就业机会和发展空间，不仅难以保证本地人口的不流失，而且会失去对外来人口的吸引力。这也是目前农村转移人口纷纷涌入大城市、特大型城市、超大型城市的主要因素之一。因此，在我国新型城镇化建设进程中，城镇发展与产业发展一定要良性互动，城镇规模和产业规模一定要相互匹配、相互支撑。当前来讲，尤其要进一步强化新型城镇化的产业支撑，防止新型城镇化建设中出现产业脱节现象。同时，还要充分利用当前服务业快速发展的战略机遇，充分释放社会资本活力，引导和鼓励社会资本发展各类服务业，壮大城镇的服务业规模。此外，还要积极鼓励和推动农村转移人口在城镇落户和创业，做好以创业带动就业这篇大文章。

9. 城镇化建设中，土地供给能否得到保障

推动城镇化建设，意味着需要大量的土地供给，从而保障各类城镇建设的用地需求。也就是说，满足用地需求，成为我国新型城镇化建设的一个重要的物质基础。在这种发展背景下，大量的农村土地将会转变为城镇用地，而城镇的建设用地规模将会大为扩展。但是，在城镇用地方面，由于我国人多地少的特点，因此，在新型城镇化建设进程中，需要确立土地利用的底线甚至红线意识，强化土地的集约使用，严格控制建设用地的标准和规模，尤其是一些特大型城市、超大型城市的建设用地不能无限扩展，应该实行零增长甚至负增长。与此同时，由于我国存在着城乡二元结构的现实格局，因此，必须积极推进新一轮的农村土地

制度改革，在土地制度深入改革中，使农民利益能够实现最大化，进城农民的"市民化"能够得到切实的保障。

10. 城镇化建设中，住房问题怎么解决

应该充分认识到，数以亿计人口规模的新型城镇化建设浪潮，将会引发巨大的城镇住房需求，也将为我国的房地产业发展带来巨大的市场需求。目前来看，由于我国还存在着两个比较棘手的二元结构问题，除了原来众所周知的城乡二元结构之外，在各类城镇常住人口中，还出现了户籍人口和非户籍人口的二元结构，再加上在城镇户籍人口中也存在着一部分低收入人群，因此，如何解决好住房问题，必然是一个无法回避的重要考验。最要紧的，还是在于抓住两个方面的关键环节。一方面，在新型城镇化建设中的住房问题，必须坚持"房子是用来住的，不是用来炒的"的准则，还必须坚持"两轮驱动"，也就是商品房和保障房要并行，市场机制和保障体制要并重，并且建立起覆盖不同收入群体的多元化城镇住房供给体系。另一方面，在城镇化建设中住房问题，需要政府资源和社会资本的共同投入、共同建设。也就是说，既要引导社会资本参与商品房和商业地产的开发建设，也要鼓励和引导社会资本以多种形式参与保障性安居工程建设、棚户区改造等，这样做有利于化解由政府主导保障房建设面临的巨大资金缺口。

第十四讲　人口问题：一个沉重的话题

　　中国之所以被称为发展中大国，一个最重要的基础和特征，就是拥有庞大的人口规模。有人说，一个国家的面积只要足够大，也可以被称为大国。我不太认同这种说法，一个大国最主要的、最核心的内涵，首先应该体现在人口规模上，而不是主要体现在国土面积上。当然，如果人口规模足够大，国土面积也特别大，两者兼而有之，那一定可以成为更典型的大国。中国拥有陆地面积约960万平方公里，人口规模超过14亿，在世界上，当然就可以被称为大国了。

　　当然，我们应该清醒地认识到，作为一个发展中大国，人口问题始终是我国所面临的全局性、长期性、战略性的重大命题。在这个大背景下，我国人口发展始终存在着一系列值得深入探讨、深入研究的重大问题。这些问题，尽管很多，也很复杂，但是，归纳起来最核心的、最关键的，也是最需要在全国上下形成广泛共识的，实际上就是三个主要问题，即人口的总量问题、人口的结构问题、人口的质量问题。

一、人口总量，多了还是少了

　　自从新中国成立之后，从总体上来看，我国人口规模呈现出的是不断增加的态势。统计数据显示，全国人口总量从1950年的5.519 6亿人发展到 2020 年的 14.121 2 亿人，2020 年是 1950 年的 2.56 倍，增加了 1.56 倍。[1] 与此同时，我们也应该充分地认识到，在不同的历史发展阶段，我国的人口增长还是充分地体现出了不同的时代特征，而这些人口发展阶段特征的最终形成，实际上又与我国在不同历史时期的人口政策密切相关。

1. 自发生育，推动了人口增长

近代以来，从北伐战争、土地革命战争、抗日战争、解放战争，一直到新中国成立之前，长期以来中国处于持续的战争状态，再加上当时贫困落后导致的医疗资源匮乏和医疗条件落后等因素的影响，人口死亡率和新生儿死亡率都比较高，进而对人口发展产生了很大的影响。因此，在新中国成立初期，我国人口总量仅为 5 亿多人，人口总体规模不足，在这种特殊的背景下，我国人口发展在 20 世纪 50 年代基本上是处在自发的和无计划的生育状态。因此，新中国成立之后，我国就比较迅速地出现了第一次的人口出生高峰。在当时，很多育龄妇女因为生育子女比较多而被誉为"光荣妈妈"，这就直接导致了全国人口生育率的大大提升，而人口总量规模也得到了逐年增加。

在这个历史时期，由于全国人口规模增加过快，人口无计划地日益增长与国民经济有计划地发展的矛盾开始逐渐地显现出来，人口增长所带来的经济社会发展的各种压力也开始进一步增强了。在这种情况下，尽管当时我国人口生育政策还没有进行相应的调整，但已经开始意识到人口规模增长过快的现实，并逐步认识到节制生育才是解决这个问题的根本途径。同时，在学术界的一些知名学者，以及一些民主人士也开始关注到快速增长的人口问题对全国经济社会建设带来的一些压力或负面影响，例如，在那个年代著名的经济学家马寅初先生、民主人士邵力子

1　国家统计局编：《中国统计年鉴 2021》，中国统计出版社 2021 年版。

先生等。[1]

即使如此，到 20 世纪 60 年代初期，尽管我国刚经历了三年困难时期，但仍然出现了新中国成立之后的第二次人口出生高峰，人口总量规模快速增加的态势还在延续。到 1965 年，全国人口规模已经达到 7.25 亿人，比 1950 年增加了 1.74 亿人，增长了 31.58%。[2] 在这个大背景下，我国人口规模快速增长的势头，再一次引起政府和社会的高度关注。

实际上，早在 1962 年，中共中央、国务院已经发布《关于认真提倡计划生育的指示》的文件。在这份文件中，中央已经特别强调："在城市和人口稠密的农村提倡节制生育，适当控制人口自然增长率，使生育问题由毫无计划的状态逐步走向有计划的状态。"应该说，这是我国第一个开始提倡和制定计划生育政策的文件，也是我国人口发展方面的一个里程碑式的文件。

到 1964 年，针对全国人口总量规模快速增加的发展势头，在国家层面开始设立与人口发展相应的政府机构，即国务院计划生育委员会，一些地方也相应地成立了类似的计划生育工作机构，尤其是在一些城市地区。由此，通过这些在全国上下设立的计划生育组织机构，我国开始进行了推广节制生育的尝试，并且为之后全面实行计划生育政策提供了组织保障。

2. 计划生育，严格控制人口增长

到 20 世纪 70 年代，人口总量规模的不断扩大，对全国经济社会整体承受能力产生了很大的压力，体现在居住、就业、收入、教育、医疗卫生等很多方面，在这种情况下，全国城乡的计划生育工作开始全面展开。1971 年 7 月，国务院批转了《关于做好计划生育工作的报告》，首

1　吴跃农：《谁是倡导计划生育第一人——邵力子全力支持马寅初倡导计划生育的故事》，《文史春秋》2002 年第 6 期。

2　国家统计局编：《中国统计年鉴 2021》。

次开始把控制人口增长的指标纳入国民经济发展计划。1972 年，我国明确提出了"实行计划生育，使人口增长与国民经济发展相适应"的战略思想。1973 年 12 月，国务院计划生育领导小组办公室召开了全国第一次计划生育工作汇报会，在这次会议上提出了"晚、稀、少"的生育政策，"晚"是指男 25 周岁、女 23 周岁才结婚；"稀"是指拉长生育间隔，两胎要间隔 4 年左右；"少"是指只生两个孩子。1980 年 9 月，国务院在第五届全国人大三次会议上指出："除了在人口稀少的少数民族地区以外，要普遍提倡一对夫妇只生育一个孩子，以便把人口增长率尽快控制住。"同月，中共中央发表了《关于控制我国人口增长问题致全体共产党员、共青团员的公开信》，号召党团员带头执行新的计划生育政策，提倡一对夫妇只生育一个孩子。1981 年，在第五届全国人大四次会议上的国务院《政府工作报告》又提出："限制人口数量，提高人口素质，这就是我们的人口政策。"

一直到 1982 年 9 月，党的十二大明确确定了"实行计划生育，是我国的一项基本国策"。自此，计划生育最终被确定为我国的基本国策；同年 12 月，这个基本国策又被写入了宪法。在全国人大通过的《中华人民共和国宪法》明确规定："国家推行计划生育，使人口的增长同经济和社会发展计划相适应。"由此，我国确立了计划生育的法律地位，走上了依法行政的道路。

从中可以看出，我国的计划生育政策自 20 世纪 80 年代开始得到了严格的推行。应该说，之后计划生育政策也略有微调，例如，放开"双独二胎"（夫妻双方为独生子女，可以生育第二个孩子），以及部分省份农村地区实施的"一孩半"政策（第一个孩子为女孩，可生育第二个孩子）等。在 1991 年 5 月，中共中央、国务院又作出了《关于加强计划生育工作严格控制人口增长的决定》，明确贯彻现行生育政策，严格控制人口增长。2001 年 12 月 29 日，第九届全国人民代表大会常务委员会第二十五次会议通过了《中华人民共和国人口与计划生育法》，并于 2002 年 9 月 1 日起开始施行。

通过比较系统的历史回顾，在我国人口发展和人口政策的演变进程中，我们可以非常清楚地看到这么一条线索，自从全国开始实行计划生育政策之后，确实比较有效地控制了人口总量规模的快速增长，尤其是在 1982 年之后，我国人口出生数量开始逐渐减少，人口出生率也相应下降，最终，人口规模得到了有效的控制。

3. 面对现实，不得不调整生育政策

一枚硬币有正反两面，任何事物发展也会具有两面性，而且随着时间的推延，这种两面性还会发生动态变化。这种两面性同样体现在我国人口发展的领域。我们可以先来观察一下，图 14.1 显示的是新中国成立之后全国人口发展变化的情况。

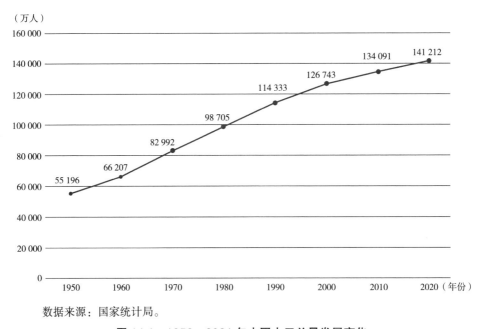

数据来源：国家统计局。

图 14.1　1950—2021 年中国人口总量发展变化

进入 21 世纪以来，我国面临的人口再生产状况开始发生了根本性的变化，使得人口发展问题又成为全国经济社会发展中的突出问题之一。从总体上来讲，我国的人口发展已经从昔日的高出生、低死亡、高增长，过渡到低出生、低死亡、低增长，这种变化充分表明了人口发展再一次面临了新的问题、新的矛盾、新的挑战。从 1982 年到 2020 年的三十多年时间内，尽管我国的人口总量在逐渐增加，但人口净增长、人口出生率和人口自然增长率都呈现出逐年下降态势。由此，我国的人口发展问题再一次引起了政府和社会的广泛关注（参见图 14.2）。

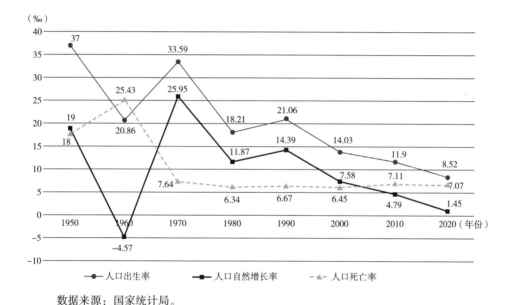

数据来源：国家统计局。

图 14.2　1950—2021 年中国人口净增长、人口出生率和人口自然增长率变化

在这种情况下，我国的计划生育政策有必要进行重大调整。2013 年 11 月，党的十八届三中全会通过的《中共中央关于全面深化改革若干重大问题的决定》提出"启动实施一方是独生子女的夫妇可生育两个孩子的政策"。同年 12 月，中共中央、国务院印发《关于调整完善生育政策的意见》，我国开始实施"单独二孩"的生育政策。[1]2015 年 12 月 27 日，全国人大常委会表决通过了《人口与计划生育法修正案》，"全面二

1　"单独二孩"是指夫妇双方中其中一方是独生子女的，可以生育两个孩子。

孩"[1] 的生育政策于 2016 年 1 月 1 日起正式实施，提倡一对夫妇生育两个孩子。

但也应该清醒地认识到，尽管这两次放宽人口生育政策对提升我国人口生育率起到了一定的推动作用，可是，其政策效应还是低于了预期。我们通过一组人口方面的重要数字，就可以在一定程度上看出一些问题。2021 年与 2016 年相比，我国的人口净增长从 906 万人减少到 48 万人，人口出生率从 13.57‰ 下降到 7.52‰，人口自然增长率也从 6.53‰ 下降到 0.34‰。[2] 由此可见，在我国人口发展中，面临的人口总量问题还是比较严峻的，这也为再一次调整人口生育政策提供了重要信号。

在这个大背景下，2021 年我国再一次开始调整人口生育政策。2021 年 5 月 31 日，中共中央政治局召开会议，审议通过了《关于优化生育政策促进人口长期均衡发展的决定》，并明确指出，为进一步优化生育政策，实施一对夫妻可以生育三个子女政策及配套支持措施；7 月 20 日，《中共中央、国务院关于优化生育政策促进人口长期均衡发展的决定》公布；8 月 20 日，第十三届全国人大常委会第三十次会议表决通过了关于修改《中华人民共和国人口与计划生育法》的决定，修改后的人口与计划生育法规定，国家提倡适龄婚育、优生优育，一对夫妻可以生育三个子女。从中可以看出，提高生育率已经成为我国人口发展的一个重要环节。

4. 提高生育率，需要各项政策配套

从我国生育政策调整来看，2013 年 12 月，我国开始实行"单独二孩"政策；过了两年，2016 年 1 月 1 日，我国开始实施"全面二孩"政策；再过了五年多，2021 年 8 月，我国推出了"三孩"政策。我国生育

1　"全面二孩"是指夫妇双方不论是否独生子女，都可以生育两个孩子。

2　国家统计局编：《中国统计年鉴 2021》，中国统计出版社 2021 年版；《中华人民共和国 2021 年国民经济和社会发展统计公报》。

政策调整的力度不小，政策调整时间的间隔也比较短，表明了我国人口发展基本国策调整的重要性和迫切性。

在这个背景下，我国人口再生产问题，当然也就引起了社会各方的广泛关注，很多专家学者，都在为我国生育政策调整之后如何落地献计献策。我作为连任三届的全国人大代表，又是一名经济学者，责无旁贷，提出了自己的一些意见建议。我于2016年3月和2022年3月，先后在全国人代会上提交了两份建议，并且得到了国家相关部门的回复，一些意见建议得到了采纳。

第一次，对于"二孩"政策落地的建议。

2016年3月，在第十二届全国人民代表大会第四次会议期间，我个人提交了《关于实行"二孩"政策后调整个人所得税的建议》。主要内容如下。

2016年开始，我国开始实行全面"二孩"政策。应该充分认识到，"二孩"政策的实施，对于完善我国的人口发展战略，改善人口结构，应对人口老龄化带来的经济社会发展压力，都具有十分重要的现实意义和深远的战略意义。但是，全国"二孩"政策的推进落地，实际上也是一个系统工程，需要方方面面的配套政策和措施的支撑。

从现实情况来看，如何从可以生两孩，到愿意生两孩，尤其对于年轻的双职工家庭、城市白领阶层，至少在涉及社会保险、劳动就业、妇女儿童权益保障、税收优惠等方面，都应该作出相应的调整，同时，也需要国家、企事业单位、社会组织、基层群众性组织等形成共识和广泛参与。"二孩"政策实施之后，不仅生育两个孩子家庭的经济负担会上升，而且会对现行的个人所得税制度提出新的挑战。

目前，我国实行的是居民个人作为申报单位缴纳所得税的制度，也就是个人所得税的计征单位是个人。个人每月收入超过规定起征点的，就按相应的税率纳税。这一税收制度的主要优点是简便，容易计算，也容易征收，征税成本较低，纳税人是否结婚、是否赡养老人、是否抚养子女，都不会影响个人所得税的税负，也就是说，征税行为不会影响纳税人的伦理选择，也非常符合个人主义的原则。但是，这种税收制度也存在着许多缺陷，最明显的是不符合按能力承担税负的原则，不能反映家庭收入的整体状况，没有考虑纳税人赡养人口的多少，以及通货膨胀、医疗、教育、住房等因素，而是按照统一的标准实行定额或定率扣除。若不考虑相同收入者的家庭负担和支出可能不同，还是按照收入相同者缴纳相同数额所得税，这种"一刀切"的计征方法，对于那些收入相同但家庭必要支出多的纳税人来说，无疑是不公平的。

因此，很有必要改进现行的个人所得税计征方式，实行以家庭为单位征收个人所得税。其理由有四点。一是在社会生活中，每一个公民个人背后都有一个具体的家庭，家庭是最基本的利益共同体，家庭的收入状况比个人更能全面反映纳税能力。以家庭为计算单位，可以实现相同收入的家庭相同的个人所得税负的横向公平，不同收入的家庭不同税负的纵向公平。二是我国已逐渐进入老龄化社会，一个家庭赡养多个老人的情况将越来越多。以家庭作为个人所得税核算单位，才能体现税负公平原则。在个人所得税征收上，忽略公民家庭的存在，仅仅将公民个人作为税收对象，有损于公平公正，也不够人性化。三是世界上多个国家和地区针对纳税人的家庭状况加以区别缴税，我国香港地区也采用"夫妻联合申报"或"家庭申报"的征税方式，这些都是值得借鉴的。四是我国已经建成了覆盖全国的以户籍管理为依托的人口信息系统，并已经为银行等系统提供认证服务，税务部门也已经建设了庞大的信息网络，只要政府重视，实现跨部门的信息协作是可能的。也就是说，家庭收入作为个人所得税计税条件是可行的。

当然，对我国个人所得税制进行必要的调整完善，不可能在短时期内全部完成。因此，在这个过渡时期内，为配合"二孩"政策的落实，应该在个人所得税制方面有所作为，也就是在计算应纳个人所得税的时候，增加扣除生育费用的一些项目，实行一些税收优惠政策。

目前，我国已有的扣除项目包括增加养老、医疗、失业、住房公积金、捐赠，比较单一，建议可以增加下列税收优惠项目。一是儿童税收优惠。相对于没有孩子的家庭，抚养一个或两个子女的家庭，应该享受一定数额的个人所得税免征额，在父亲或母亲的应纳税所得中加以扣除。这种扣除直至孩子达到一定的年龄（比如 12 岁或 16 岁）停止。二是教育税收优惠。目前，教育费用是每一个家庭中的重要支出之一，因此，在"二孩"家庭中，包括纳税人本人的再就业培训费用和技能提升费用、子女的学前和义务教育期费用，可以根据各地的经济差异进行确定。三是家庭结构税收优惠。由于每一个家庭的情况不尽相同，因此，对于单亲家庭、有老人负担的家庭等，应根据情况确定一定的个税免征额。四是残障人税收优惠。这方面已经有了一些相应的政策，但在深度和广度上还有待完善和优化。

第二次，对于"三孩"政策落地的建议。

2022 年 3 月，在第十三届全国人民代表大会第五次会议期间，我个人又提交了《关于完善配套体系促进"三孩"政策落地的建议》。主要内容如下。

当前，人口生育率与增长率下降已经成为了一个全球性现象。同样，近年来我国人口发展也呈现出了人口数量增速放缓、人口老龄化加速、出生人口下滑的趋势。根据国家统计局数据显示，尽管我国的总人口还在逐年增加，但人口净增长、人口出生率和人口自然增长率都呈现出逐年下降态势。2016 年至 2021 年，人口净增长分别为 906 万人、779 万人、530 万人、467 万人、204 万人和 48 万人，人口出生率分别为 13.57‰、12.64‰、10.86‰、10.41‰、8.52‰ 和 7.52‰，人口自然增长率分别为 6.53‰、5.58‰、3.78‰、3.32‰、1.45‰ 和 0.34‰。

总体来讲，出生人口减少会带来劳动力萎缩、人口老龄化、未富先老、经济增长减速等一系列重大而深远的问题。在此大背景下，我国将提高人口生育率上升为国家战略，并且先后在 2013 年和 2016 年实施了单独二孩和全面二孩政策，但是，尽管这两次放宽生育政策对提升我国人口生育率起到了一定的作用，可是其作用还是低于预期。2021 年 5 月 31 日中共中央政治局召开会议指出，要进一步优化生育政策，实施一对夫妻可以生育三个子女政策及配套支持措施。实践表明，生育政策调整为生育率提高创造了制度条件，但生育政策实施落地还需要构建完善与此配套的支撑体系。

我们先来分析一下，影响"三孩"政策落地的主要因素。

应该充分认识到，生育政策可以发挥很大的作用，但也受到经济社会发展变化的很大影响。例如，年轻人婚育观念变化、女性受教育程度提高、双职工家庭比重较高、职场竞争激烈、孩子抚养成本高、包括房价在内的生活成本高企等，都会影响到生育政策的落地。

第一，婚育生育养育观念的改变。这些观念改变突出表现在：不婚率提高，由于各种因素包括高房价等的综合影响，选择不婚的年轻人群数量在逐渐增加；不孕不育率提高，即使进入婚姻之后，一些年轻夫妇开始选择做"丁克"一族，而不愿意成为"孩奴"；初婚年龄越来越大，导致生育年龄推迟，对生育率产生了一定的影响；生儿生女的性别歧视基本消除，特别在城市尤其是大城市中，生儿生女都已经随缘，一些年轻家庭认为"一个孩子够了"；养儿防老已经淡化，很多人已经基本接受机构养老或居家养老的方式，不单纯依靠儿女养老已经成为一个共识。

第二，养育子女的成本在逐年抬升。养育子女成本逐年提高，加重了家庭经济负担。在教育成本负担方面，每个父母都望子成龙，不让孩子输在起跑线上，要上最好的学校，要报各种各样的兴趣班，再加上高昂的"学区房"等，都是很大的一笔家庭教育开支；在生活成本负担方面，孩子从小到大，吃的、穿的、用的、住的、玩的，都要向好、向优看齐，确实也是一笔主要的家庭支出，一句话"再苦，也不能苦了孩子"；在孩子照料成本方面，有的家庭由于家中老人无法帮忙看护孩子，照料孩子成为了"老大难"问题，要么母亲放弃工作看护孩子，要么以各种方式雇用保姆看护，使得家庭收入减少或支出增加。

第三，增加了很多不确定性。突出表现在以下两点。一方面，由于目前婴幼儿照护体系尚不完善，很多孩子的父母难以平衡家庭与工作的关系。一些职业女性在生娃之后，如果选择在家庭看护孩子，就可能保不住现有的工作。在现实社会生活中，一些女性在生育之后，职业生涯或多或少都会受到一定的影响，甚至不得不从零开始。因此，鉴于目前就业形势以及职场竞争的现实，一些女性不敢再次冒险生育，一些家庭对生育二孩、三孩望而却步。另一方面，一些不良生育体验让女性不敢选择再一次，分娩的痛苦、产后的抑郁，加上其他的一些因素，使一些女性产后身体与心理产生双重变化，对是否要选择再一次生育心有余悸，更加慎重。

接下来，应该构建能够促进"三孩"政策落地的主要对策。应该清醒地认识到，生育政策调整确实是提高生育率的重要前提，而生育率提升还需要相关的配套政策来提供支撑。在一定的条件下，这些配套支持措施成为了决定生育政策落地实施的关键性因素。因此，为了加快促进我国的"三孩"生育政策的落地，我提出如下的建议。

第一，推出生育奖励。有数据显示，将一个婴儿抚养到18周岁，大约需要花费200万元，孩子越多，负担越重。在这种情况下，要提高生育率，仅仅通过提高个人所得税起征点是远远不够的，因为目前缴纳个税的人群比重还不高，最直接的、最有效的应该是现金奖励，尤其对于大部分低收入家庭仍然需要通过资金奖励才能激发育龄女性更多生育。为此，建议在国家和地方财政支出中设立专项的生育奖励资金，对生育第二胎或第三胎的家庭给予一次性的财政奖励。

第二，加大减税力度。减免税负，对提高生育率可以起到一定程度的促进作用。为此，一要按照生育率实行个税抵扣，建议根据每个家庭孩子数量计算个人所得税免税额度，并适当降低税率或提高免税额度。二要针对孩子学前抚养和教育支出成本比较高的现实，建议增加学前子女抚养专项附加扣除项目，减轻家庭养育压力，提高育龄夫妇的生育意愿。三要根据家庭人口增多需要更换更大面积住房的现实，建议降低或减免多子女家庭的购房契税，降低购房交易成本，并且在房贷利率方面给予一定的优惠。

第三，给予各类补贴。在很多情景下，补贴可以起到很好的激励作用。为此，一要实施生育补贴。对依法享有生育保险制度的人员，给予生育二胎或三胎的生育激励；对未就业而无法享受生育保险的对象，可制定相关政策，向未参保的对象给予一定的现金补贴，以实现生育保险全覆盖。二要加大保障性补贴。探索建立对二胎和三胎递进式孕期保健补助、住院分娩补助、医疗津贴、托育津贴、教育津贴，以及对不符合缴纳个税标准的低收入人群实行直接经济补贴等。三要探索公用事业费用的倾斜政策。可以探索针对生育三孩的家庭申请一户多人口的电价和水价的标准。

第四，实施优待政策。多生孩子多享受优待，应该成为全社会的共识。为此，一要实施住房优待政策。通过廉租房、公租房、经济适用房和商品房对多孩家庭给予调低租金、优惠信贷、调整首付比例及积分政策等方式降低居住成本。在不限购的城市，三胎家庭购房根据当地实际情况按原房价打折交易。在限购的城市，如果人均面积不到45平方的家庭，根据原居住条件给予生三胎家庭优先购房的资格，给予其按揭利率享受首套房利率政策。二要实施子女入学优待政策。孩子教育是父母的头等大事，三胎子女优先入学，首先保证了孩子有学上，三胎子女延续二胎子女的就读资格，升学加分等。三要实施休假和就业优待政策。对于生育第二胎、第三胎的家庭，可以适当延长产假时间和男方陪护假期，也可实行弹性产假制度，将丈夫的陪产假和妻子的产假、生育假加总，由家庭自行决定丈夫和妻子之间如何分配时间。四要推动三胎妈妈职业友好型择业政策，出台企业三胎妈妈就业优惠政策，对招收三胎妈妈的企业给予一定的税费优惠。鼓励企业接受三胎妈妈育儿期间在家办公或弹性工作制，鼓励全职妈妈育儿阶段接受碎片式工作。

第五，做好保障服务。要做好生育健康保障，加强优生优育宣传、指导和服务。各级健康部门应积极向育龄群众提供生殖健康服务，组织开展优生优育指导、生殖健康咨询及家庭健康促进等服务活动，提高全社会公众的优生科学知识水平和优生意识。在已经开展的科学育儿工作中，应该更加侧重对带养人的指导，向带养人提供科学的育儿知识和指导服务并且鼓励父亲更多地参与子女的带养。要完善婴幼儿照料服务和教育体系。通过改建、扩建幼儿园，提高公立幼儿园的比例，大力鼓励和支持用人单位和社会力量参与兴办托育服务机构，鼓励民办幼儿园开设托班。完善托育体系，大力提升入托率，解决"孩子谁来带"的老大难问题。建立15分钟托育生活圈，增加托育机构，社会组织加入延时托育服务，补充幼儿离园后的时间，便于家长弹性接送。适当增加供儿童玩耍的社区公共游乐设施、社区公共儿童图书馆等，优化儿童生活、成长的环境。推进教育资源公平供给，对各类辅导培训机构实行规范化管理，定时开展收费及教学质量监督和评估工作，为年轻人减轻育儿经济负担，解决后顾之忧，激发年轻人生育欲望。

二、人口结构，首要问题是老龄化

人口结构有很多内涵，有人口的年龄结构、性别结构、知识结构、分布结构等，而人口结构对人口发展将会产生十分深刻的影响。目前，在我国经济社会发展进程中，就人口结构因素而言，最为现实、最为重要、也最为棘手的问题，应该是年龄结构问题，也就是日益突出的人口老龄化问题。

1. 老龄化程度不断提高，带来了双重压力

新中国成立以后，随着全国人口规模总量的不断增加，与之相对应的是，老年人口数量也在不断攀升。根据第七次全国人口普查数据，我国65岁以上老年人口占总人口的比重：1953年为4.31%，1964年为

3.56%，1982 年为 4.91%，1990 年为 5.57%，2000 年为 6.96%，2010 年为 8.87%，到 2020 年上升到 13.50%；如果按照 60 岁作为老年人口的话，那么，同样到 2020 年，我国 60 岁以上老年人口占总人口的比重已经达到了 18.74%。[1] 这充分表明，我国的老龄化确实已经到了一个比较高的程度，因而也受到了各级政府和社会各界的广泛关注。

为什么我国的老龄化程度会不断提高？其中存在着很多的因素，但是，主要原因还是来自以下三个方面的"提高"。

第一，医疗条件不断提高。

新中国成立以来，全国城乡的医疗投入得到了很大的增加，医疗条件得到了很大的改善，医疗水平得到了很大的提高。例如，2020 年与 1978 年相比，全国的医院数量从 9 293 个增加到 35 394 个，执业（助理）医师数量从 97.8 万人增加到了 408.6 万人，医院床位数从 110 万张增加到了 713.1 万张，卫生总费用从 110.2 亿元增加到了 72 175 亿元。[2] 在这个大前提下，全国城乡居民的健康得到了更好的保障，健康水平普遍得到了更大的提高，因而也就大大地延长了人们的寿命。

第二，生活水平不断提高。

新中国成立以来，随着经济社会的不断发展和进步，全国城乡居民的收入不断增加，生活条件得到了不断改善，生活质量得到了很大的提高。例如，2020 年与 1978 年相比，全国居民人均可支配收入从 171 元增加到 32 189 元，其中，城镇居民人均可支配收入从 343 元增加到了 43 834 元，农村居民人均可支配收入从 134 元增加到了 17 131 元。[3]

第三，平均预期寿命不断提高。

新中国成立以来，同样得益于我国经济不断发展和社会不断进步，全国城乡居民的平均预期寿命得到了大幅度提高。从过去的 35 岁提高到了如今的 77 岁。[4] 例如，在 1951 年，我们不说全国的情况，就是上海

---

1 2 3　国家统计局编：《中国统计年鉴 2021》。

4　国家卫健委。

的人均期望寿命也只有 43.8 岁。[1] 为什么当时上海的人均期望寿命这么短？大家可能以为这个数字可能是假的，不可能这么低呀。其实，这个数据是正确的，只是因为，由于当时的生活条件和医疗条件比较差，婴儿死亡率比较高而已。你可以想象一下，一个婴儿出生即死亡，另一个人即使活到了一百岁，一旦平均下来就变成了 50 岁。

　　如今，得益于经济社会快速发展、医疗水平不断提高、生活条件不断提升、社会保障不断完善，与以往相比，中国人的平均寿命得到了很大的延长。到 2019 年，全国的平均预期寿命为 77.3 岁；到 2021 年，上海的平均预期寿命已经高达 84.11 岁了。因此，目前的中国，不仅已经成为世界上平均预期寿命比较高的国家之一，而且全国老年人口数量正在逐年向上不断攀升（参见图 14.3）。

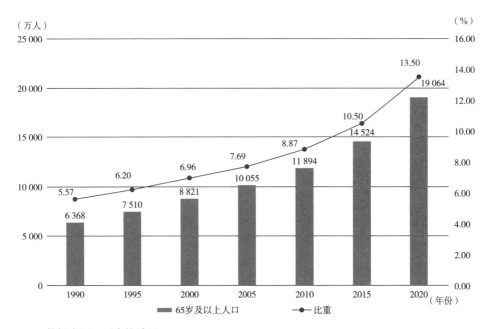

数据来源：国家统计局。

图 14.3　主要年份中国 65 岁以上老年人数量和比重

1　《上海统计年鉴》。

在这种发展趋势下，我国的老年人口数量越来越多已经是一个不争的事实，老龄化程度也在逐年提高，并且已经引起了全社会的广泛关注。当然，我们首先应该充分地认识到，我国庞大的老年人群体在年轻时曾经为全国经济社会发展作出了很大的贡献，充分发挥了对全国各行各业建设发展所起到的承前启后的作用，因此，这些人在迈入退休生活之后，当然也理应安享晚年。但是，我们同样应该清醒地认识到，老龄化程度过高确实也对我国经济社会发展带来了很大的压力，迫切需要得到有效的化解。

怎么来观察老龄化程度过高对我国经济社会发展带来的很大压力？如果从宏观角度和实践层面出发，这些压力应该主要集中体现在两个方面：第一，老龄化程度过高带来的社会保障的压力；第二，老龄化程度过高带来的老年人怎么养老的压力。

2. 化解社会保障压力，退休年龄很关键

我们先来看看来自社会保障的压力。

一般来讲，社会保障能够顺利地自我循环，主要取决于两个重要条件。我把这两个重要条件十分形象地表述为："缴钱的人要多一点，用钱的人要少一点"；"缴钱的时间要长一些，用钱的时间要短一些"。

也就是说，由于人们在工作期间需要缴纳养老保险、医疗保险、失业保险、工伤保险、生育保险和住房公积金，即"五险一金"，因此，如果这部分"缴钱"人群规模越大，社会保障资金就越是充裕，而当人们进入退休之后，就不再需要缴纳"五险一金"，这部分人群就开始转变成为了"用钱"的群体，因此，老年人口数量越多，社会保障的支出压力就越大。至于退休时间越晚，则意味着缴纳"五险一金"的时间就长了，而"用钱"的时间相应地就变短了，这样，就能够在一定程度上减轻社会保障的支出压力。

如果把上述这个道理基本上搞清楚了，那么，人们的退休年龄就成为了一个比较关键性的因素了。

　　下一步，我们可以来观察一下我国法定退休制度是如何规定的？先来看男性，一般情况都是到 60 岁退休，超过 60 岁退休的或一些特殊工种在 60 岁以前退休的比较少。再来看女性，就比较复杂了，目前存在着三个退休年龄。分别是：第一个退休年龄是 60 岁，一般都是体制内的女性，包括机关事业单位及国有企业的厅局级干部，拥有高级职称的教授、研究员、工程师等，当然，其中也有一部分人的实际退休年龄在 60 岁以上；第二个退休年龄是 55 岁，一般也是体制内的女性，包括机关事业单位及国有企业的处级以及处级以下干部，不过，现在如果处级干部主动提出，可以延迟工作年龄到 60 岁；第三个退休年龄是 50 岁，那些面广量大的普通职工都是 50 岁退休，包括体制外工作的女性，一般也都是 50 岁退休。

　　面对社会保障的压力，有的人就直接提出了，只要把人们的退休年龄延长了，社会保障压力问题不就解决了。这种说法对吗？一定是对的，但实际上，中国这么大，解决这个问题确实也没有这么简单。

　　应该说，近年来关于延迟人们退休年龄的观点和建议比较多，这个建议的方向是对的，建议也是不错的，但是，真的要调整法定退休年龄尤其是女性职工退休年龄的话，还是需要非常谨慎。

　　什么原因呢？如果大家简单地算一笔账，可能也就比较清楚了。例如，一位女性职工，工作期间的税前月薪是 7 000 元，在扣除个人所得税、缴纳"五险一金"个人承担部分之外，实际拿到手的是 5 500 元；而到 50 岁退休了，假如拿到的养老金是 3 500 元，由于退休后身体还不错，还有长期积累的工作经验，也不需要再去缴纳"五险一金"，如果再去干一份工作，一些企业也可以降低用工成本，给予的报酬是 4 000 元，那么，这位女性职工的月收入是 7 500 元，比退休之前还多拿了 2 000元。因此，如果一味地延迟这些女性职工的退休年龄，她们会高兴吗？

　　从这个角度出发，人们的退休年龄是一个十分复杂的利益问题，也是一个十分复杂的系统工程。基于如此思考，我在很多年之前就已经表明了自己的观点，也提出了一些建议。总的一个想法是，如果我国公民的法定退休年龄需要调整延长的话，不仅需要十分慎重，广泛听取各方意见，而且还应该采取渐进的方式为好。

早在 2013 年 3 月，在第十二届全国人民代表大会第一次会议期间，我就已经提交了一份《关于适时推行"弹性退休年龄"的建议》。我也可以将这份建议提供给大家参考和商榷。主要内容如下。

自 20 世纪 70 年代起，我国退休年龄定为男性 60 周岁、女干部 55 周岁、女工人 50 周岁，这个规定执行迄今没有变过。目前来看，一方面，随着我国公民平均预期寿命的提高，一些老人仍然以各种方式在贡献着余热；另一方面，我国于 1999 年开始迈入人口老龄化社会行列，至 2011 年末，全国 60 岁及以上老年人口的数量已经占全国总人口的 13.7%，随着老龄化程度不断提高和老年人口数量的不断增加，其影响正在社会生活各个层面显现，其中社保远期支付的压力和资金缺口将越来越大。

在如此的大背景下，适当推迟我国公民退休年龄是大势所趋，但是，推迟退休年龄又是一件事关我国公民宪法权力，特别是涉及劳动者的劳动权和休息权的大事，必须慎重再慎重。为了使我国公民退休年龄政策调整的社会效益最大、矛盾最小，建议适时推行"弹性退休年龄"的政策。具体建议如下。

第一，政府不以"一刀切"的方式实施公民退休年龄的延长，但可以适度进行鼓励延长退休年龄的舆论宣传。目前的退休年龄，可以成为法定最早的退休年龄，这个年龄也非提早退休年龄。

第二，政府对延迟退休年龄作一些硬规定，但是，必须由劳动者本人来自主决定是否延长退休年龄，如有延长意愿，与用人单位协商，取得一致后即可延长。对于选择何时退休，可以放权给劳动者和用人单位，是因为岗位对人的任职要求和能力有所不同，例如，以脑力劳动为主的岗位更适合延长退休年龄。

第三，劳动者超过法定最早退休年龄后继续就业，社会保险的缴费基数可以为上一年社会平均工资水平，以降低员工和用人单位的社保负担。

第四，国家逐步健全和完善配套的保障机制，如老龄劳动者加班的限制、工作环境及条件的保证、劳动强度的适应机制、体检及医疗报销等福利保障。

第五，如果延长退休的劳动者的规模达到一定的比重，可以适当提高晚退休劳动者的养老金发放标准，以提高劳动者选择晚退休的积极性和接受度。

第六，在社会较广泛接受的情况下，国家可以制定新的法定退休年龄。但是，延迟退休年龄的政策取向，既要听专家的意见，也要听劳动者的意见，男女老少都要涉及，各行各业各地均要顾及，尤其要把群众真实的想法反映到政策调整中去。

第七，如果国家调整制定新的法定退休年龄，一定要得到全国人大的授权，才能推出实施。

如今，这份建议提出的时间已经快要过去十年了，现在再来看一下，其中的一些建议已经得到了比较好的采纳，有的建议已经开始被逐渐地实施。例如，一些机关事业单位的女性处级干部，实际退休年龄从55岁延长到60岁，当然，这都是在根据工作需要和本人意愿的考量下实施的。

3. 怎么养老，需要多管齐下才好

在中国，老年人越来越多了，老龄化程度越来越高了，重度老龄化的迹象开始显露了，甚至一定程度上还呈现出了未富先老的态势。在这个大背景下，怎么养老成为摆在我国各级政府和每一个城乡居民家庭面前的一个重大课题。

目前，不要说在农村地区养老压力很大，即使在经济发达地区或大中城市，养老问题同样也显得比较突出。如今，在很多大城市、特大型城市及超大型城市中，已经开始实行了"9073"养老工程，当然，也有的城市实行的是"9064"养老工程。什么是"9073"养老工程？即90%身体状况比较好的，愿意和子女生活在一起的老年人，采取的是以家庭为基础的居家养老；7%的老年人依托社区的养老服务中心，提供日间照料；3%的老年人则是通过机构养老予以保障，例如，进入养老院等各类养老机构进行养老。至于"9064"养老工程的具体含义，也就不需要再重复解释了。

从宏观角度来考察，在养老问题上，我国仍然存在着以下四个方面的薄弱环节。

第一，为老服务的养老机构建设跟不上老龄化发展趋势。总体来看，我国养老机构数量还不能满足老年人群增长的需求，2020年，全国民政机构养老床位数为488.2万张，每千老年人口养老床位数仅为31.1张。[1]这样，即使在一些比较发达的大城市、特大型城市，乃至超大型城市，也只有3%—4%的老年人能够进入各类养老机构，至于广大农村地区实行机构养老就更不容易了。因此，一些老年人需要进入养老院，尤其是一些公办性质的养老院，往往需要等待很长的时间。这说明，养老床位供不应求，面向失智、重度失能、临终老人等特殊人群的服务很少，服务供给明显不足。

第二，为老服务的养老机构建设发展呈现出不平衡态势。具体来看，在我国的城乡之间、不同区域之间、不同城市之间，以及不同养老机构之间，从养老机构的数量、质量，养老服务的能力、水平，以及养老收费标准等方面，还存在着发展不平衡的现象，甚至可能差距不小。例如，一些养老机构仅仅能够提供一些基础性的、低水平的服务，再加上养老机构从业人员待遇比较低下，有的养老机构为压缩服务成本不得不牺牲服务质量，尤其是缺乏一批高素质的护理人员。

第三，为老服务体系建设缺乏战略导向且仍然建设滞后。目前，尽

1　国家统计局编：《中国统计年鉴2021》。

管我国各级政府都制定有为老服务相应的五年规划，但是，除了着重于养老机构建设之外，面对老年人群庞大的需求，为老服务体系建设仍然比较滞后，服务体系架构的整体规划也不尽完善，一些为老服务的深层次问题正在逐渐地凸显。例如，老龄工作机构的体制和经费、老年服务设施用地、养老机构的空间布局、社区为老服务资源整合、民办养老机构的发展等一系列的问题，实际上都需要通过建立明确的战略导向并落实相应的政策及中长期规划加以很好地解决。

第四，为老服务事业发展的政府投入与支持仍显不足。目前，从全国上下来看，为老服务事业的政府投入和为老服务项目的支持力度，与老年人口群体日益增长的需求相比，仍然存在着一些差距。例如，有的地方政府的投入，很多采取的是项目制，而并未列入经常性的财政预算之中；除了新增养老床位、居家养老服务补贴等一些大型为老服务项目拥有相对稳定的资金支持之外，还有很多为老服务项目，实际上都没有稳定的资金投入；即使是拥有比较稳定的养老床位补贴、居家养老补贴等为老服务项目，也在一定程度上存在着补贴标准过低的现象。

应该充分认识到，进一步加快发展完善我国的为老服务事业，直接关系到国家的长治久安和社会的和谐稳定，直接关系到未来全国经济社会的可持续发展，直接关系到全国城乡千家万户的切身利益，因此，必须引起各级政府和全社会的高度重视和全力支持。为此，在这里，我也提出以下四个方面的不成熟思考，供大家参考和讨论。

第一，将老年人的起始年龄界定为 65 岁。

目前，在国际上老年人年龄界定的主要依据为平均预期寿命，而全球老年人年龄界定的标准有两个。一个是 1956 年联合国推荐的 65 岁，另一个是 1982 年世界老龄问题大会上推荐的 60 岁。在中国，1964 年第一届全国老年学与老年医学学术研讨会规定 60 岁为老年期；1981 年第二届会议又建议 65 岁为老年期的起点年龄，但迄今尚未得到认可。

实际上，我国将老年人的起始年龄界定为 65 岁的时机已经成熟。同时，老年人年龄界定是随着平均预期寿命的延长而不断延后的，我国公民平均预期寿命已经接近了发达国家的水平，远远超过了发展中国家的平均水平。因此，我国不仅已经完全具备了提高老年人年龄定义的条件，而且越来越具有迫切性和必要性。其主要好处有三点。一是有利于在制定涉老政策时，提高资源配置的效率，避免不必要的浪费，可以缓解老年社会保障支出和为老服务设施建设的压力。二是有利于为老年人年龄界定密切相关的退休年龄等法规政策调整提供依据。例如，人均寿命较长的发达国家，其退休年龄普遍超过 60 岁，并有不断推迟的趋势。三是有利于在国际上进行相应的比较和交流。这样做，可以避免因为老年人年龄界定口径的不一致，在国际交流和比较中带来不便，甚至对我国相关政策的制定产生误导。

第二，继续制定并完善为老服务相关法规。

相比一些发达国家，目前，我国尚未完全建立健全全国性的养老服务方面的法律法规，在一定程度上影响了为老服务事业的发展。在这种情况下，应该尽早完善为老服务事业相关的法律法规体系，加强为老服务事业发展的正确引导和规范管理，让为老服务事业发展于法有据。

具体来讲有三点。一是在《中华人民共和国老年人权益保障法》的基础上，将法律所规定的老年人享有的各项权益，包括社会福利和服务的内容细化落实，明确各相关政府部门在为老服务事业发展中的责任，包括为老服务设施的用地、税费优惠、预算、管理等。二是依据《养老机构管理办法》，可以将社区为老服务机构和养老机构，民办机构和公办机构一并纳入管理，对服务机构的设置规划、设立条件和程序、执业要求、监督管理、政府扶持与优惠以及相关法律责任等作出明确的规定。三是制定《护理保险办法》。《"十四五"国家老龄事业发展和养老服务体系规划》明确指出："适应我国经济社会发展水平和老龄化发展趋势，构建长期护理保险制度政策框架，协同促进长期照护服务体系建设。"同时，人力资源社会保障部也发布了相关的指导意见。[1] 目前，护

1　国家人力资源社会保障部：《关于开展长期护理保险制度试点的指导意见》。

理费用成为老年人及其家庭的一个沉重负担，矛盾尤为突出。德国、美国等国家推行的护理保险已经较好地解决了老年人的护理问题，具有非常现实的借鉴意义。为此，应该尽早制定《护理保险办法》，通过自助、互助与公助等多渠道筹资，合力解决老年人的护理问题。

第三，制定老龄事业发展中长期战略规划。

从总体上来把握，我国的老龄事业不能仅仅满足于短期的五年发展规划，而是必须纳入国民经济和社会发展的长期规划，以及国家发展战略，以顶层制度设计来积极应对全国人口老龄化带来的严峻挑战，正确引导各个地方老龄事业的发展。

具体来讲有两点。一是根据人口老龄化发展趋势以及社会经济发展程度，制定10年中期发展规划，确立老龄事业发展的方向，初步建立老龄事业发展的框架和机制；制定20年长期发展战略，为应对人口老龄化高峰的到来进行战略储备。二是中长期规划的重点，不仅要审慎处理好发展老龄事业和社会发展承受能力之间的关系，根据国情不贪大求全、盲目建设，而且要着力建设老龄事业发展的体制机制，切实落实政府责任。其主要内容有：建立老年服务设施的土地储备制度，明确为老服务设施建设必须纳入各地的国有建设用地供应计划以及城市公建配套，按照老年人口的数量确定划拨土地面积；将为老服务事业发展的经费（包括机构建设和改造、公益性机构或设施日常运行补贴以及老年人基本服务补贴）纳入公共财政预算；制定扶持老龄产业发展的规划。对于生产老年人用品、开展为老服务的社会组织和企业施行税费减免、信贷倾斜、营利和非营利产业的分类管理等。

第四，为促进老龄产业发展提供必要支持。

发达的老龄产业，可以为老年人提供多种多样的服务和产品，不仅提高了老年人的生活质量，而且会带来巨大的经济效益。例如，北京、上海这样老龄化程度较高、经济较发达、老年人消费能力较强、老龄产业发展相对较快的特大型城市及超大型城市，可以参照发达国家扶持老龄产业发展的经验，率先开展促进老龄产业发展的试点。

　　具体来讲有五点。一是可以参照目前我国扶持文化创意产业、小微企业发展的模式，制定相关法规、政策，扶持与规范老龄产业的发展。二是鉴于老龄产业包括范围较广，可以在现阶段率先将老年人需求最为迫切的辅具生产和为老服务行业纳入扶持范围。三是增加税费减免力度。例如，上海正在积极落实"免征增值税，在计算企业所得税应纳税所得额时，减按 90% 计入收入总额"的政策，减轻相关企业的负担。[1]四是对于不同性质的为老服务机构，实行不同的土地供应方式，给予不同程度的优惠；对于非营利性以及提供基本服务的机构给予最大程度的优惠。五是给予企业资金扶持。建立融资平台，对于具有良好发展前景的企业给予融资和信贷优惠。

**　　第五，建立为老年人服务的志愿者制度。**

　　目前，发达国家已经普遍建立起了较为成熟的志愿者服务体系，并且拥有一整套法律法规予以保障。志愿者制度的施行，一方面可以推动社会文明的进步，培育公民尤其是青年人树立服务社会、助人自助的价值观；另一方面，训练有素的志愿者可以有效弥补公益机构中为老服务人员不足的矛盾，充分挖掘社会资源，同时，一些低龄健康的老年人作为志愿者也可以充分发挥他们的作用，实现老有所为和积极老龄化。

　　具体来讲有三点。一是可以选择北京、上海等特大型城市和超大型城市，在为老服务领域进行志愿者制度建设试点，取得成功和积累经验之后，可以将其进一步复制推广到其他各类城市。二是进一步完善相关的法律法规，例如，在原来已经有的志愿服务条例的基础上制定相应的实施细则、办法和标准，明确界定各方的行为规范和法律责任，制定对志愿者、志愿者组织、培训组织等的相关鼓励和优惠政策。三是可以由全国各地的民政部门牵头，进一步建立健全涉老志愿者的培训、考核及组织机制，并将其纳入财政补贴范围，使得为老年人提供志愿服务成为一种社会风尚。

---

1 《上海市人民政府办公厅关于促进本市养老产业加快发展的若干意见》，2020 年 5 月 13 日。

三、人口质量，还有很大的提升空间

中国的人口问题，除了人口总量规模、人口年龄结构以及其他一系列相关问题之外，还有一个十分重要的、需要全社会共同努力的问题，那就是人口的质量问题。

从人口学角度来讲，人口质量是反映人口总体的质的规定性的范畴，亦被称为"人口素质"。那么，何为人口质量？主要是指人口的身体素质、文化素质和思想素质的综合表现，其主要反映的是人口在总体上认识和改造世界的条件和能力。具体来看，身体素质主要包括健康状况和预期寿命，文化素质主要包括文化科学水平和劳动技能，思想素质主要包括政治思想和道德品质。

应该充分认识到，人口质量体现在三个方面的主要内涵具有内在的紧密联系，并且构建形成了人口的"综合质量"或"综合素质"。其中，身体素质是显示人口质量的自然条件和重要基础，而文化素质和思想素质则是衡量人口质量高低的主要标志。具体来说，人口的身体素质与社会生产所能提供的生活资料的数量和质量、医疗卫生条件的状况密切相关，同时也受到生产方式、分配方式、生活方式、消费方式等因素影响。人口的科学文化素质主要与人们接受的教育和训练程度有关，受到生产力和科学技术发展水平所制约，同时为人口的经济社会地位所决定。与此同时，人口的文化素质和思想素质的不断提高，有利于进一步增强身体素质；而人口的身体素质的增强，又为进一步提高文化素质和思想素质创造了比较优越的条件。

1. 人口质量，问题在哪里

从总体上看，随着经济社会的不断发展，我国人口质量确实呈现出越来越高的态势。目前，无论是身体素质，还是文化素质和思想素质，与新中国成立初期相比，我国的人口素质都得到了很大的提升，有的指标甚至在世界上也处在比较高的水平。在身体素质方面，如人口的平均预期寿命从 1950 年的 35 岁提高到 2019 年的 77.3 岁 [1]，婴儿死亡率从 1991 年的 50.2‰ 降低到 2020 年的 5.4‰，新生儿死亡率从 1991 年的 33.1‰ 降低到 2020 年的 3.4‰[2]。在文化素质方面，如就学率从 1950 年的 20%[3] 上升到 2020 年的 100%[4]，1949 年我国小学净入学率仅有 20.0%，初中毛入学率仅有 3.1%。2008 年秋，我国实现九年义务教育全面覆盖，2010 年以来小学净入学率和初中毛入学率均保持在 99.9% 以上 [5]，到 2021 年我国人口人均受教育年限已经达到 10.9 年 [6]。在思想素质方面，如理想信仰、思想观念、道德情操、尊老爱幼、遵守公共秩序等方面，都有了一定程度的提高。

但是，我们也应该十分清醒地认识到，我国在人口素质综合状况方面还存在着一些薄弱环节，与推动经济社会高质量发展的整体要求相比，确实还有一定的差距。这些薄弱环节，同样突出表现在以下三个方面。

第一，在身体素质方面，尽管我国公民的平均预期寿命已经有了很大幅度的提高，但是，仍有待提高之处。由于近年来先天残疾儿童数量呈现出升高态势，全国出生缺陷发生率上升，给城市居民家庭和整个社会带来沉重负担，出生人口素质亟待提升。由于种种因素影响，各种不健康人群规模巨大，人们的亚健康现象比较突出，心理和精神性疾患也明显增加，一些威胁人民群众身体健康和公共卫生安全的疾病有蔓延之势。

第二，在文化素质方面，尽管我国公民的整体文化素养已经有了很大的提升，但仍然与一些发达国家存在着不小的差距。根据国家教育部

1　国家卫健委：《2020 年我国卫生健康事业发展统计公报》。

2　国家统计局编：《中国统计年鉴 2021》。

3　国家教育部：《新中国 70 年基础教育改革发展历程》。

4　国家教育部：《小学学龄儿童净入学率》。

5　尹德挺、石万里：《新中国成立 70 年来我国人口素质变迁》，《人口与健康》2019 年第 10 期，第 31—36 页。

6　国家教育部：《2021 年全国劳动年龄人口平均受教育年限 10.9 年》。

公布的《2020 年全国教育事业发展统计公报》显示，全国共有各级各类学校 53.71 万所，各级各类学历教育在校生 2.89 亿人，全国新增劳动力平均受教育年限 13.8 年，其中，受过高等教育比例为 53.5%，说明还有进一步提高的空间。同时，社会上重学历教育轻职业教育、劳动技能培训等方面还存在着一些比较突出的问题。

第三，在思想素质方面，尽管我国公民的思想素质已经有了很大程度的提高，但是，我们也应该清醒地认识到，由于受到社会上各种各样因素的综合影响，一部分人群缺少正确的信仰和理想的精神支撑，再加上没有树立起正确的世界观、价值观和人生观，"三观"不正，因此，在日常的经济社会生活中，就难免出现一些道德失范、诚信缺失、社会责任感缺乏等行为，受到社会上一致的诟病。

2. 人口质量，怎么去提高

人口素质总体水平的高低，直接关系到我国经济社会的可持续发展和国家整体的竞争力，因此，必须针对我国人口素质方面存在着的一些现实问题，采取切实有效的政策和措施，推动我国人口素质进一步的提升。其关键，同样还是在于从身体素质、文化素质、思想素质三个方面进行不懈的努力。

第一，进一步提高国民的身体素质。

应该说，健康素养是国民素质的重要标志，全民健康是立国之基。2015 年 10 月，党的十八届五中全会首次提出推进健康中国建设；2016 年 10 月，中共中央、国务院颁布了《"健康中国 2030"规划纲要》；2019 年 7 月，我国成立健康中国行动推进委员会，印发了《国务院关于实施健康中国行动的意见》《健康中国行动（2019—2030 年）》等相关文件。这充分表明，提高国民的身体素质已经成为重要的国家战略，当然，推进健康中国建设，需要国家、社会、家庭及个人的共同行动，也需要政府、企业、社区、家庭、学校和社会公众的共同努力和持续推进。对个人来讲，做好自己的健康管理，提高预防疾病的能力，不仅能够拥有健康的身体，提高生命质量，而且能够为国家实施健康中国作出自己的贡献。

第二，进一步提高国民的文化素质。

在这个方面，最为关键的、最为直接的还是在于抓好全民教育事业。好的教育，才能培育出德智体全面发展的高素质人才。因此，在推进我国全民教育事业发展中，尤其要抓好各类学校的素质教育，提高各类学生的综合素质和创造能力；尤其要抓好农村基层的基础教育，为农村孩子提供更加多的优质教育资源；尤其要抓好职业教育，为国家经济社会发展培育一大批有文化、有能力的劳动者；尤其要抓好基本公共教育均等化，推动义务教育优质均衡发展和城乡一体化发展。当然，还要进一步提高我国高等教育的毛入学率，持续提升高等教育的质量和水平。

第三，进一步提高国民的思想素质。

在这个方面，还需要针对国民思想素质方面出现的一些新动向、新问题，通过各个方面的共同努力，进一步提高国民的思想素质。关键在于：要强化国民的理想信念建设，让人们能够树立正确的世界观、价值观、人生观；要强化国民的道德修养建设，让人们一起来推动实现物质文明和精神文明的同步发展；要强化国民的精神文明建设，让人们一起来宣传优秀的、积极的思想，倡导和谐社会意识等；要强化舆论引导，使全体国民能够真正地懂得什么是真善美，什么是对与错，什么是可做与不可做，什么要提倡与要反对。应该说，任务相当艰巨，必须久久为功。

第十五讲　区域经济：把握发展规律最重要

中国是一个发展中的大国，幅员辽阔，人口众多，民族多样，有约960万平方公里的国土面积，有14多亿非常庞大的人口规模，还有56个民族汇集而成的中华民族共同体，再加上全国各个地区在历史积淀、区域位置、自然环境、资源禀赋、发展阶段、经济水平、地域文化等很多方面都还存在着一定程度的差异。这就决定了，推动我国区域经济发展特别重要，推动我国区域经济协调发展同样特别重要。

一、中国区域经济发展的基本形态是板块经济

我国区域经济发展的基本形态是怎么样的呢？如果用一句最简练的话来进行归纳或表述，中国区域经济发展的基本形态就是"板块经济"。在我展开讲解这一章内容的时候，如果大家能够把全国地图拿出来对照着看，也许就可以产生更加直观、强烈的感受。

1. 板块经济，四个层面或四种形态

具体来讲，我国现实存在着的板块经济，实际上是基于地理位置、资源禀赋、产业布局和历史条件而发展形成的。如果按照我国区域经济的现实态势和发展趋势，大致可以把全国区域经济划分为四个层面或四

种形态，当然，如果再细分下去，层次应该就更多了。

第一个层面是"大板块"。

从全国来看，可以分为东部、西部、东北和中部四大板块，也就是我们通常所说的"东部率先，西部开发，东北振兴，中部崛起"，或者说是全国区域经济发展的基本构架。在我国区域经济发展的整个版图中，这应该是最大的"大板块"。

从改革开放之后的时间序列来讲，我国区域经济发展先后迈出了四个十分重要的步伐。

第一步是实施了"东部率先"。我国东部地区具有十分特殊的区域位置和资源禀赋，因此，这一步应该是最早迈出去的，从而使得东部地区得到了率先发展，并且始终走在全国改革开放的前列，从而也成为全国经济社会发展最为发达的区域。

第二步是推出了"西部开发"。在我国西部地区的很多地方，由于长期处于欠发达的状态，再加上自然资源十分丰富，具有很大的发展潜力。因此，西部地区经济社会发展的重要性开始不断地凸显，西部开发进而成为全国欠发达地区的重要发展战略。

第三步是实施了"东北振兴"。我国的东北地区，一直是重要的制造业基地，曾经被称为共和国的"长子"，因而具有比较好的发展基础，因此，东北老工业基地的振兴得到了中央的大力支持，并且成为一些资源型城市转型发展的重要探索。

第四步是推出了"中部崛起"。我国的中部地区，具有通达东西南北的特殊功能，尤其中部地区发展好了，可以充分发挥链接东部和西部的重要桥梁作用。中部崛起了，可以加快形成我国东、中、西部地区之间梯度转移、梯度带动、梯度发展的战略格局。

由此，通过"东部率先，西部开发，东北振兴，中部崛起"，在整个国家层面上，我国区域经济发展的重大战略格局已经基本勾勒形成，而这"四大板块"的功能和特点也得到了充分的彰显。

第二个层面是"强板块"。

这些"强板块"，主要是由一些在区域内部或跨区域的"城市群"或"都市圈"所构成的。在全国东、中、西、东北四大板块的区域范围内部，分布着一些经济势能比较强劲的经济区域。这些经济区域，往往被称为"城市群"或"都市圈"，有的主要是在本省级行政区域范围内的，如东南沿海地区的珠三角；有的则是跨省级行政区域的，如东部沿海地区的长三角、环渤海地区的京津冀等。

这里，我们再来讨论一个基本概念，在很多时候一些人把都市圈和城市群混为一谈，似乎都市圈就是城市群，城市群就是都市圈，实际上，都市圈和城市群有着本质性差别。我认为，两者之间的核心差异在于，城市群拥有两个及两个以上的核心城市或中心城市，而都市圈往往只有一个核心城市或中心城市。例如，珠三角城市群的核心城市有广州和深圳、长三角城市群的核心城市有上海、杭州、南京，环渤海城市群的核心城市有北京、天津；而有一些被称为城市群的，实际上都应该归类为都市圈，大多数以省会城市为核心城市的城市群，其实都可以被称为都市圈。当然，有时候约定俗成的称呼也很重要，变来变去容易混淆视听，反而不好。例如，东部沿海地区的珠三角、长三角、环渤海三大城市群，有时候，也被称为三大都市圈。

第三个层面是"新板块"。

这主要是指，在我国区域经济发展进程中，逐渐出现了一些后起的区域经济发展的"亮点"。特别是进入 21 世纪以后，由于一些地区通过抓住后发优势而开始崛起了一些重要板块，这些重要板块，主要是以一些省会城市为中心、周边一些主要城市为呼应而形成的区域经济板块，尤其在中西部地区显现得比较突出。

这些十分重要的区域经济板块，已经发展成为我国区域经济的一些"新板块"。例如，西部地区的成渝经济区、陕西省的西咸新区、贵州省的贵安新区等；中部地区的中原城市群，湖北省的武汉城市圈，湖南省的长沙、株洲、湘潭所形成的"长株潭"城市群，江西省的环鄱阳湖城市群，合肥城市群等，实际上也都可以被称为都市圈。当然，在东北地区也有一些区域经济发展的重要板块，如长春都市圈、沈阳都市圈、哈尔滨都市圈等。实践已经充分证明，这些"新板块"已经成为推动当地区域经济社会发展的亮点和抓手，也成为推动我国区域经济发展的重要引擎和重要支撑。

第四个层面是"常板块"。

这主要是指，一些在通常概念上所说的区域经济板块，也是在一些区域经济学教科书上讲得比较多的内容。换句话说，也就是一般意义上所说的区域经济，或者板块经济。例如，由一些地级城市为主所构成的区域经济，可以被称为市域经济；而在面广量多的县一级行政层面所构成的区域经济，通常被称为县域经济。当然，往下是乡镇一级，有时候也有镇域经济的说法，再往下是行政村，就很少听到有村域经济的称呼。

因此，从以上四个层面的板块经济的角度出发，这里所说的"常板块"，一般就是指市域经济或县域经济。应该充分地认识到，这是我国最为普遍、最为基础，也最为重要的板块经济。与此同时，区域经济可谓无处不在，但是，在区域经济发展过程中，既各自独立、分灶吃饭；又相互连接、相互影响、相互促进。

2. 板块经济，内外比较存在着不小差异

以我国最高层面、最大规模的东部、中部、西部、东北"四大板块"为例，从总体上来看，区域经济发展还是很不平衡的，还存在着不小的差异，特别是在历史演变上和现实发展中，都形成了"东西差距"和"南北差距"的两个明显态势。例如，在2020年全国的国内生产总值中，东部地区所占的比重达到51.9%，而中部地区、西部地区、东北地区等三大板块加起来所占的比重只有49.1%。[1] 这充分表明，在我国经

1　国家统计局编：《中国统计年鉴2021》，中国统计出版社2021年版。

济社会快速发展的整体进程中，当前的区域经济主要还是集聚在东部沿海地区，尤其是"珠三角""长三角""环渤海"三大城市群。2020 年，以"珠三角"九个城市为核心的广东省国内生产总值为 11.07 万亿元，占全国总量的 10.9%；以上海市、江苏省、浙江省、安徽省三省一市组成的"长三角"国内生产总值为 24.47 万亿元，占全国总量的 24.09%；以北京市、天津市、河北省两市一省形成的京津冀国内生产总值为 8.64 万亿元，占全国总量的 8.5%；这样，三大城市群国内生产总值占全国总量的比重高达 43.49%。[1] 由此可见，如何进一步统筹协调我国区域经济社会发展，任务还是相当艰巨的。

与西方一些发达国家相比较，我国区域经济发展的国际化程度和发展政策的聚焦点，也有一些明显差别。例如，美国按照地理区域划分，有一些领头增长的州际板块经济，也有一些板块的经济发展可能波澜不惊，不过其依托太平洋、大西洋和北美自由贸易区，亚太经合组织等国际化便利条件充分发展，因此，各个板块之间的国际化程度还是比较相当的。同时，美国又较早地完成了铁路动脉的全国均衡布局，各个板块之间的经济要素流动也十分便捷，其发展差异主要表现在法律、教育、科技、医疗等上层建筑层面，而不是体现在经济政策，如对吸引外资的具体鼓励上，等等。反之，我国各个区域之间的差异，不仅表现在经济社会发展水平上，而且还充分体现在国际化程度的差异上。

二、板块经济发展的基本模式是都市圈或城市群

从本质上和推动上来看，我国板块经济发展的基本模式，就叫都市圈，或者叫城市群。很显然，在全国区域经济历史演变和现实发展中，事实已经充分证明了一个基本道理。这就是：哪里有都市圈或城市群，

1　根据《中国统计年鉴 2021》数据计算。

哪里的经济就比较发达，哪里就是发达地区；哪里没有都市圈或城市群，哪里的经济就比较落后，哪里就是欠发达地区。

如果你不信的话，我们可以来看一下，我国的东部沿海地区为什么这么发达？因素有很多，其中一个最重要、最主要的因素，是那里有着推动经济发展的三大"发动机"，也就是珠三角、长三角和环渤海地区的三大都市圈或城市群。例如，长三角土地面积约占全国的3.7%，人口约占全国的16.64%，却创造了全国国内生产总值的近四分之一；珠三角土地面积约占全国的0.57%，人口约占全国的5.5%，创造了全国国内生产总值的8.9%。[1]

再举一个案例，我在上海或福建作经济报告的时候，只要是讲区域经济的主题，而听报告的对象又是来自福建的机关干部或企业家，我曾经都提问过他们，东部沿海地区哪个省的经济规模相对比较小？是福建。为什么？因为福建是东部沿海地区唯一不在三大城市群内的省份，广东在珠三角，浙江、上海、江苏在长三角，山东在环渤海，福建在哪里？答案就不言而喻了。当然，还会有其他因素的影响，但这个现实态势值得思考。再看一组从南到北的数据，2020年国内生产总值，广东省为110 760.94亿元、福建省为43 903.89亿元、浙江省为64 613.34亿元、上海市为38 700.58亿元、江苏省为102 718.98亿元、山东省为73 129.00亿元。[2]足以可见，都市圈或城市群对区域经济发展具有重要的引擎价值，并且成为全国各地区域经济发展的晴雨表。

1. 都市圈或城市群，不是可有可无

对于我国区域经济发展来说，全国各地的都市圈或城市群所发挥的作用是如此的重要、如此的关键，那么，从区域经济未来发展的角度出发，就更加应该以培育和发展全国各地的都市圈或城市群为主线、为抓

1　数据来源：珠三角9个城市统计公报。
2　国家统计局编：《中国统计年鉴2021》。

手、为动力，通过都市圈或城市群的进一步发展壮大，可以为全国经济社会可持续发展提供强大的支撑和有力的推动。

从全国区域经济发展现状来考察，第一，东部沿海地区都市圈或城市群发展的起步比较早、成效比较好、潜力比较大，从南至北的珠三角、长三角和环渤海地区的三大城市群，都已经成为推动东部沿海地区经济发展的重要支撑力量，也成为推动我国区域经济发展重要的增长点和增长极。第二，中部地区已经有了一批都市圈或城市群的崛起和发展，如武汉城市群、长株潭城市群、环鄱阳湖城市群、太原城市群、合肥城市群、中原经济区等，但与东部沿海地区相比能级还不高，因此，我曾经在很多年前，提出过中部地区应该形成一个"中三角"城市群的观点，也就是以武汉、长沙、南昌为中心城市，把湖北的武汉城市群、湖南的长株潭城市群、江西的环鄱阳湖城市群三个"小发动机"组装成为一个"大发动机"，成为中部地区区域经济发展的重要板块。第三，西部地区已经出现了都市圈或城市群的雏形，有的甚至已经成为全国区域经济发展的亮点，如西南地区已经发展势头不错的成渝经济区，还有贵阳、南宁、昆明等城市群，而西北地区除了西安城市群之外，其他区域城市群发展模式不显著，当然，这是与西北地区地广人稀、城市布局比较离散有关。但是，也是在很多年之前，在很多场合包括媒体上，我曾经提出过西北地区应该逐渐形成一个"兰西银"城市群的观点，也就是以兰州、西宁、银川为主要核心的城市群，推动西北地区发展。第四，东北地区都市圈或城市群的发展，应该与当前的东北振兴息息相关，也直接关系到东北地区的长远发展，因此，沈阳经济区、长吉图经济区、哈大齐经济区等，都应该担负起东北老工业基地振兴的重任。

2. 区域竞争，说到底就是都市圈或城市群之间的竞争

综观全球，都市圈或城市群发展，已经成为推动一个国家或一个地区的区域经济发展的重要模式。如今，我们经常会在很多场合提出要提升全球竞争能力、增强世界竞争实力，实际上，国与国之间的竞争、地

区与地区之间的竞争就是都市圈之间的竞争，或者说，是城市群之间的竞争。目前，作为全球五大"世界级城市群"，美国东北部大西洋沿岸城市群、北美五大湖城市群、日本太平洋沿岸城市群、英国伦敦—利物浦城市群、欧洲西北部城市群，不仅都对其国家的区域经济社会发展起到了巨大的推动作用，并且已经成为其国家经济实力的重要象征。与此对照，我国的都市圈或城市群发展不仅刻不容缓，而且更应该全力打造更多的举世闻名的世界级城市群。其中，作为已经被全球普遍认同的第六大世界级城市群的长三角城市群的建设发展，当然应该成为首要任务之一。

不过，需要注意的是，由于我国的都市圈或城市群是地域高度集中、功能高度集聚的"局域经济空间"，而"非都市圈"或"非城市群"是弥散的"广域经济空间"。因此，为了使"局域经济空间"和"广域经济空间"这两个落差比较大的经济空间能够实现有效对接，必须要有助推梯度转移的"二传手"式的产业聚集带。目前，在我国区域经济现实发展中，"梯度"不畅是一个比较大的问题，在东西部之间和南北地区之间，缺乏连接东西南北强有力的区域经济，尤其是具有很强集聚和辐射功能的都市圈或城市群，从而使得各个板块经济之间缺乏有效的梯度转移和产业对接。从这个战略视角出发，在"十四五"期间以及未来一个时期内，我国的都市圈或城市群应尽快向中西部地区和东北地区延伸，可以珠三角、长三角、环渤海地区三大城市群为主要标杆，尽快培育壮大具有连接东西桥梁作用的"中部城市群"，谋划发展好"西南城市群""西北城市群""东北城市群"。

三、都市圈或城市群发展的基本路径是中心城市带动

都市圈或城市群怎么发展？或者说，都市圈或城市群依靠谁来拉动？基本路径就是：以中心城市或核心城市为龙头，带动周边城市和周

边地区一起共同发展；反过来，中心城市或核心城市也会在发挥带动作用的过程中，使得城市的功能有新的拓展、城市的能级有新的提升。

1. 中心城市的带动作用十分突出

事实胜于雄辩。拿长三角城市群来说，上海、南京、杭州、后来再加上合肥，这四个中心城市组装成了一台大发动机。这个大发动机一经开动，就可以把周边的中小城市包括地级市、县级市、各个乡镇等都全部带动起来了，长三角因此也就风生水起了。拿珠三角来讲，由于有了广州和深圳两个中心城市的联合带动，珠三角整个区域得到了蓬勃发展。还有从环渤海地区来看，因为主要有了北京、天津两大直辖市支撑着，环渤海经济区同样成为我国经济发展的重要区域。实际上，在全国各地不同等级的城市群内部，都有一个或一个以上的中心城市或核心城市，在区域经济发展中发挥着重要的带动和引领作用。

同时，我个人还认为，凡是跨省界行政区域的都市圈或城市群，或者说，凡是跨省界行政区域的经济合作和联动发展，要比单纯在一个省域范围内的都市圈或城市群，以及区域经济合作和联动发展方面的潜力更大。例如，从东部沿海地区改革开放发展的历程来看，珠三角城市群是先发地区，具有明显的先发效应，但是，尽管珠三角城市群的区域范围与我国的香港、澳门接壤，却仅仅是在广东省区域内，因此，等到后起的长三角城市群一经发力，就开始出现了珠三角城市群被赶超的态势。为什么？其中一个重要因素，就是长三角城市群的区域范围是跨省界的，从最开始的沪苏浙14个城市自发成立长江三角洲协作办（委）主任联席会议，发展到沪苏浙两省一市，再扩大到沪苏浙皖三省一市。因此，如果跨行政区域的都市圈或城市群架构得好，联动发展得好，就可能会比一个省级行政区域内的都市圈或城市群发展得更有规模，更有带动能力，也更有国际影响力。

对全国区域经济整体发展来讲，中心城市或核心城市具有比较强大的集聚功能、辐射功能以及服务功能，在带动周边城市和周边地区共同发展方面起着十分重要的作用。因此，如何进一步推动中心城市发展，如何使得中心城市进一步变得更为强大，应该成为我国区域经济发展的重要任务和重要抓手。当然，中心城市本身也要不断地增强自身实力，不断地匹配新兴的产业优势和功能要素，不断地提升城市的集聚和辐射功能的能级，只有这样，才能持续地担当起带动周边城市和周边地区共同发展的重任。

2. 一个省级行政区内，不能只有一个中心城市

多年来，我到全国各地或者为各地来上海学习培训的党政领导干部作报告，凡是在讲授区域经济发展主题的时候，经常会讲到一个值得大家深思的现象。这种现象，与其说，比较有趣；还不如说，在一定程度上是一种区域经济发展规律。在这样的一些场合，我往往会先问大家一个问题，在一个省或自治区内，经济实力最强的是哪一个城市？一般的回答，都会说是省会城市，也就是省会城市往往是这个省或自治区内的经济"老大"，而其他城市往往都是"小子"。接下来，我会把我的观察告诉大家，大家听后都会感到十分惊奇，并且引起很大的震动和感慨。

这说明，大家往往都不太注意到这种现象，或者说，你可能知道这种现象，但并没有产生足够的思考，引起足够的重视。

如果环视一下全中国，你也许会惊奇地发现，在一般情况下，凡是省会城市是经济"老大"的，往往都是欠发达地区；凡是"小子"超过"老大"的，往往都是发达地区。例如，在我国沿海地区的一些省份，在省内经济总量排名中，广东是深圳第一，广州第二；福建是泉州第一，福州第二；江苏是苏州第一，南京第二；山东是青岛第一，济南第二；河北是唐山第一，石家庄第二；辽宁是大连第一，沈阳第二；其中，浙江出现了意外，原来第一是宁波，后来让杭州给赶上了，宁波变成了第二，但两个城市的经济总量基本上还是旗鼓相当。与此相反，其他很多中西部地区以及东北地区的一些省和自治区，基本上省会城市都是在省内经济总量排名第一的，大家应该也能想象到这种境况，因此，

我在这里就不一一列举了。更值得关注的是，在一些省份内，省会城市往往"一家独大"。

这里就蕴含着一个比较简单但又比较深刻的道理，或者说，也是一个规律性的现象，那就是，一个省或者一个自治区，由于区域范围一般都比较辽阔，农村地区的规模也不小，因此，如果仅仅是依靠一个省会城市来带动全省经济发展，一定会力不从心。实际上，一个省会城市确实是难以支撑起全省经济发展的。这样，其结论也就清楚了，一个省或者一个自治区，至少应该培育起2—3个中心城市或者核心城市，否则，要想推动全省经济腾飞，恐怕一定会比较困难。当然，从实践层面来讲，一些省会城市仍然可以继续做好"老大"，但是，其他还应该有1—2个中心城市的经济规模，一定要与省会城市等量齐观，落差不能太大。因此，我在全国一些地方作专题经济报告的时候，也曾经建议过一些省或自治区不妨一试。

四、如何认识中国区域经济发展的不平衡性

应该清醒地认识到，我国区域经济发展的不平衡，既是现实发展问题，也是历史延续问题，更是区域经济发展常态化的基本特征。关键在于，这种区域经济发展的不平衡性是否能够为整个社会所接受，或者说，还是主要取决于整个社会的承受能力。

1. 区域经济发展的基本特征是不平衡

人类社会发展的实践已经充分表明，不平衡性是区域经济发展的基本特征。实际上，在大千世界中，任何事物的发展总是不平衡的，而平衡总是相对的。就拿生物界来说，实际上影响生物成长发展大体有三种选择：第一种是自然选择，第二种是人工选择，第三种是自我选择。从这个角度来讲，中国区域经济发展的不平衡性，也是同样的道理。

这三种选择，在我国东部沿海地区珠三角、长三角、环渤海三大城市群的历史发展比较中，就已经反映得十分明显。在我国改革开放之前，这三大城市群大都处于自然选择状态，以及由各自的资源禀赋和发展潜质决定的自我选择状态，也就是，除了自然选择和自我选择之外，不存在着人工选择。在这种情况下，长三角的各项经济指标要优于珠三角和环渤海地区，而珠三角大部分又相对落后于环渤海地区。但是，自从我国实行改革开放以后，由于珠三角率先导入和享受了改革开放的政策，进而成为一个先发地区，因此，其政策效应十分明显，而政策选择也就是人工选择，这样，使得珠三角发展一跃跨入领先地位，长三角开始落后于珠三角，而环渤海地区则更落后于长三角。在这之后，如前面已经讲过的，由于长三角也同样开始有了政策选择，因此，长三角也就反超了珠三角。由此可见，在我国，这三大城市群在不同时期的差异十分明显，并且随着选择要素的变化而发生动态性的变化，而这种要素变化也可以成为一种常态。

2. 区域经济发展的一大动力是差别发展

如果说，不平衡性是区域经济发展的基本特征，也是不以人们的意志为转移的，那么，在我国区域经济统筹协调引领下的差别发展，则成了推动区域经济发展的一大动力。例如，对于地域属性、环境属性、资源属性、功能属性等相近或相容的经济区域之间，最大的动力还是来自差别发展。

所谓差别发展，实际上就是让一部分区域率先发展起来，产生比较大的落差，同时，在市场机制和利益竞争的驱动下，由差别推动发展。对此，我们仍然可以从实证的角度来考察，由差别发展引来差别竞争，而差别竞争必然会带动共同发展。例如，当珠三角发展开始领先于长三角以后，随着我国改革开放的不断深入，长三角也开始大踏步、大手笔地推进区域经济的联动发展。由于充分地发挥了长三角的潜质优势，于是，进入21世纪之后长三角又重新超越了珠三角，在新的平台上领先于珠三角，从而使得长三角和珠三角并驾齐驱。当然，我们还可以看到更近的案例，这些年，环渤海地区在京津冀协同发展，以及天津滨海新区、雄安新区等一些新的区域板块的引领下，强势崛起的架势突现，使得珠三角、长三角、环渤海地区形成了你追我赶、并驾齐驱的整体态势。这些发展事实，实际上也可以充分说明差别发展的适用环境、发展魅力和后发潜力。

五、如何推动中国区域经济的统筹协调发展

中国区域经济发展的不平衡性，决定了全国区域经济非均衡发展的现实选择。在这种背景下，我国区域经济非均衡发展的最终目的应该是：不仅使各个经济区域之间能够得到共同发展，而且在共同发展中能够不断地缩小地区差距。这个最终目标，实际上也是市场调控和宏观调控的双重调控所要达到的最终目标。因此，从这个角度出发，实现双重调控的主要抓手是"统筹协调"，也可以说是非均衡发展的基本策动力。

1. 统筹协调的五种方式

从推动我国区域经济统筹协调发展的主要内涵来看，应该是通过多样化的方式、组合化的方式，最终来实现推动区域经济统筹协调发展的这个目标。从实践操作层面上来看，所谓"统筹协调"，大致可以归纳为以下五种主要的方式。

第一，市场化方式。 在市场经济体制下，不仅需要充分发挥市场配置资源的决定性作用，而且还要通过市场化方式来推动区域经济的统筹协调发展。例如，在各个经济区域之间，可以充分发挥市场"看不见的手"的作用，积极采取市场化的方式，推动形成资源配置通道和产业共同发展。如此，可以实现低成本的双向的、多向的资源配置，可以实现双向的、多向的产业投资，可以建立双向的、多向的大物流体系，这样

做有助于在各个经济区域之间建立起具有关联性的产业链供应链等，充分体现出统筹协调发展的整体效应。因此，我们应该充分认识到，在统筹协调区域经济发展的进程中，市场化方式是一种十分重要的，也是最主要的方式。

第二，规划化方式。通过制定区域经济社会规划，可以在一定程度上推动区域经济的统筹协调发展。当然，先要协调规划，进而协调执行，最终落实到协调发展。从规划要素来看，最为重要的是国家层面的宏观区域经济社会发展规划，明确国家对各个经济区域发展的功能定位和宏观指向。例如，党的十七届五中全会和"十二五"规划中提出的区域发展总体战略和主体功能区战略等；又如，2016年发布的《长江经济带发展规划纲要》、2019年发布的《长江三角洲区域一体化发展规划纲要》。然后，在总体规划纲要的基础上，还需要制定有关联性的规划，如经济区域内的各类专业规划等，例如，《长江三角洲区域一体化发展水安全保障规划》《长江三角洲区域一体化发展气象保障行动方案》《长江三角洲地区交通运输更高质量一体化发展规划》《国家发展改革委关于推动长江三角洲区域公共资源交易一体化发展的意见》等。

第三，统筹化方式。在很多情况下，有了统筹，便有利于协调。统筹的内涵主要包括：经济统筹、市场统筹、资金统筹、财政统筹，当然，也应该有规划统筹等。例如，经济统筹可以是对经济区域内"都市圈"或"城市群"地区密集的经济资源，进行必要的统筹调节，使得一部分经济资源转移到"非都市圈"或"非城市群"地区，因而起到带动作用；市场统筹可以是用市场方式调节资源大配置、产业大分工，推动各个区域经济的共同发展；资金统筹可以主要体现在信贷、融资向着关联经济项目倾斜，推动资金在各个经济区域之间的流动；财政统筹可以重点加强对欠发达经济区域的资助、增强财政转移支付力度，以及做好各地对口帮扶工作等。

第四，政策调节方式。在中国特色社会主义市场经济体制下，国家层面和各级政府的各类政策都很重要，而各类政策的具体内涵确实也是相当丰富的。我们应该充分地认识到，关于政策方面，除了国家层面统一制定的大政方针和政策措施之外，实际上，在全国的各个经济区域，具体的政策措施差异也是很大的。因此，通过加强各个经济区域之间的政策调节，也可以在一定程度上推动各个经济区域的协调发展和共同发展。在我国现实的区域经济发展进程中，尽管这些政策的内涵很丰富，涉及的领域也很广泛，但关键还是在于，全国各个区域之间能够在一系列具体政策措施方面进行必要的统筹协调，从而起到应有的调节作用。当然，这些具体政策，主要包括经济政策、产业政策、税收政策、收益政策、就业政策、环保政策等。

第五，战略联盟方式。在我国现有的行政区划框架下，对一些低层级的、小范围的行政区划进行调整，不仅是必要的，而且也是能够做到的，在这个方面已经有了很多的案例，例如，全国各地对一些区县进行了相应的调整，对一些街镇进行了相应的合并等，但是，如果要进行一些跨省界的行政区划调整，似乎可能性还是比较小。在这种行政区划不变的情况下，如果采取区域战略联盟的方式，实际上，也可以起到推动区域经济统筹协调发展的作用。例如，可以鼓励在各个经济区域之间，有效地建立起经济联盟、产业联盟、市场联盟、企业联盟、服务联盟、对口互助联盟等各种战略联盟，促进发达经济区域与欠发达经济区域的关联发展和带动发展，同时，更可以促进相邻区域的共同发展。

2. 统筹协调需要打好"组合拳"

应该充分地认识到，从我国现有的行政区划框架和区域经济发展的现实情况来看，统筹协调区域经济社会发展，如果仅仅依靠某一种方式，恐怕还是远远不够的，其效果也许还会打下折扣，更不会显得十分理想。在这种情况下，如果要很好地推动区域经济统筹协调发展，还是应该要打好以上五种方式的"组合拳"。

当然，这套统筹协调区域经济社会发展"组合拳"的正确运用，还是需要把握一些基本原则的，还是应该有一些特别的"套路"的。其主要应该体现在：第一，要坚持更好地发挥市场对资源配置的决定性作用，更好地发挥好政府作用的基本原则，能够让市场发挥作用的，政府不包办代替。第二，要坚持实事求是、因地制宜、因地施策、因城施策的基本原则，处在不同发展阶段、具有不同资源禀赋、体现不同特点的区域，应该选择不一样的统筹协调方式，不搞"一刀切"。第三，要坚持制定好、实施好区域经济社会发展规划的基本原则，不断地消除因行政区划而引起的区域分割、过度竞争，杜绝一味追求局部利益的格局，充分体现区域经济社会发展的整体利益，实现互相支持、共同发展、共享成果。

六、对口帮扶，中国特色的统筹协调方式

中国的对口帮扶工作，不仅是一项长期性、全面性、系统性的重大工程，自新中国成立以来一直延续至今，而且在不同的历史发展阶段，还体现出不同的显著的特点。应该说，对口帮扶工作所取得的成就举世瞩目，不仅对全国经济社会统筹协调发展起到了重要的作用，而且凸显了中国特色社会主义的制度优势。特别是进入新时期以来的"打赢脱贫攻坚战"和全面建设小康社会，使得对口帮扶工作的体系更加健全、经验更加丰富、工作更具成效，全国各地的经验和方法很多，并且出台了一系列的条例、规章、制度、办法等，极大地推动了对口帮扶工作援助方与受援方的合作交流和共同发展。

随着改革开放的不断深入，在我国经济社会快速发展的同时，尤其是进入 20 世纪 90 年代之后，东部地区与中西部地区的差距逐渐开始凸显出来，发达地区与欠发达地区的差距也出现了进一步扩大的迹象。在这个大背景下，党中央开始对我国东西部对口帮扶工作和扶贫协作作出了新的整体部署和制度安排。1992 年，党的十四大报告明确指出，经济比较发达地区要采取多种形式帮助贫困地区加快发展。1994 年，国

务院初步提出，京津沪等大城市和广东、江苏、浙江、山东、辽宁、福建等沿海较发达的省，都要对口帮助西部的一、两个贫困省区发展经济。1996 年 5 月，党中央作出了"东西部扶贫协作"的重大决策，确定 9 个东部省市和 4 个计划单列市，与西部 10 个省区开展扶贫协作。同年 10 月，中央召开扶贫开发工作会议进一步作出部署，东西部扶贫协作正式启动，在《关于尽快解决农村贫困人口温饱问题的决定》中确定了对口帮扶政策，要求北京、上海、广州和深圳等 9 个东部沿海省市和 4 个计划单列市对口帮扶西部的内蒙古、云南、广西和贵州等 10 个贫困省区，双方应本着"优势互补、互惠互利、长期合作、共同发展"的原则，在扶贫援助、经济技术合作和人才交流等方面展开多层次、全方位的协作。

2016 年 7 月，在东西部扶贫协作开展 20 周年之际，习近平总书记在宁夏主持召开座谈会时指出，东西部扶贫协作和对口支援是推动区域协调发展、协同发展、共同发展的大战略，是加强区域合作、优化产业布局、拓展对内对外开放新空间的大布局，是实现先富帮后富、最终实现共同富裕目标的大举措。2021 年 2 月，习近平总书记在全国脱贫攻坚总结表彰大会上庄严宣告，我国脱贫攻坚战取得了全面胜利。"东西部扶贫协作"改称"东西部协作"，和驻村第一书记、对口支援等，成为下一步推进乡村振兴战略中要继续坚持和完善的制度之一。

1. 对口帮扶工作的主要成效和基本经验

我国的对口帮扶工作已经开展了几十年，特别是东西部帮扶协作开展以来，全国上下在实践工作中已经探索形成了一系列比较有效的、成熟的做法和制度，积累了十分有益的经验，取得了十分显著的成绩，充分凸显了中国特色社会主义的制度优势。

从取得成效来看，主要体现在四个方面。一是人才选拔培养机制成熟。特别是在打好脱贫攻坚战以来，锻炼了一批过硬的对口帮扶人才队伍，锤炼了大数据精准聚焦的工作方式，并且使得这些人才成为当地推动经济社会发展的宝贵财富。二是组团式帮扶效果明显。在长期的工作实践中，由专家带骨干的医疗、教育等组团式援助方式，久久为功系统性地培养并提高了当地的医疗、教育水平，例如，上海市援助新疆喀什在医疗、教育等领域采取了组团式援助，产生了很好的效果。三是产业帮扶形式多样。通过招商引资，推动当地劳动密集型产业落地，扩建产业园筑巢引凤，变"输血"为"造血"，例如，上海市援助各地的产业发展，采取了很多方式。四是安居富民工程成效显著。通过援助基础设施和公共服务配套项目等建设，当地的生产和生活条件都得到了很大的改善。

从积累经验来看，主要体现在三个方面。一是在中央层面上，充分体现了"集中力量办大事"的制度优势。国家发改委和原国务院扶贫办两大牵头部门各司其职又互有交叉，多部门协调合作，完善建档立卡制度，加大财政转移支付，增加援助资金等。二是在省市自治区以及各级地方层面上，力求政策精准聚焦。探索了以"闽宁模式"为代表的中国方案，按照"中央要求、受援方所需、援助方所能"的整体格局和发展趋势，帮扶双方谋"双赢"、谋长远。三是在对口帮扶干部层面上，着重处理好帮扶时限与个人诉求的关系。有一句顺口溜很有代表性："留三年重事业、重待遇；留十年重平台、重荣誉；留一辈子重家庭、重幸福。"应该说，一大批源源不断的对口帮扶干部牺牲了"小我"，为当地经济社会发展作出了积极的贡献。

2. 对口帮扶工作中需要注重解决的问题

应该充分认识到，由于我国对口帮扶工作面广量大、任务众多，因此，尽管全国对口帮扶工作已经取得了很大的成绩，但在实践过程中仍然还存在着政策的随机性、资源的分散、职能的重叠、上下联动等方面的矛盾和问题。其主要集中在以下六个方面。

第一，需要通过立法进行保障。在长期的对口帮扶工作推进过程中，我国各级政府都出台了一系列对口帮扶工作的规章和条例，发挥了很大的作用，但由于国家层面至今没有一部专门的法律，对口帮扶工作还存在着一些矛盾和问题。应该说，这些在全国对口帮扶工作实践过程中探索出来的做法、经验和制度，是我国对口帮扶工作几十年积累起来的宝贵财富，很有针对性和操作性，一旦通过立法的方式进行必要的固化，必将对未来的对口帮扶工作起到十分重要的保障作用。

第二，需要指明未来前进方向。当前，在脱贫攻坚战取得决定性胜利和全面建成小康社会之后，我国的对口帮扶工作如何与乡村振兴战略进行有效的衔接？与此同时，我国的对口帮扶工作如何根据新的形势、新的要求进行新的定位，采取新的形式？再加上一些贫困地区即使已经脱贫了，但仍然有不断巩固的必要，此外，从全国来看，客观上还存在着比较大的地区差异，怎么进一步缩小差距？对于这些问题，实际上都需要找到更好的答案，也需要进一步做好顶层设计和制度安排。

第三，需要加强部门之间的统筹协调。以前，国家发改委与原国务院扶贫办各自牵头对口支援和扶贫协作，其他多个部门之间职能或有重叠。应该说，各个部门的出发点都很好，但不同的部门、不同的任务、不同的要求、不同的考核，"上面千条线，下面一个针眼"使得基层难以招架，进而有可能影响到对口帮扶工作的综合效应。目前，原国务院扶贫办的牌子已经摘下，2021年2月25日国家乡村振兴局的牌子已经正式挂出。下一步，如何加强部门之间的统筹协调，也是一篇大文章。

第四，需要促进对口帮扶的良性互动。对口帮扶工作，应该是援助方和受援方的共同事情，因此，最需要双方一起来共同努力，良性互动，共享成果。在一些地方，有的干部提出了"保护援助方，促进受援方"的意见建议。在对口帮扶实践工作中，对援助方来说，抽调足额合适干部逐渐成为一项比较艰巨的任务，而过度强调艰苦奋斗、无私奉献对干部的消耗过大；有的受援方确实还存在着目光不长远、养成依赖习惯"等靠要"的现象，投入项目虽然合法合规但效率不高、效果不显著。

第五，需要避免政策的随机性现象。在全国对口帮扶工作推进中，小到对口帮扶干部的探亲假时间，大到支援地对受援地的对口帮扶项目选择等，应该说，事情很多，项目不少，林林总总，可谓事无巨细。在这种情况下，有时候不免会受到一些领导干部的个人意志所左右，进而出现了一些政策的随机性现象。特别是在基层的推进工作中，一些政策可能会出现的随机变化以及不稳定性、不确定性，都有可能在一定程度上造成一些被动的局面以及工作失序的情况。

第六，需要对帮扶效果进行优化评估。对口帮扶工作，不仅需要有效地进行推动，而且也需要对对口帮扶工作的效果进行必要的评估。目前，在对口帮扶工作的考核评价指标的得分点中，主要是组织领导、人才支援、资金支持、劳务协作、携手奔小康等一些主要内容，但是，对于对口帮扶地区产生"造血"功能的实际效果、占用大量时间精力的产业脱贫项目的考评分数的占比却不高，因此，这就需要不断地根据经济社会发展形势变化的情况，对考评标准进行不断地更新修正。

3. 对口帮扶工作需要通过立法得以完善

应该充分认识到，针对我国对口帮扶工作存在着的一些矛盾和问题，还是需要通过全国人大立法予以解决。尽管我国对口帮扶工作牵涉面广、层次高、分量重，立法难度很大，但通过立法可以加强顶层设计和统筹协调，规定目标、规定动作、规定责任、规定效果，不仅效果好、见效快，而且有利于固化经验、凝聚共识、指导行动。为此，我国对口帮扶工作立法可以在以下九个"注重"方面下好功夫。

第一，注重完善顶层设计和统筹协调。对口帮扶工作立法，要立足长远，统筹协调，充分体现我国对口帮扶工作的系统性和艰巨性，还需要推动相关政府和社会力量共同参与。同时，要进一步强调对口帮扶工作的主体责任，从法律层面解决好部门之间、央地之间、政府和社会、企业之间，以及个人的主体责任和边界。

第二，注重全方面理顺工作推进机制。对口帮扶工作立法，要充分体现全国一盘棋的理念，科学规划并有效地统筹资源和整合力量。要

"保护支援方，促进受援方"，立足受援所需，支援所能。要促进各类帮扶规划与当地规划相衔接，避免各自为政和资金项目不配套。要推进规划先行，完善联席会议机制，做到有章可循、有规可依，不轻易变更。

第三，注重强调精准施策和精准执行。对口帮扶工作立法，要特别强调精准施策，保证政策的正确性、针对性、连续性、可操作性。要特别强调政策传导的一致性，从中央传导到地方，不仅需要有配套措施，而且需要确保"不走样"。要特别强调各个地方的特殊性、时效性，由于对口帮扶地区所处的社会情况不同，要因地施策，精准帮扶。

第四，注重推动援受双方人才和市场互动。对口帮扶工作立法，要建立完善援助方帮扶干部的长效机制，确保帮扶工作派出干部的数量和质量。要努力弥补受援方的人才短板，注重培养和稳定受援地的人才队伍。要积极引导社会力量广泛参与，鼓励更多人才参与受援地的发展，尤其要构建以就业为导向的产业体系，培养更多合格的技术人才和产业工人。

第五，注重推进职能优化解决九龙治水。对口帮扶工作立法，要健全"部门负责纵向垂直管理，委员会、领导小组负责横向协调"的体制机制，改变"纵向实体化、横向虚化"造成的"碎片化"和"资源叠加"现状。要解决政出多门，缺乏统筹协调等问题。要将分散于各个部门对口帮扶资源集中起来，在帮扶规划、资金调集、项目拟定等方面"步调一致"。

第六，注重确保帮扶干部人才各类待遇。对口帮扶工作立法，要短期奖励与长期激励相配套，解决帮扶干部人才因为政府制度安排变化产生不稳定的心理预期。要从法律层面上解决好帮扶干部人才的一些潜在的诉求，例如，担心"休不休（假）""提不提（级）"等。要处理好帮扶干部人才实现人生价值和存在实际问题的关系，并且予以固化。

第七，注重推进移风易俗和教育兴边。对口帮扶工作立法，要特别强调推进受援地尤其是农村地区的移风易俗，加强精神文明建设，完善基层治理，促进乡村文明。要特别强调大兴受援地教育事业，使得受援地在保留特性的情况下，推进人民群众文化水平的进一步提高、生活习惯的进一步转变、就业技能的进一步提升。

　　第八，注重保护援助方。对口帮扶工作立法，要界定好对口帮扶的内涵和外延。伴随着对口帮扶工作的内涵不断丰富，外延也逐渐扩大，从对口帮扶转向"全面帮扶"。一旦援助方感到力不从心，对口帮扶的质量就会打折扣。因此，需要寻找到合适尺度，从法律上保障援助方在规定动作内不折不扣完成帮扶任务，通过协商开展规定外帮扶工作。

　　第九，注重促进受援方。对口帮扶工作立法，要强调对口帮扶工作"不能包，只能帮"。要强调"助人自助"，通过"扶上马、帮一程"的前期"输血"，赋予其自我"造血"的能力，走上自我发展的快车道。要强调将援助方"赋能"的性质确定下来，促进受援方经济社会发展，要避免"养懒汉"，更要防止出现"等靠要"的弊端。

第十六讲　长三角一体化：引领作用与典范效应

2018 年 11 月 5 日，习近平总书记在首届中国国际进口博览会开幕式主旨演讲中明确指出，将支持长江三角洲区域一体化发展并上升为国家战略。2019 年 5 月，中共中央政治局会议审议了《长江三角洲区域一体化发展规划纲要》。2020 年 8 月，习近平总书记强调："实施长三角一体化发展战略要紧扣一体化和高质量两个关键词，以一体化的思路和举措打破行政壁垒、提高政策协同，让要素在更大范围畅通流动，有利于发挥各地区比较优势，实现更合理分工，凝聚更强大的合力，促进高质量发展。"这充分表明，在习近平总书记亲自谋划、亲自部署、亲自宣布、亲自推动下，长三角一体化发展确立了新目标，明晰了新定位，开启了新征程，更要结出新成果。

一、长三角一体化：我的两次建议

我一直关注长三角一体化发展，从 21 世纪初开始已经公开发表了一系列的论文和文章，主持并撰写了一些研究报告，也在一些十分重要的场合提出了很多的意见建议。令我十分庆幸的是，一些意见建议已经得到了很好的采纳。其中，在 2018 年和 2019 年，我先后两次在全国人代会上的重要发言是最值得记载的，也是最值得高兴的。因此，在这里，我也把这两次发言中的意见建议拿出来，提供给大家作为参考。

1. 第一次：建议中央把长三角一体化发展提升为国家战略

2018年3月9日下午，在第十三届全国人大一次会议中共中央政治局常委、国务院副总理汪洋参加上海代表团审议《政府工作报告》时，我作了《深入推进长三角一体化发展》的发言。主要内容如下。

长期以来，长三角是我国区域一体化发展起步最早、基础最好、程度最高的地区，以占全国土地面积3.73%，占全国人口总量的16%，创造了全国近四分之一的国内生产总值。

党的十八大以来，我国区域经济发展突飞猛进，新战略、新路径、新举措正在形成。推出"一带一路"倡议和长江经济带战略，尤其是沿海北有京津冀协同发展和雄安新区建设，南有粤港澳大湾区建设，进一步强化了沿海发展战略和区域发展战略的"T"形布局，长三角不仅应该是其中的一枚"箭头"，而且也应该与南北遥相呼应，推动形成我国沿海地区的南、北、中"三箭齐发"之势，形成新增长点增长极增长带。

对长三角发展，党中央国务院历来很关心，很支持，国内外也很关注。2008年9月推出《国务院关于进一步推进长江三角洲地区改革开放和经济社会发展的指导意见》，2010年5月国务院批准实施《长江三角洲地区区域规划》，尤其是2016年5月国务院又通过了《长江三角洲城市群发展规划》。这些意见和规划的颁布，具有很强的现实指导意义。

在这个大背景下，长三角区域合作更加紧密，综合竞争力显著提升。2018年初召开的长三角地区主要领导座谈会指出，要按照"创新引领率先实现东部地区优化发展"总要求，建设好长三角世界级城市群，深化好区域合作大格局，并且由三省一市联合组建的长三角区域合作办公室在上海挂牌成立，来自三省一市的工作人员已经全部到位。这充分表明，长三角站在了新时代，确立了新方位，迈出了新步伐。由此，我提出一些意见建议。

在国家层面，除了以上已经制定的规划之外，围绕改革创新和与时俱进，我提四点建议。第一，建议把长三角一体化发展提升为国家战略，充分释放长三角潜能。第二，建议把一些国家重大基础项目布局在长三角，如国家实验室尽早落地上海等，与长三角是我国经济最具活力、开放程度最高、创新能力最强的地区之一的优势相匹配。第三，建议对区域发展立法。如通过协作立法，制定《区域协调发展法》《区域金融合作法》《区域环境保护法》等，构建长三角区域公共治理的法律法规制度，在这方面，一些国家的相关做法可以借鉴。第四，建议对区域治理授权。可以在国家层面设立协调领导机构，也可以由国务院授权长三角地区主要领导座谈会及长三角区域合作办公室统筹行使区域公共事务治理权，成为统筹实现国家、区域与地方发展规划，推进一体化进程的区域公共治理组织。

在长三角层面，除了已经确定的一些合作事项之外，我建议三省一市联合打造"四条走廊"。第一条，G60科技创新走廊。从上海浦东开始，经过闵行、松江、金山，与浙江的嘉兴、杭州对接，形成科创资源集聚、科创人才汇集、科创平台多元、科技产业集群发展的态势。第二条，G50绿色发展走廊。从上海青浦，经江苏吴江、浙江湖州，一直延伸到皖南地区，发展绿色休闲产业，建设特色小镇，成为"两山"理论的实践示范区。第三条，G42高端智能制造走廊。从上海嘉定、江苏的苏州、无锡、常州、镇江、南京，一直延伸到安徽，与皖江经济带相衔接，着力发展高端制造和智能制造。第四条，临海临港战略性新兴产业走廊。从浙江温州、台州、舟山、宁波，经上海到江苏南通、盐城、连云港，结合沿海铁路和上海组合港建设，以及海洋强国战略，建设成为一条沿海发展轴。

在上海层面，我建议要按照习近平总书记提出的上海要发挥龙头带动作用，努力促进长三角地区率先发展、一体化发展的要求，进一步增强上海国际经济、金融、贸易、航运，以及科创等五大中心对长三角的服务，落实好已经确定的 12 个方面的专题合作。例如，深化自贸试验区先行先试，探索自由贸易港试验，更好地辐射带动长三角发展。推动三省一市产权交易所深度联手，通过相互持股，形成一体化的产权市场。共同组建长三角联合科技银行、联合创投基金、科创联盟等，支撑长三角创新转型。在上海产业园区与长三角各地园区合作的基础上，在沪苏浙邻界区域探索设立长三角联合发展园区或示范区，进行"捆绑式"共建共享。采取重组兼并的手段，在长三角联合组建若干个港口和机场股份公司，促进港口和航空的合作联动。

2. 第二次：提出推进实施长三角一体化发展国家战略的具体建议

2019 年 3 月 7 日下午，在第十三届全国人大二次会议中共中央政治局常委、书记处书记王沪宁参加上海代表团审议《政府工作报告》时，我作了《推进实施长三角一体化发展国家战略》的发言。主要内容如下。

2018 年 11 月 5 日，习近平总书记在首届中国国际进口博览会开幕式主旨演讲中明确指出，要支持长三角一体化发展并上升为国家战略，2019 年的《政府工作报告》中又明确了要编制相应的规划纲要。这充分表明，长三角确立了新定位，明晰了新目标，启动了新征程。

对于长三角一体化发展，中央很支持，全国很关注，长三角干部群众很振奋，上海市委市政府也作出了重要部署。应该说，长三角一体化发展国家战略实施好了，尤其是一体化发展示范区建设好了，利在当前，功在千秋。为此，我提出五个方面建议。

第一，建议中央出台相应的指导意见和形成协调推进机制。党的十八大以来，我国提出"一带一路"倡议、长江经济带发展战略、京津冀协同发展、粤港澳大湾区建设，其中，京津冀有雄安新区，粤港澳大湾区有深圳前海，而长三角也将建设一体化发展示范区。真可谓：内外结合，遥相呼应，亮点纷呈。2017 年和 2019 年初，中央分别发布了《中共中央国务院关于设立河北雄安新区的通知》《中共中央国务院关于支持河北雄安新区全面深化改革和扩大开放的指导意见》。长三角作为全球第六大世界级城市群，经济总量占全国四分之一，有条件发展形成新的增长点、增长极、增长带，因此，希望中央参照雄安新区的做法，发布相应的指导意见。同时，比照京津冀和粤港澳大湾区，在国家层面成立长三角一体化发展领导小组及办公室，统一指导和统筹协调国家战略的实施，协调跨地区跨部门的重大事项，督促检查重要工作的落实情况等。此外，也建议在国家层面设立长三角一体化发展基金。

第二，建议国家在长三角一体化发展示范区试点一批深化改革的重大举措。一体化很有意义，也很不容易，创设示范区是一个好办法，与自由贸易试验区有异曲同工之处。因此，我建议把党的十八大、十九大明确的涉及地方的改革任务，在示范区集中落地、率先突破、系统集成，成为全国深化改革的"试验田"。特别要在涉及规划管理、土地管理、投资管理、要素流动、财税分享、公共服务政策等方面，成为跨区域制度创新和政策突破的"样板间"。比如，各地联合出资组建的企业，利润可以按照股权比例分配，但税收能否由各地分享？如此等等，在全国从来没有先例，但都应该在示范区积极探索。同时，形成自上而下和自下而上的推进机制。习近平总书记对上海自贸试验区建设强调要"大胆试、大胆闯、自主改"。示范区建设也应如此，建议国家相关部门予以关心、支持和指导。

第三，建议国家重点支持建设一批长三角一体化发展的重大项目。对于一批跨区域、跨流域的交通、能源、科技、信息、水环境综合治理等重大项目，建议能够纳入国家战略布局，帮助协调完善项目推进机制，推动解决一些瓶颈问题。例如，全国三个国家综合性科学中心有两个在长三角，因此建议把一些国家重大科技基础设施、国家实验室布局在上海，承担国家重大科研任务，极化平台功能和效应，把 G60 科创走廊等一批重点区域的合作发展纳入规划纲要。再如，2018 年第一批打通 17 条省际断头路，其中1条已通车、15条已开工建设、1条正抓紧前期研究，再加上跨省公交车、医保卡异地结算等，老百姓津津乐道，纷纷点赞。下一步，应该在全国率先取消高速公路省界收费站。还有，上海以车型收费而江苏浙江以吨位收费的收费标准不统一问题，也应该提上议事日程。

第四，建议国家支持长三角改革试点成果优先在长三角区域内复制推广。长三角承担着许多国家全面深化改革和扩大开放的试点任务，形成了不少制度创新成果，建议在国家支持下优先在长三角范围内复制推广，进一步深化升级，充分释放制度创新红利。这个优先，不是因为"近水楼台先得月"，而是因为难以一下子推至全国。例如，可以支持上海自贸试验区扩大自由贸易（FT）账户和"单一窗口"服务范围拓展至长三角；可以考虑一体化示范区在充分借鉴各地"全创改"试验的基础上，开展新一轮更高标准、更高水平的全面创新改革试验。当然，长三角全域也可以比照京津冀地区共同开展"全创改"。

第五，建议全国人大对实施长三角一体化发展国家战略提供法制保障。2018年6月，长三角三省一市人大常委会已经形成了《关于深化长三角地区人大常委会地方立法工作协同的协议》。希望全国人大常委会进一步加强对长三角立法工作协同的支持和指导，与国家有关部门在长三角一体化发展规划纲要编制方面进行衔接。同时，应该结合长三角绿色生态一体化发展示范区的建设推进情况和法制需求，适时授权三省一市人大常委会开展相关立法工作。如有必要，还可能要因地调整相应的法律法规。

二、长三角一体化：为什么如此重要

在我国经济社会发展进入新发展阶段之后，推动实施长三角一体化发展国家战略，对于长三角区域、长江经济带乃至全国区域经济发展格局都具有非常重要的现实意义和十分深远的战略意义。那么，为什么长三角一体化发展如此重要呢？归纳起来，其重要性主要还是体现在以下四个方面。

1. 长三角区域具有特殊地位

如果大家有兴趣的话，可以翻开一下全国经济地理的版图，只要拿出长三角经济发展的主要数据与全国的数据作一个比较简单的对比，就足以说明，长三角区域在全国具有特殊的重要地位。到 2021 年，苏浙皖沪三省一市的区域面积约占全国总面积的 3.7%，常住人口约占全国人口总量的 16.7%，而创造的国内生产总值约占全国的 24.1%，财政收入约占全国的 17.7%，货物进出口占全国的 45.1%，实际利用外资占全国的 61.6%，同时，在全国百强县中，长三角也占有 46 席。[1]通过对这些数据的解读，我国要推动实施好长三角一体化发展国家战略，其对于推动长三角区域、长江经济带乃至全国经济社会发展的重要意义，也就不言而喻了。

2. 长三角区域处于特殊区位

从我国的历史、现实，以及未来发展的角度来考察，在全国经济社会发展的整个大棋盘中，一直存在着两条最为重要、最为核心、最有影响，也最具有带动作用的经济带。这两条十分重要的经济带，分别是长江经济带和沿海经济带。似乎是"无巧不成书"，长三角区域正好处在横贯东西的长江经济带和东部沿海纵贯南北的沿海经济带"T"字形的交汇点上，这两条结构紧密的"T"字形经济带的交汇点，确实使得长三角的区位非常特殊。因此，推动实施好长三角一体化发展国家战略，就能够产生"牵一发而动全身"的效应，只有长三角区域共同发展好了，对这两条重要经济带的引领和带动作用，才能够得到更好的彰显。

1　来自《中华人民共和国 2021 年国民经济和社会发展统计公报》，以及江苏、浙江、安徽、上海的 2021 年国民经济和社会发展统计公报的数据。

3. 长三角区域具备特殊功能

如今，各个国家都在着力提升国际竞争力，增强国际竞争实力。如果换一个视角来讲，所谓国际竞争力，说到底，就是各个国家城市群之间的竞争，抑或是城市群发展水平体现了一个国家的综合实力和国际竞争力。我们打开世界版图，综观美国东北部大西洋沿岸城市群、北美五大湖城市群、日本太平洋沿岸城市群、英国伦敦-利物浦城市群、欧洲西北部城市群等闻名遐迩的五大"世界级城市群"，不仅都对其区域乃至其国家经济社会发展起到了重大的推动作用，而且又都地处全球主要的发达国家范围内。回头来看我国，长三角区域早已被公认为全球的第六大世界级城市群，因此，如果长三角一体化发展国家战略实施好了，长三角作为世界级城市群建设好了，不仅能够代表我国更好地参与国际竞争，而且有助于提高我国的全球竞争能力。

4. 长三角区域拥有特殊基础

长三角区域有着一系列的优势，不仅区域内部之间地域相连、人缘相亲、文化相融、经济相通，而且具有经济要素的组合优势、经济成长的后劲优势、群落规模的经济优势、制度创新的领先优势，以及交汇融合的环境优势等，这都为推进区域经济一体化创造了现实基础与潜在条件。比如，高度集聚的各类经济和社会要素、高度密集的城市和产业群落、领先推动的制度和科技创新，以及走在全国前列的营商环境和人居环境等，使得长三角区域成为了我国区域一体化发展起步最早、基础最好、程度最高的地区。同时，人们也普遍认为，无论是经济总量规模、经济增长质量，还是经济发展潜质、经济发展前景，长三角区域都是被普遍看好的我国首位经济核心区，当然，长三角区域也是我国率先融入经济全球化发展的重要区域。

三、长三角一体化：历史演进与时代烙印

从历史传统上来看，长三角历来是一个比较完整的经济区域，内部的经济交流历来十分密切。早在20世纪30年代，沪苏浙皖尤其是沪苏浙三地的经济融合和一体化发展似乎都在自愿、自发状态下进行着，这种融合是以逐利性为动力，通过生产要素的自由流动，既满足了各自利益的最大化，也形成了区域共同利益的最大化。尽管解放前的外敌入侵以及解放后的计划经济体制影响了区域经济一体化的发展进程，但是，自从我国实施改革开放以来，长三角一体化发展迹象，不仅又开始不断显露出来，而且得到了不断的深化。从改革开放之后到党的十八大之前，长三角一体化发展的演变过程可以归纳为以下四个阶段，并且呈现出了不同的特征。

1. 第一阶段：20世纪80年代前中期，以民间自发力量推动为主要特征

在这一历史时期，我国开启了农村改革大幕，不仅大大地释放了农业生产力，而且比较充分地释放了大量的农村剩余劳动力，再加上城市改革之后使得主要集中于城市的生产力要素开始向农村配置，进而在长三角区域兴起了农村工业化浪潮。昔日，"离土不离乡"的乡镇企业迅猛崛起，其增速远快于城市工业，并且形成了具有中国特色的农村工业化模式。与此相契合，当时在长三角区域内的大城市，尤其是在上海，被称为"星期天工程师"的一些科技人员，以及一大批退休技术工人，纷纷回到自己的家乡或农村地区，为长三角区域的广大乡镇企业提供了信息、生产、技术、管理、市场等很多方面的支持和服务。应该说，这次因改革开放而逐渐释放的、民间自发的生产要素跨省市流动，可谓风起云涌，蔚为壮观，最终引发长三角区域第一波的经济技术合作浪潮。在这种发展态势的涌动下，长三角各地的经济技术合作内涵逐渐扩展，形式更加灵活多样。

2. 第二阶段：20 世纪 80 年代中后期至 90 年代初，以企业联合推动为主要特征

在这一历史时期，长三角区域内的城市改革和农村改革的"双重效应"逐渐出现了叠加的态势，而城市工商业改革与农村工业化出现了融合发展的势头。在这种大背景下，长三角各个大城市尤其是上海的国有工业企业以建立零部件配套体系、原辅料生产基地、产品定牌加工和经济联营等方式，大举向长三角区域内各个中小城镇和农村地区进行了由利益导向的工业扩散；而国有商业企业也展开了一系列的、多样化的横向经济合作活动。因此，在那个时期内，长三角各地之间和城乡之间，工商业领域的各种合作呈现出汹涌之势，并初步形成了一个以全面工业化为基础的、受计划与市场共同影响的长三角产业体系与布局结构，其重要标志，就是在长三角区域涌现出了大量的各种类型的"联营企业"。这一轮的长三角区域经济合作，当时也被称为"横向经济联合"，并且在长三角各地之间和城乡之间，初步形成了以垂直分工为主要特征的双边分工协作体系。

3. 第三阶段：20 世纪 90 年代中后期，以市场与政府双向推动为主要特征

20 世纪 90 年代初邓小平同志南方谈话，尤其是我国确立了社会主义市场经济体制之后，市场配置资源功能扩大、政府职能转变、经济体制转型、产业结构调整、企业改革推进，以及大规模引进外资和发展非公经济，使得长三角一体化发展显现出了新的变化，以市场和政府双向推动为主要特点的经济技术合作得到了更广泛的拓展。在长三角区域范围内，合作方式、合作领域、合作机制以及要素流动等方面出现了一些新气象，当时的"政府搭台、企业唱戏、市场运作"推进得有声有色。但是，在区域经济规模、产业规模、人口规模进一步扩大，以及城市化进程进一步加快的前提下，在长三角区域范围内，由于行政区划分割导

致的各自为政倾向、城市功能错位不足导致的分工不明显、产业结构特色不够导致一定程度的过度竞争等，使得长三角区域范围内的地方保护主义等问题开始显露出来。

4. 第四阶段：进入 21 世纪之后至党的十八大之前，以合作与竞争双重推动为主要特征

21 世纪以来，在整个长三角区域范围内，各地都呈现出持续迅猛发展的态势，经济总量不断壮大，城市功能不断增强，基础设施不断完善，产业体系不断完备，企业结构不断改善，从而使得长三角一体化发展出现了显著的合作与竞争并存的局面。从合作看，长三角区域各个地方政府都逐渐地认识到，加强彼此之间的合作，不仅有利于自身发展，也有利于区域整体发展。因此，有了这种发展共识，长三角一体化就有了新的扩展，在政府层面、产业层面、企业层面以及经济社会发展的各个领域，先后开展了多形式、多途径、多层面的联动发展。从竞争看，除了市场对资源进行有效配置之外，各地、各级政府在资源配置过程中也充当了重要角色，使得整个区域内部竞争超过了以往任何时期。

四、长三角一体化：迈入崭新时期

党的十八大之后，我国区域经济发展再次发生了很大的变化，不仅推出了一系列重大的国家战略，制定了一系列重大的政策措施，而且最终把长三角一体化发展上升为国家战略。在这个大背景下，长三角一体化发展开始进入了全面破解盘局状态，以制度构建和体制机制一体化为主要特征的长三角高质量一体化得到了蓬勃发展。

1. 生态保护一体化，是长三角高质量一体化发展的重要标志

在长三角，如果环境保护分而治之或缺乏必要协调，会影响要素流

动的流向和流速。因此，充分依托整个长三角区域经济结构调整、产业能级提升以及城市功能互补，联手进行环境整治和生态保护，通过区域内各城市发展规划的综合协调，重点加强以水资源为中心的环境保护，使多数城市的大气和水的质量达到甚至超过国家规定的环境质量标准，实现区域内生产、生活、生态平衡和谐，推动可持续发展。例如，长三角区域生态环境保护开始实行联防联治，跨部门、跨区域的协调机制正在不断完善，尤其是长三角区域生态绿色一体化发展示范区已经初步建立起了生态环境标准、环境监测监控体系、环境监管执法的"三统一"制度。于是，生态保护的一体化成为了推动长三角高质量一体化发展的重要标志，并且已经取得了比较明显的合作联动成效。

2. 基础设施一体化，是长三角高质量一体化发展的重要桥梁

在长三角，要素流动、市场建设、产业布局、城市体系完善等，实际上，都是通过良好的基础设施作为实施和依托条件的。在这个前提下，长三角各地通过统筹规划与协调建设，已经逐步建设形成国际、国内、区际、区内、城市之间各层次配套的综合交通体系与信息网络，尤其是全力推进交通体系的综合化、网络化、多样化、便捷化、公交化，极大地促进了长三角经济社会的全面发展和联动发展。例如，2013年10月，上海轨道交通11号线延伸到江苏省昆山市的花桥站，成为中国第一条开通运营的跨省地铁线路；2018年，三省一市签订框架协议，合力打通首批17条省际"断头路"，这17条"断头路"已全部开工，到2022年底，其中7条已通车、10条在建；截至2022年1月，长三角已累计开通省际毗邻公交线路71条，有效解决了跨省出行最后"一公里"难题。因此，依托交通网络的长三角"同城效应"正在日益显现。

3. 市场建设一体化，是长三角高质量一体化发展的重要基础

在长三角，要素市场和产品市场是整个经济运行的两端，从经济活动开始，一直到经济活动的结束，实际上，也就是要素投入和产品销售

的整个过程。在市场经济条件下，市场对社会经济资源的优化配置起着直接的推动作用，因此，长三角区域建设一体化的市场，就是要实现社会经济资源的最优化配置，实现区域经济的一体化发展。2019年1月3日，苏浙皖沪三省一市在上海签署长三角地区市场体系一体化建设合作备忘录，以期逐步实现统一市场规则、统一信用治理、统一市场监管，激发市场主体活力，增强整个区域的发展动力。接下来，按照建立全国统一大市场的要求，长三角区域还可以充分发挥区域内各个城市的特色和优势，进一步建设形成区域化市场网络体系，尤其是建立与完善金融、信息、人才、技术、产权等要素大市场，并且进一步完善区域化的统一大市场建设，积极参与全国统一大市场建设。

4. 产业发展一体化，是长三角高质量一体化发展的重要基础

在长三角，产业发展的规模和水平，不仅是区域经济实力的重要体现，而且更是各地经济社会发展的重要物质基础。因此，长三角产业一体化发展，需要根据各地工业化发展的阶段和层次来选择各个城市的支柱产业和特色产业，推动不同规模、不同层次的城市之间形成产业分工和协作联系，进而形成具有区域竞争力的产业链供应链。目前，在长三角区域范围内，各个城市都纷纷参与共建一大批长三角区域产业合作区，有的城市还设立了承接产业转移示范区，而各种园区之间的合作共建，以及从"单向飞地"到"双向飞地"的转变已经成为了重要范式；在一些重要发展领域和产业领域，长三角各个城市也已经建立了一系列的发展联盟或产业联盟。近年来，覆盖上海、嘉兴、杭州、金华、苏州、湖州、宣城、芜湖、合肥九大城市，面积约7.62万平方公里的G60科创走廊将扮演长三角高质量一体化发展的"引擎"角色，成为"中国制造"迈向"中国创造"的重要阵地。

5. 城市体系一体化，是长三角高质量一体化发展的重要依托

在长三角，城市是区域经济社会发展的先导力量和重要阵地，不同

等级、不同规模和不同功能的城市构成了区域内的城市体系，并呈现出一定的布局状态。从理论上来讲，在一个区域范围内，各个城市之间，只有在既存在着分工合作，又存在着功能互补，以及城市布局科学合理的条件下，区域一体化才有可能变成现实。因此，长三角一体化发展，在区域内需要联手构建以中心城市为核心，由不同等级规模的城市所组成的城市区域体，形成具有高度发达的分工协作关系以及巨大的整体效益。例如，以一个中心城市为核心，要形成长三角区域一小时、两小时及三小时经济圈，以及长三角大都市圈的核心区、大都市区、大都市扩张区及大都市连绵带等圈层。同时，长三角区域城市体系与城市布局的构建，不仅应该形成大都市、中小城市、城镇等错落有致的框架体系，而且应该对推动新型城镇化进程起到重大的推动作用。

6. 制度架构一体化，是长三角高质量一体化发展的重要保障

在长三角，不同的制度构架与政策措施，不仅导致各地经济发展结果的差异性，而且直接影响区域一体化的发展进程。同时，区域一体化的发展进程，又对区域内制度构架与政策措施一体化起着重要的推动作用。目前，长三角地区主要领导座谈会、长三角合作与发展联席会议、长三角城市经济协调会、长三角市长联席会议等，已经形成了一定的协商机制和协调体系，而一系列制度合作和体制机制协调成果也正在不断显现。例如，区域大气污染防治协作、跨省流域生态补偿实现制度化、税收协同执法、通关一体化、医保异地即时结算等政策难题相继得到了破解。2019年5月22日，在长三角地区主要领导座谈会上，长三角"一网通办"正式开通，到2020年5月22日一年间已实现66项服务事项跨省通办，下半年再推30项。三省一市统一办事入口、统一申报界面、统一业务流程、统一办事体验，实现线上申报、受理、办理等深度对接，无感切换办理跨省业务。应该说，如今的长三角一体化发展，已经进入了制度、政策措施逐渐一体化的重要发展阶段。

五、长三角一体化：创设示范区是个好办法

作为全球第六大世界级城市群，长三角高质量一体化发展的最终目标，就是要形成区域经济共同体，最终形成社会经济资源配置自然流向的、垂直分工与水平分工并存的区域经济发展格局，促进区域内各成员主体的共同发展和共同繁荣。

一体化很有意义，也很不容易。怎么办？这就需要突破以往的各种惯性和区域束缚，需要统筹协调和共建共享，尤其需要啃下跨区域制度体系、体制机制，乃至政策措施一体化这块最难啃的"硬骨头"。因此，创设"示范区"是一个好办法，能够发挥突破"区域瓶颈"的先锋和示范作用。因此，在推进长三角高质量一体化发展的进程中，建设长三角生态绿色一体化发展示范区，可谓重头戏之一，也具有十分特殊的重要意义。中国发展的经验表明，深化改革和扩大开放的很多好做法、好经验、好制度，都是通过在一个点上的先行先试，在取得了成果和积累了经验之后，再在更大的范围乃至在全国进行复制和推广。从这个角度来看，"示范区"与"自贸试验区"也就有了异曲同工之处。

那么，"示范区"建设如何突破跨区域的制度体系和体制机制瓶颈？关键在于抓好"两头"。一是要把党的十八大、十九大明确的一系列改革任务，凡是涉及地方的改革事项，都可以在一体化示范区内集中落地、率先突破、系统集成，使它成为长三角一体化发展乃至全国深化改革和扩大开放的"试验田"。二是针对以往一体化发展中的一些焦点、难点、热点问题，特别是在涉及规划管理、生态保护、土地管理、投资管理、要素流动、财税分享、公共服务政策、公共信用政策等方面进行深化改革，成为长三角乃至全国各个区域一体化发展制度创新和政策突破的"样板间"。

应该看到，长三角生态绿色一体化发展示范区已经率先展开了一系列的一体化制度创新，并且取得了一些创新成果。当然，示范区建设需

要自身努力和苏浙沪两省一市大力支持之外，还需要得到国家层面的不断关心、支持和指导，更好地推动示范区的制度创新和项目建设，更好地强化示范区建设的示范引领作用。

同样，在2020年5月召开的第十三届全国人大三次会议期间，我不仅在上海代表团审议《政府工作报告》时作了《关于深入推进长三角生态绿色一体化发展示范区建设的建议》的发言，而且也作为全国人大代表建议提交给了大会。我主要提了以下五个方面的建议。

第一，把示范区建设纳入国家的"十四五"规划。

当前，国家正在制定"十四五"规划，将示范区建设发展纳入其中，能够更好地推动示范区的制度创新和项目建设，也能够更好地强化示范区建设对全国区域协调发展的示范引领作用。同时，支持做好把党的十八大、十九大明确的涉及地方的一系列改革事项在示范区"集中落地、率先突破、系统集成"这篇大文章，使得示范区成为长三角乃至全国深化改革和扩大开放的"试验田"、跨区域制度创新和政策突破的"样板间"。

第二，把示范区一批重大建设项目纳入国家战略布局。

按照《长三角生态绿色一体化发展示范区总体方案》的要求，示范区建设要尽快彰显集聚度和显示度，更好地引领长三角一体化发展。因此，需要国家有关部门在该《方案》实施中的政策实施、体制创新、资源配置、项目审批等方面给予积极指导、支持、协调，尤其对一大批跨区域、跨流域的轨道交通、能源、科技、信息，以及生态环境综合治理等重大建设项目予以重点关注，并且纳入到"十四五"时期的国家战略布局中，帮助协调示范区完善各类项目的推进机制。

第三，把国家的一些重大科技项目布局在示范区。

示范区"生态绿色"是一个显著特色，完全可以充分发挥环境优美、交通便利、制度创新的一系列优势，把示范区打造成为承载重大科技项目的重要载体。目前，华为上海研发基地已落户示范区内的青浦金泽，其他科技资源也在加快集聚。因此，国家把一些符合生态绿色发展要求的国家重大科技基础设施、国家实验室以及国内外大型企业的研发机构布局在示范区，承担国家重大科研任务，推动科技成果孵化转化。这样，不仅可以极化示范区的平台功能和效应，也可以与区域内张江、合肥两大国家综合科学中心彼此呼应，产生共振效应。

第四，把国家推动绿色发展的一些先行先试嵌入示范区。

根据《长三角生态绿色一体化发展示范区总体方案》，示范区一个重要使命是要将生态优势转化为经济社会发展优势。在这种背景下，国家可以支持示范区打造两个"重要基地"。一是国家推进生态绿色发展的新科技、新标准、新产业、新业态、新项目、新服务等，不妨可以放在示范区进行试验，把示范区建设成为推动全国绿色发展的示范基地。二是国家可以把自贸试验区扩大开放的一些政策延伸到示范区，或者积极创造条件把示范区直接纳入自贸试验区，因为目前苏浙沪两省一市都已经有了自贸试验区，尤其要在扩大绿色服务贸易开放方面走在全国前列，把示范区建设成为推动全国绿色开放的创新基地。

第五，把法治保障作为加快示范区建设的有力支撑。

应该清醒地认识到，示范区八个方面的制度创新，所涉及的事项全是改革的"深水区"和"硬骨头"，障碍不少，难度不小，因而更需要提供强有力的法治保障。当务之急，需要由全国人大或全国人大授权苏浙沪两省一市人大，加快制定出台《长三角生态绿色一体化发展示范区管理条例》，并且根据示范区建设实际需要因地调整相应的法律法规。当然，如果立法所需时间比较长，也可以由国务院先来制定出台这部管理条例。与此同时，全国人大可以结合示范区建设的推进情况和法治需求，进一步授权苏浙沪两省一市人大常委会开展跨区域的相关立法工作。

六、长三角一体化：要精准把握好运行机理

所谓区域经济一体化，主要是指在区域经济发展过程中，为了达成经济社会资源的优化配置，实现资源共享、功能互补、联动发展、利益共享，就必须推动经济社会资源在区际无障碍的流动循环，形成一种区际分工与协作的区域经济发展格局。

那么，长三角经济一体化发展的运行机理如何呢？或者说，应该如何认识区域经济一体化的运行机理呢？

1. 经济一体化的基础是共同利益机制

经济一体化的实质，就是要在合理分工与充分协作的基础上形成区域共同利益，而这种共同利益又是区域内各经济主体所能够共同分享的，也是各行政主体所共同追求的。因此，经济一体化的发展过程，也就是区域共同利益目标的探索过程和区域共同利益机制的形成过程，离开了区域经济共同利益机制的作用发挥，经济一体化就会受到影响乃至阻碍。从这个意义上来说，共同利益机制就成为了长三角经济一体化发展的核心基础和推动力的源泉。当然，在不同的时间、不同的地点和不同的领域，区域共同利益的内涵与外延具有动态性和不确定性，关键是能否找到不同时点上的共同利益"平衡点"，进而推动经济一体化进程。

2. 经济一体化的标志是资源配置的最优化

经济一体化的实现条件，是生产要素等社会经济资源配置的最优化。在市场经济条件下，区域内的生产要素总是向着具有取得最大效益的区位流动的动力和趋势，而这种高度的流动性则推动了区域内社会经济资源能够达到最优化配置的状态。从这个角度来说，经济一体化的发展进程，也就是区域社会经济资源配置最优化的过程。在区域共同利益机制的作用下，社会经济资源流动应体现出：流动是有序的，不是无序

的；流动是自然的，不是人为的；流动是顺畅的，不是有障碍的；流动是有效率的，不是无效率的；流动是双向或多向的，而不是单向的。

3. 经济一体化的动力是市场与政府的合力

在经济一体化的进程中，市场对社会经济资源的优化配置起着重要的基础性作用，而政府则对市场机制的发育、市场体系的健全、市场规则的完善以及市场环境的优化起着重要的建设性作用。由于在现实条件下经济区域和行政区域的共存，市场与政府这两种推动力量的着力点存在着差异，作用的方式和作用的结果也有差异，但归根到底，还是在于要形成推动区域经济一体化发展的合力。从这个角度来审视，市场与政府所形成的合力，直接影响到经济一体化的推进方式、发展进程以及演化结果，这就需要使得市场和政府这两种推动力量，能够形成相互依存、相互补充、相互促进的态势，而不应该相互排斥、相互阻碍。

七、长三角一体化：上海的功能与作用

当前，长三角已经被冠为全球的第六大世界级城市群。实际上，在一个城市群落中，各个城市的规模等级和行政层次是不同的，因此，每一个城市所担当的功能作用也是不尽相同的，不同规模等级的城市构成了城市群内具有网状结构特征的城市体系，而作为整个城市体系中心和枢纽的城市，无疑就是经济中心城市。

在长三角区域范围内的各类规模城市中，作为唯一的超大城市上海，一定是无可争辩、众望所归，也是被寄予厚望的中心城市，或者说核心城市。这也充分表明，在长三角一体化发展过程中，上海具有十分重要的功能与作用。然而，如要论及上海在长三角作为中心城市的功能与作用，还不得不从中心城市的特征与功能说起。

1. 中心城市：集聚与辐射

一般来说，城市都具有集聚和辐射两大基本特征与功能。集聚效应，是指城市因引力作用而导致经济社会要素向城市高度集聚的现象，也可以说，是城市能量的累积效应。辐射效应，则是指城市达到一定能量之后各类经济社会要素向城市周边地区扩散的现象，也可以说，是城市能量的溢出效应。

按照城市发展的普遍规律，城市的集聚功能和辐射功能也有两个基本特征。其一，城市的集聚和辐射功能大小同城市规模等级呈正相关。城市规模等级越大，城市的集聚和辐射功能越强；城市规模等级越小，城市的集聚和辐射功能越弱。其二，城市的集聚和辐射功能是一个交替的过程。城市先有集聚功能，然后才会有辐射功能；城市的集聚功能达到某一个时点，城市的辐射功能才会释放出来，直至两大功能得到平衡。

在一个城市群中，不同规模等级城市的经济实力存在差异，作用力大小有异，而一般来说，中心城市的规模等级最大，因而，其集聚效应和辐射效应就必然是最强的。接下来，我们分别从两个方面来讨论中心城市的集聚效应和辐射效应。

第一个方面：中心城市必须具有集聚效应。

在城市群中，由于中心城市具有相对有利的自然、经济和社会条件，这就使得中心城市能够通过交通网络、产业网络、市场网络和信息网络等手段和载体，将城市群区域内甚至更广的地域范围内的人口、物资、资金、技术、信息、人才等经济社会要素高度集聚起来，从而成为城市群经济社会活动中心。

一般认为，根据城市发展的基本规律和主要特征，中心城市的集聚效应主要体现在以下七个方面。

第一，人口的集聚。中心城市对人口具有很强的吸引力，主要在于能够提供更多的就业机会、更好的教育资源、更佳的医疗条件、较高的收入待遇和生活质量等。从全球城市发展历程来看，在工业化和城市化的双重推动下，城市人口规模不断扩大，而中心城市人口的增长速度就更快了，并呈现出明显的人口中心特点。人口向中心城市的集聚，直接影响着中心城市的规模等级，也直接影响着中心城市功能的强弱。同时，人口的高度集中，不仅为中心城市的经济社会发展提供了充沛的劳动力资源，而且极大地带动了中心城市消费市场的扩大。例如，在改革开放之后，作为中国超大城市的上海开始集聚了大规模的人口，在全市6 340.5 平方公里的行政区划面积上，常住人口 1978 年为 1 104 万人，1990 年为 1 334 万人，2000 年为 1 608.6 万人，2010 年为 2 302.66 万人，2020 年为 2 488.36 万人，2020 年与 1978 年相比，上海市常住人口增加了 1 384.36 万人，增长了 1.25 倍。[1]

　　第二，企业的集聚。中心城市对企业具有很强的吸引力，主要在于为各类企业提供良好的投资硬环境和软环境，因此，大量的企业往往都向中心城市集聚，尤其是境内外的跨国公司及大型企业一般都会选择在中心城市设立区域总部、办事机构，甚至生产企业。例如，日本东京、京都等 12 个大工商业城市集中了日本企业的 80.4%，其中东京的比重为52.9%；法国有 38% 的企业总部设在巴黎。[2] 在这个方面，中国的情况同样如此。仅仅以上海引进的外资企业为例，至 2021 年底，在上海投资的国家和地区已经达到了 190 个，同时，上海市累计认定的跨国公司地区总部已经达到了 831 家，外资研发中心达到了 506 家，不仅已经明显地走在了全国前列，而且使得上海成为了全球最富吸引力的外商投资热土之一。[3]

　　第三，生产的集聚。中心城市人口和企业的高度集聚，为中心城市作为生产中心的功能地位确立奠定了重要基础。同时，由于中心城市

1　上海市统计局：《上海统计年鉴 2021》，中国统计出版社 2021 年版。

2　张兆安：《长三角区域经济一体化：推进力量及上海的功能与作用》，《联合时报》2007 年 7 月13 日。

3　上海市统计局：《2021 年上海市国民经济和社会发展统计公报》。

生产的高度集聚，又为金融、贸易、物流，以及一系列专业服务和中介服务等第三产业的发展提供了服务基础，因此，制造业和服务业互相支撑、共同发展。例如，伦敦的工业产值占英国的 25%，巴黎的工业产值占法国的 25%。[1] 同样，以我国"北上广深"四个十分重要的一线城市为例，根据官方数据显示，2021 年中国国内生产总值为 1 143 669.7 亿元，其中，北京为 40 269.6 亿元，上海为 43 214.8 亿元，广州为 28 231.97 亿元，深圳为 30 664.8 亿元，四个城市合计的生产总值占全国的比重为 12.45%。[2] 这充分表明，全国各地的中心城市，实际上都已经成为各个地区的生产中心。

第四，流通的集聚。得益于中心城市人口、企业和生产的高度集聚，为中心城市的流通集聚创造了十分有利的物质条件和市场基础。在这个过程中，进出口贸易、商品零售和批发等不断向中心城市集中，从而使得中心城市同样成为了重要的区域性、全国性乃至面向全球的商贸流通中心。例如，纽约集中了美国对外贸易周转额的五分之一，伦敦集中了英国对外贸易的三分之一，东京商品年销售额占全国总销售额的四分之一。[3] 在中国，中心城市同样具有这样的特点，以上海的对外贸易为例，2021 年全国货物贸易进出口总额为 391 009 亿元，上海关区货物进出口总额为 75 742.7 亿元，上海市货物进出口总额 40 610.35 亿元，分别占全国的 19.37% 和 10.39%，大约为全国货物进出口总额的五分之一和十分之一，可见其流通集聚能力的强大。[4]

第五，服务的集聚。在中心城市各类经济社会资源，尤其是人口、生产和流通等高度集聚的过程中，社会分工随之得到了空前的发展，生产与服务、消费与服务也就开始有了更高的要求、更大的成长空间。在

1　张兆安：《长三角区域经济一体化：推进力量及上海的功能与作用》。
2　数据来源：《中华人民共和国 2021 年国民经济和社会发展统计公报》，以及北京、上海、广州、深圳的 2021 年国民经济和社会发展统计公报。
3　张兆安：《长三角区域经济一体化：推进力量及上海的功能与作用》。
4　数据来源：《中华人民共和国 2021 年国民经济和社会发展统计公报》，《上海市 2021 年国民经济和社会发展统计公报》。

这种大的发展背景下，中心城市以服务为主要特征的第三产业就得到了率先、快速的发展。例如，早在 20 世纪 70 年代，纽约的第三产业从业人员就已高达 81.3%，并且成为世界金融与贸易中心之一，20 世纪 70 年代末东京的第三产业从业人员已达 69.8%。[1] 在中国的一些中心城市，基本上也是这样一种从业人员结构状态，例如，2019 年上海市从业人员数为 1 376.2 万人，其中第三产业从业人员数的比重为 72.6%。[2] 又如，2018 年北京第三产业的从业人员达到 1 010.2 万人，占全市吸纳就业的比重为 81.6%。[3] 当然，国内还有其他的一些中心城市，同样具有这样的从业人员结构。

第六，资源的集聚。中心城市具有一个十分显著的比较优势，在于集聚了比较密集的各类经济社会资源。在经济资源方面，中心城市集聚了充沛的劳动力资源和丰富的人才资源、大量的社会资本和生产资料、先进的生产技术和管理经验，以及大量的经济社会信息和完善的生产和生活服务体系。在社会资源方面，中心城市的教育与科技资源都一马当先，同时集聚了大量的医疗卫生、宣传文化、体育竞技等领域的丰富资源。例如，截至 2020 年底，全国共有三甲医院 1 580 家，其中北京有 55 家，重庆、上海、天津分别有 33 家、32 家、31 家。[4] 又如，截至 2022 年 6 月 30 日，上海咖啡馆数量达到了 7 857 家，数量远超纽约、伦敦、东京等，是全球咖啡馆最多的城市，上海的每万人咖啡馆拥有量为 3.16 家。[5]

第七，是中枢管理职能的集聚。在一些中心城市内，往往集中了一系列的经济决策管理部门和企业决策管理部门，包括国民经济管理部门，以及各类企业总部等。例如，在美国，许多金融业发展的决策机构

1　张兆安：《长三角区域经济一体化：推进力量及上海的功能与作用》。

2　邵未来：《上海 GDP 增长 663.8 倍，从业人员数 70 年增加超千万人》，《劳动报》2021 年 7 月 1 日。

3　《北京第三产业不断增加，从业人员去年超千万》，北晚在线 2019 年 9 月 9 日。

4　《中国卫生健康统计年鉴 2021》。

5　张钰芸：《城与人，因为一杯好咖啡共舞》，《新民晚报》2022 年 7 月 30 日。

以及大量的金融机构总部都设在纽约国际金融中心；在英国，伦敦同样聚集了各类金融机构的总部和推动金融业发展的决策机构；还有日本的东京，也具有这样的功能。而作为中国首都的北京，集中了中央政府的各个经济决策管理部门，集中了绝大多数中央企业的总部，集中了全国主要金融机构的总部，也集中了一些民营企业的总部。又如，作为中国超大城市的上海，同样集中了一大批国有企业、民营企业、外资企业的总部。

第二个方面：中心城市必须发挥辐射效应。

中心城市辐射效应的产生，实际上是在中心城市集聚效应形成过程中能量的溢出或释放所导致的直接结果。其一，中心城市辐射能力的强弱同城市本身规模能级的强弱呈正相关。能级越高，辐射能力越强，辐射范围越大，辐射的效应也越明显，反之亦然。其二，中心城市辐射效应的大小同城市集聚效应的大小也呈正相关。辐射效应小，说明集聚效应也小；辐射效应大，说明集聚效应也大。从这个意义上来说，集聚效应是辐射效应的前提条件和重要基础，而辐射效应则是集聚效应累积过程的必然结果。

中心城市辐射效应的强弱，不仅标志着中心城市的发展能级，而且直接关系到带动整个城市群发展的能力。

一般来说，中心城市辐射效应的释放是通过多种渠道、多种方式和多种层面进行的。这就是说，中心城市能量向外扩散，有时是单一方向的，有时是多个方向的；有时依托于单一载体，有时依托于多种载体；有时在单一层面进行，有时在多个层面进行；有时借助于行政引导，有时依赖于市场推动。就中心城市辐射效应来说，存在着以下五个主要方式和内涵。

第一，资本的辐射。中心城市集聚了大规模的金融资本、产业资本、商业资本和社会资本等，并具有向周边地区溢出的现实动力和潜在势能。中心城市资本向周边地区辐射，往往采取两种方式或两种通道。一方面，根据资本逐利的经济规律，当中心城市周边地区的资本投资机会增多，而回报率又高于中心城市的时候，中心城市内的资本就开始向外溢出，从而推动了周边地区的经济发展。另一方面，中心城市往往又是区域范围内的金融中心，具有区域融资中心、资管中心的特殊功能，这就使得周边地区也可以到中心城市来筹集经济发展对各类资本的需求。

第二，产业的辐射。中心城市的发展历程，实际上也是中心城市的产业结构不断升级和产业结构不断调整的转换过程。在这个产业转换过程中，中心城市不断地会有一定规模的、一定领域的、一定层次上的产业向外进行扩散，或者说，向外进行梯度转移，而第一波向外扩散或转移所涉及的边界，必然主要还是在中心城市的周边地区，从而直接推动了周边地区工业化的发展进程。从产业经济学理论来看，这种中心城市产业向周边地区不断扩散的方式或者梯度转移的进程，往往带动了整个城市群区域内产业的垂直分工，以及产业链供应链的形成。

第三，技术的辐射。一般而言，中心城市的教育、科技、文化等产业都比较发达，不但拥有多形式、多层面、多领域的科研机构和技术开发主体，而且往往更容易创造新技术、新产品、新管理、新服务等，而这些技术创新成果也将逐渐从中心城市向周边地区进行扩散和转移，这对周边地区的技术进步和企业创新等都会产生重大的作用。同时，还应该充分地认识到，中心城市技术向周边地区辐射有许多形式：有伴随资本与产业的溢出而向周边地区辐射，有通过区域内各种经济技术合作的展开而向周边地区扩散，还有通过区域内技术产权市场的交易来完成扩散过程。

第四，服务的辐射。在通常情况下，中心城市往往具有交通网络和信息网络的两大枢纽特征，而且服务业特别发达，服务业门类特别齐全，服务业体系特别完善，并且具有向周边地区提供转换服务的经济势能。因此，中心城市就可以为周边地区提供广泛的信息、法律、咨询、金融、科技、人才、中介等专业服务，从而促进周边地区经济社会的健康稳定发展。同时，中心城市服务业也有向外寻求发展空间的现实与潜在的要求，而在中心城市服务业向外扩散的过程中，不仅能够助推周边地区的产业发展和产业升级，而且会直接带动周边地区服务业的发展。

第五，模式的辐射。一般来讲，由于中心城市集聚了各种类型的、巨大规模的经济社会发展资源，不仅具有明显的资源优势，而且具有比较强大的经济实力，因而，就形成了比较明显的发展优势，就会更多地孕育新思想、新理念、新创意和新交流，也会培育更多的新机制、新体制、新组织、新模式。这所有的创新活动，都有可能汇集成为经济社会发展的新模式。这些新模式，不仅直接推动着中心城市自身的发展，而且对周边地区也起着十分重要的示范作用和带动作用。

2. 长三角：上海的功能与作用

在搞清楚中心城市的基本特征之后，上海在长三角应有的功能与应起的作用，自然也就会更加地清晰起来。在长三角，作为超大城市的上海，不仅在历史发展进程中已经构建成为长三角乃至全国的经济中心城市，而且更应该在长三角一体化发展进程中发挥中心城市独特的带动作用。

应该说，自 1978 年我国实行改革开放以来，上海的经济社会发展迅猛，经济实力显著增强，经济结构明显改善，产业升级不断加快，城市功能不断优化，各类要素市场不断形成，国际化程度逐年提高，国际国内合作广泛拓展。因此，在这个大前提下，作为超大城市的上海，在长三角的战略地位和功能作用才更加地显现出来。

当然，从长三角一体化发展的现实态势与未来趋势来看，下一步，上海应该在不断集聚发展的过程中，进一步充分地发挥好辐射带动作用。也就是说，在推动长三角一体化发展的进程中，上海要充分发挥好"发展极"和"带动极"的双重作用，尤其需要进一步"强化"以下四个方面的重要作用。

第一，强化上海在长三角的发展极作用。

根据法国经济学家弗朗索瓦·佩鲁（Francois Perroux）的"发展

极理论"，某些先导部门或有创新能力的企业或行业在一些大城市集聚、发展而形成"发展极"，"发展极"具有生产中心、贸易中心、金融中心、交通运输中心、信息中心、服务中心、决策中心等多种功能，能够产生吸引作用和扩散作用，由此促进自身发展并推动其他地区发展。从这个角度出发，上海要建设成为具有世界影响力的社会主义现代化国际大都市，意味着上海在长三角具有十分特殊的功能地位，可以发挥经济中心城市十分独特的带动作用，因此，上海"发展极"作用发挥得越充分，对长三角整体发展越有着十分重要的现实意义。

第二，强化上海在长三角的核心城市作用。

如何充分体现和强化上海在长三角的核心城市作用？关键还是在于"两个增强"。也就是，增强上海在长三角一体化发展中的拉动力、吸引力和凝聚力，增强上海在长三角一体化发展中的认同感和使命感。那么，如何去实现呢？一方面，要通过加快改革和发展，进一步增强城市综合经济实力，实现城市产业能级和功能能级的"双提升"，使上海成为具有强大国际竞争力和区域认同感的核心城市。另一方面，要从建设现代化国际大都市的宽广视野出发，进一步增强上海作为核心城市的使命感，增强对整个区域的融入意识，扩展上海服务长三角的功能，助推长三角整体发展。

第三，强化上海在长三角的服务功能作用。

在区域开放方面，上海要抓住自由贸易试验区和中国国际进口博览会的战略机遇，推动形成规则、规制、管理、标准等制度型开放体系，为长三角提供可复制、可推广的经验。在集散功能方面，上海要发挥现代化国际大都市的率先作用，建设成为长三角率先实现现代化的先导区域，成为要素配置中心、产业扩散中心、技术创新中心和信息流转中心。在产业联动方面，上海要积极倡导区域内产业的联动发展和错位发展，推动长三角的产业分工和合作布局，推动长三角形成梯度分工、战略合作、各展所长的局面。在城市布局方面，上海要紧密结合城市形态的创新，推动长三角城市网络结构优化，推进实现多中心、多层次的城市等级体系。在交通网络方面，上海要进一步加快基础设施和长三角地区的连接，共同构筑多方位、多形式、一体化的交通网络体系，产生良性的同城效应。

第四，强化上海在长三角的服务平台作用。

结合上海国际经济、金融、贸易、航运、科创"五个中心"建设，不断强化上海在长三角的服务平台作用。在经济服务平台方面，要发挥上海的经济优势和要素市场作用，在产业培育、研发、调整、创新、升级等方面服务于长三角产业的合理布局和整体竞争力的提高；在金融服务平台方面，要在建设国际金融中心的过程中，为长三角提供全方位、高水准的金融市场、金融业务、金融工具、金融配套、金融人才等在内的国际化金融服务；在贸易服务平台方面，要抓住上海建设国际贸易中心的契机，为长三角各个城市以上海为桥梁和平台开展国内外贸易提供更好的条件和环境；在航运服务平台方面，要发挥上海建设航运和航空"两个国际枢纽港"的作用，尤其要联合江浙两省的河海港口，建成以上海洋山深水港为载体、服务于整个长三角乃至全国其他区域的长三角组合港；在科技创新服务方面，要依托上海建设科创中心建设的优势，为长三角推动创新转型和高质量发展提供服务。

八、上海发展：也需要长三角全力支持

作为长三角中心城市的上海，不是经济孤岛，更不可能独自发展。说到底，上海未来经济社会发展路程，离不开长三角区域广大经济腹地的综合支撑。

长期以来，在长三角区域范围内，各个城市对接轨上海、合作发展的愿望迫切，期望甚高，这无疑说明，上海在推进长三角一体化发展国家战略中具有十分独特的作用。因此，上海有必要从推进实施好长三角一体化发展国家战略的高度出发，强化推进长三角高质量一体化发展的

意识，以更加积极主动的姿态进一步融入长三角，支持好长三角，服务好长三角，推动实施好长三角一体化发展的国家战略。与此同时，还需要进一步充分地认识到，对于上海未来经济社会发展，来自长三角区域的全面支持，同样十分的重要。

1. 上海推动实施国家战略需要长三角区域的支持

从总体上来讲，上海建设国际经济、金融、贸易、航运中心、具有全球影响力的科技创新中心，以及具有世界影响力的现代化国际大都市，既是上海的战略发展目标，也是实现国家战略的需要。站在这个高度来审视，上海必然需要进一步增强集聚和辐射的两大功能，这就离不开长三角周边地区广阔的经济腹地和拓展空间。如果离开了周边地区经济腹地的支撑，上海的"五个中心"，也许就可能成为"空中楼阁"，上海的现代化国际大都市也会缺少全面的支持。因此，上海要在中国乃至世界上确立"五个中心"的战略地位和现实功能，只有紧紧地依托长三角区域广大腹地的共同发展才能实现。反过来说，上海唯有带动长三角区域广大腹地的共同发展，才能更好地谋求自身的发展，而"五个中心"才会真正地落地，现代化国际大都市建设的基础就会更加地牢固。实际上，这也就是中心城市与经济腹地共同发展之关键。

2. 上海构建现代化国际大都市需要长三角区域的支持

从长远发展的战略目标来看，上海要建设成为现代化国际大都市或世界城市，也需要形成以上海为中心的上海大都市圈及长三角城市群的综合支撑。国际经验表明：一个城市之所以被称为现代化国际大都市或世界城市，其国内生产总值、人口规模等应该占到该国总量规模的10%以上，也就是说，经济和人口的集聚需要达到相当大的发展规模。按照这个标准来衡量，上海在很长一段时期内难以达到这个要求，因而也就必须紧紧依托长江三角洲大都市圈的形成来提供支撑。目前，长三角沪苏浙皖三省一市所创造的GDP已超过全国总量规模的24%，人口规模已超过全国总量规模的 16%，城市群形成的基础条件逐渐累积起来。因此，从上海建设现代化国际大都市或世界城市的客观要求和现实条件来看，必然要同时推动以上海为中心城市的长三角城市群的发展，这就需要整个长三角区域对上海形成强有力的支撑。

3. 上海促进新的发展需要长三角区域的支持

从上海经济与社会发展的历史轨迹和实际趋势来看，可以大致划分为三个发展阶段。人均 GDP 1 000—5 000 美元为第一个发展阶段，而这个发展阶段的主要推动力主要来自中心城区，应该说，上海很早就已经完成了这个历史发展阶段。人均 GDP 5 000—8 000 美元为第二阶段，而这个阶段主要依赖于中心城区和郊区的一体化发展，对于上海来说，也已经全面跨越了这个历史发展阶段。人均 GDP 8 000 美元以上为第三阶段，到 2020 年，上海市常住人口人均 GDP 已经高达 15.58 万元人民币，也就是已经超过了 2 万美元[1]，而在这个历史发展阶段，则主要是依赖于上海与长三角一体化发展。实际上，从国际经验来看，国际大都市和大都市圈都经历了这么一个发展过程。因此，从上海实现新的发展要求和现实需要的角度出发，上海应该进一步完善长三角区域经济与社会一体化发展的基本框架，并积极推进长三角一体化发展及城市体系的功能分工与合作。可以这么说，离开了长三角区域的综合支撑，上海实现新发展的目标将会变得更加艰巨。

4. 上海举办重要展会需要长三角区域的支持

作为现代化国际大都市的上海，不仅承担着一系列重要的国家战略，而且也承担着一些重要的国际展览会。在上海，曾经或正在承办的全球性重要博览会，如 2010 年的上海世博会、2018 年开始每年一届的中国国际进口博览会等。拿 2010 年上海世博会来说，由于世博会是一

1　上海市统计局：《上海统计年鉴 2021》。

个十分庞大的综合性系统工程，必然需要得到长三角区域乃至全国各地的大力支持。在举办世博会期间，上海能不能完善吃、住、行、游、购、娱、展以及安全保障等所有功能？仅仅依靠上海自身的力量去完善这些功能是不是经济的？这些功能在世博会之后的后续效应又如何？应该说，当时上海解决这些功能性问题，还是把思路扩展到了长三角区域的协同配合和综合支撑上。由于更好地依托了长三角区域，世博会的展示内涵更加丰富多彩，上海举办世博会的最终目标得到了真正实现。因此，上海曾经把世博会、如今把进博会等作为长三角一体化发展的共同机遇、共同品牌和共同抓手，从而使长三角区域内各个城市都能产生共同效应。

参考文献

书籍报刊

1. 本书编写组：《中国共产党简史》，人民出版社、中共党史出版社2021年版。

2. 当代中国研究所：《新中国70年》，当代中国出版社2019年版。

3. 国家统计局编：《中国统计年鉴2021》，中国统计出版社2021年版。

4. 上海市统计局：《上海统计年鉴2021》，中国统计出版社2021年版。

5. 上海社会科学院《上海经济》编辑部：《上海经济：1949—1982》，上海人民出版社1983年版。

6. 张兆安：《大都市圈与区域经济一体化》，上海财经大学出版社2006年版。

7. 陈夕：《中国共产党与三线建设》，中共党史出版社2014年版。

8. 陈锡文、赵阳、罗丹：《中国农村改革30年回顾与展望》，人民出版社2008年版。

9. 李颖：《细节的力量：新中国的伟大实践》，上海人民出版社、学林出版社 2019 年版。

10. 国务院印发《降低社会保险费率综合方案》，国办发〔2019〕13 号，2019 年。

11. 国家统计局：《中华人民共和国 2019 年国民经济和社会发展统计公报》，《中国统计》2019 年第 3 期。

12. 崔寅、何亚欣：《中国投资、消费与出口协调发展评价——基于 1978—2019 年的数据分析》，《城市》2021 年第 10 期。

13. 高蕊、张志强：《中国服务业上市企业大盘点》，《中国经济报告》2021 年第 2 期。

14. 郭旭红、武力：《新中国产业结构演变述论（1949—2016）》，《中国经济史研究》2018 年第 1 期。

15. 李雪、韩一军：《粮食进口价差驱动特征分析及实证检验》，《华南农业大学学报》(社会科学版) 2018 年第 5 期。

16. 廖霞林、罗志鹏：《城镇化进程中土地征收增值收益分配机制研究》，《人民论坛》2014 年第 A12 期。

17. 田姝：《三线——一个时代的记忆》，《红岩春秋》2014 年第 9 期。

18. 吴跃农：《谁是倡导计划生育第一人——邵力子全力支持马寅初倡导计划生育的故事》，《文史春秋》2002 年第 6 期。

19. 尹德挺、石万里：《新中国成立 70 年来我国人口素质变迁》，《人口与健康》2019 年第 10 期。

20. 中国社会科学院经济研究所课题组、黄群慧：《"十四五"时期我国所有制结构的变化趋势及优化政策研究》，《经济学动态》2020 年第 3 期。

21. 国家发展改革委外资司：《持续扩大高水平对外开放 利用外资规模创历史新高》，《中国经济导报》2022 年 2 月 8 日（002）。

22. 邵未来：《上海 GDP 增长 663.8 倍，从业人员数 70 年增加超千万人》，《劳动报》2021 年 7 月 1 日。

23. 张钰芸：《城与人，因为一杯好咖啡共舞》，《新民晚报》2022

年 7 月 30 日。

24. 张兆安：《长三角区域经济一体化：推进力量及上海的功能与作用》,《联合时报》2007 年 7 月 13 日。

25.《北京第三产业不断增加，从业人员去年超千万》，北晚在线 2019 年 9 月 9 日。

网页资料

1. 国际货币基金组织，https://www.imf.org/。

2. 联合国人口司，https://www.un.org/zh/global-issues/population。

3.《政府工作报告——2022 年 3 月 5 日在第十三届全国人民代表大会第五次会议上》，http://www.gov.cn/premier/2022-03/12/content_5678750.htm。

4.《中华人民共和国土地管理法》，http://www.npc.gov.cn/npc/c30834/201909/d1e6c1a1eec345eba23796c6e8473347.shtml。

5.《"十四五"商务发展规划》，http://www.mofcom.gov.cn/article/ae/ai/202107/20210703174441.shtml。

6.《中华人民共和国国民经济和社会发展第十四个五年规划和 2035 年远景目标纲要》，http://www.gov.cn/xinwen/2021-03/13/content_5592681.htm。

7.《2014 年政府工作报告》，http://www.gov.cn/guowuyuan/2014zfgzbg.htm。

8.《关于开展长期护理保险制度试点的指导意见》，http://www.gov.cn/xinwen/2016-07/08/content_5089283.htm。

9.《上海市人民政府办公厅关于促进本市养老产业加快发展的若干意见》，https://www.shanghai.gov.cn/nw12344/20200813/0001-12344_64933.html。

10.《2020 年我国卫生健康事业发展统计公报》，http://www.gov.cn/

guoqing/2021-07/22/content_5626526.htm。

11.《2021年上海市国民经济和社会发展统计公报》，http://tjj.
sh.gov.cn/tjgb/20220314/e0dcefec098c47a8b345c996081b5c94.html。

12.《新中国70年基础教育改革发展历程》，http://www.moe.gov.cn/
jyb_xwfb/s5147/201909/t20190926_401046.html。

13.《小学学龄儿童净入学率》，http://www.moe.gov.cn/jyb_sjzl/moe_
560/jytjsj_2017/qg/201808/t20180808_344688.html。

14.《保利2021—2022年房地产行业白皮书》，2022年4月8日。

15. 国家海关总署:《2021年跨境电商进出口情况》。

图书在版编目(CIP)数据

全景中国:十六堂经济通识课/张兆安著.—上
海:上海人民出版社,2023
ISBN 978 - 7 - 208 - 18135 - 9

Ⅰ.①全…　Ⅱ.①张…　Ⅲ.①中国经济-通俗读物
Ⅳ.①F12 - 49

中国国家版本馆 CIP 数据核字(2023)第 021923 号

责任编辑　项仁波
封面设计　谢定莹

全景中国:十六堂经济通识课

张兆安　著

出　　版　上海人民出版社
　　　　　(201101　上海市闵行区号景路 159 弄 C 座)
发　　行　上海人民出版社发行中心
印　　刷　上海商务联西印刷有限公司
开　　本　720×1000　1/16
印　　张　23
插　　页　2
字　　数　314,000
版　　次　2023 年 3 月第 1 版
印　　次　2023 年 3 月第 1 次印刷
ISBN 978 - 7 - 208 - 18135 - 9/F · 2796
定　　价　88.00 元